华中村治研究丛书

"浑沌"之治：
中国农村基层治理的基本逻辑（1980—2015）

Governance in "Hundun":
The Essential Logic of Chinese Rural Grassroots Governance: 1980-2015

冯 川○著

中国社会科学出版社

图书在版编目（CIP）数据

"浑沌"之治：中国农村基层治理的基本逻辑：1980—2015 / 冯川著.
—北京：中国社会科学出版社，2022.4
ISBN 978 - 7 - 5203 - 9803 - 9

Ⅰ.①浑…　Ⅱ.①冯…　Ⅲ.①农村—社会管理—研究—中国—
1980 - 2015　Ⅳ.①C912.82

中国版本图书馆 CIP 数据核字（2022）第 047388 号

出 版 人	赵剑英
责任编辑	马　明
责任校对	宋燕春
责任印制	王　超

出　　版	中国社会科学出版社
社　　址	北京鼓楼西大街甲 158 号
邮　　编	100720
网　　址	http://www.csspw.cn
发 行 部	010 - 84083685
门 市 部	010 - 84029450
经　　销	新华书店及其他书店

印　　刷	北京明恒达印务有限公司
装　　订	廊坊市广阳区广增装订厂
版　　次	2022 年 4 月第 1 版
印　　次	2022 年 4 月第 1 次印刷

开　　本	710×1000　1/16
印　　张	19.5
字　　数	306 千字
定　　价	99.00 元

《华中村治研究丛书》
总 序

贺雪峰*

在 2002 年发表的《村治研究的共识与策略》一文中，我们达成了村治研究的三大共识，即"田野的灵感、野性的思维、直白的文风"，这三大共识是华中村治学者多年研究所形成的基本共识，一直指导着华中村治学者的研究实践。

"田野的灵感"强调华中村治研究中的经验优先原则。当前中国正处在史无前例的巨大变革时期，经验现象十分丰富，从经验中来，到经验中去，以理解中国经验与实践作为出发点和归宿，在理解经验与实践中形成对经验与实践的解释，是华中村治研究的显著特征。

"野性的思维"强调华中村治研究中理论与方法的多元性。只要有利于增加对经验与实践的理解，任何理论与方法都是好理论和好方法。正是在用各种理论与方法来理解和解释经验与实践的过程中会形成各种提炼与概括，会形成基于中国经验与实践的具有主体性的中国社会科学。"野性的思维"的另外一层含义是"不拘一格，大胆假设，不怕出错，敢于探索"。

"直白的文风"强调华中村治研究要能容纳多学科、经验性与原创研究的特点。经验研究看起来没有进入门槛，真正深入进去却需要长期积累和学术功力。"直白的文风"反对雕刻文字，闭门造车，注重想事说事，注重研究向大众开放，注重多学科研究对话。开门搞研究而不是关门自我循环，是华中村治学者的一个基本准则。

---

* 贺雪峰，武汉大学中国乡村治理研究中心主任，教授。

中国是一个大国，有5000年文明，14亿人口，陆地国土面积就有960万平方公里。按购买力平价计算，中国GDP已是世界第一。中国正处在史无前例的伟大变革时期，农村人口迅速城镇化。中国正由一个传统国家变成一个现代甚至后现代的国家。如何理解巨变中的中国经济、政治、社会、文化和历史，在这个理解与解释的过程中形成有主体性的中国社会科学，并转而指导实践和改造实践，就成为当前中国社会科学的伟大使命。

立足中国经验和实践的中国社会科学一定是伟大的，是具有中国主体性的，是饱含中国民族性和地域特色的。社会科学研究的目的是扩大我们观察和理解实践的视野，而不是屏蔽我们的视野。脱离中国实践的语境，套用没有经过中国实践注解和浸泡的西方理论，往往不仅不能开阔我们的视野，反而可能屏蔽我们的视野。只有真正进入经验与实践，我们的理论才有还原经验与实践的能力，才能开阔我们观察和理解经验与实践的视野，真正理解实践和改造实践。

中国社会科学是在理解和解释伟大的中国经验与实践中产生的，是服务于中国实践并以中国实践来检验的。这样一种"从经验中来—形成理论提炼与概括—又回到经验中去"的社会科学研究循环，就是中国社会科学研究中的大循环。只有在这样的大循环中，中国社会科学才能选择正确的研究方向，研究也才能获得丰富的中国经验与实践的滋养，也正是在这样一个大循环过程中产生的有主体性的中国社会科学才具有生命力。有了从经验到理论再到经验的大循环，逐步形成了具有中国主体性的社会科学，就必然会有从理论出发—到经验中去—再回到理论的以学术对话为特点的小循环，这样一种小循环是服务于和服从于中国社会科学大循环的。

要在从经验到理论再到经验与实践的大循环中建立起有主体性的中国社会科学，就必须要有真正做中国经验研究的学者。这些学者要有充分的经验训练，要在长期经验调查中形成对经验的总体把握能力，要有"经验质感"，不仅要能从经验中提炼出理论命题，而且要有将理论还原到经验中的能力。

获得经验质感的不二法门是进行饱和经验训练，不断地到经验中浸泡，这样才能具有透过现象看本质的能力，具有将经验碎片整合起来的能力，从而真正形成想事的能力。饱和经验训练尤其要防止对经验的"一触即跳"，即仅在经验中产生了微弱问题意识就脱离经验去做精致研究。只有通过饱和经验训练，才能利用各种理论和方法来分析经验，才能将经验研究中提出的问题进行理论化的概括，才能为建立有主体性的中国社会科学添砖加瓦。

十数年来，华中村治研究所追求的就是在饱和经验训练基础上建立有主体性的中国社会科学事业。这个事业从理解和解释经验与实践开始，又回归经验与实践，中间留下的理论提炼与概括正是建设有主体性的中国社会科学所需要的砖瓦。

最近十数年来，我所组织的研究团队按人次算，每年驻村调研时间都超过 4000 个工作日，平均下来，我们研究团队每天都有超过 10 人在全国各地农村调研。在某种意义上，我们团队同仁都经历了饱和的经验训练。

从时间上看，我们在取消农业税前的 20 世纪末期就开始进行农村调研，到现在国家推进乡村振兴战略，国家与农民的关系发生了巨大变化。2000 年，我国城市化率只有 36%，现在已超过 60%，几乎所有农村青壮年劳动力都进城了；从地域上看，我们不仅在中国南方、北方和长江流域调查，而且近年也密集地到东部沿海发达地区和西部贫困地区调查，发现了中国南北、中国东西和中国腹地的巨大区域差异；从研究主题上看，我们从基层政治研究开始，由此进入对乡村治理社会基础的研究，再延展到对几乎所有乡村主题的研究，比如家庭制度、农业发展、宗教信仰、土地制度、乡村教育、医疗保障等；近年来我们的研究也跟着农民工进城，开始了城市社区、街头治理、信访制度、县市治理、教育治理等方面的研究。

我们希望在调查和研究中，能真正做到"从经验中来，到经验中去"，从经验中获得灵感，依靠经验形成"想事"的能力，并在此过程中形成若干理论提炼与概括。

十数年来，我们研究团队在饱和调研基础上形成了大量理论概括，这些理论又作为视角融入政策问题的讨论中，并在一定程度上对政策产生了影响，比如对农业、土地、信访、乡村治理、城镇化等方面的政策产生了或大或小的影响。我们相信，只要我们团队坚持下去，再坚持十年、数十年，就一定可以形成理解中国经验的具有中国主体性的社会学科一家之言。我们希望中国社会科学有百十家这样的一家之言，我们呼吁各种一家之言良性竞争，相互启发，相互补充，共同发展，最终成长出与中华民族伟大复兴相适应的高水平的中国社会科学。

我们计划在未来持续将团队的最新研究纳入《华中村治研究丛书》出版。希望丛书能增加读者对华中村治研究的了解，引发社会各界对转型中国问题的关注与讨论。

是为序。

作于 2018 年 4 月 10 日晚

修于 2021 年 4 月 12 日晚

序　言

田原史起[*]

冯川先生博士毕业就离开日本，回国任职于武汉大学政治与公共管理学院，转眼间已过两年。

他于2014年4月考进了我所在的工作单位——日本东京大学大学院综合文化研究科地域文化研究专业博士班，之后近五年时间一直在我的指导下积极从事基层治理研究工作，2019年2月通过论文审稿及答辩，获得了博士学位。

东京大学聚集了来自世界各国与日本各地的年轻学者。其中，冯川先生的研究表现特别卓越出众。五年中他参与了各种课程，在学术讨论中所展现的高水平，多次受到教授们的赞赏。作为"华中乡土派"的年轻成员之一，冯先生在湖北与中国其他省实地开展大量田野调查。根据丰富的调查经验，他主张：在诸多不同农村治理领域，比如农业税征收、土地利用、调解纠纷、农田水利、农村低保管理等方面，都需要保留一定程度的模糊性、整体性和灵活机动性，也就是"浑沌"。本书即根据他的日文版博士论文翻译修改而成。

我认为，本书的亮点有如下三点；首先，以丰富的经验材料，成功地反驳了社会上一种未经验证的俗说，就是"农村治理一定要完全走向制度化、规范化"。冯先生所提出关于"浑沌"的概念与独到的见解，将为政策制定提供一个新的思路，就是在中国中西部广泛存在的那些治理事务并不规则的农村，基层治理方面应更积极地利用"浑沌"所具有的正面功能。

---

[*] 田原史起，日本东京大学大学院综合文化研究科教授。

其次，本书体现着冯先生在进行田野工作上极高的天分和努力不懈的研究态度。经验材料之丰富和详细，是本书最重要的学术贡献之一。通过湖北省一个普通村庄的事例，他对于农业税征收、土地利用、调解纠纷、农田水利、农村低保管理等当代中国农村基层治理的主要话题，极富耐心地积累了第一手经验材料，生动刻画了每个领域"浑沌"的状态及其变化。不仅如此，他广泛涉猎其他研究者进行的田野个案，将各方面材料融会贯通，有机勾勒出当代农村治理面临的困境及其结构性原因。

再者，本书是冯先生日本留学期间所思所想的集大成。他积极吸收了日本农村社会学和农村社会史的成果，在思考中国农村治理的同时，也开展了与日本农村治理经验的比较。在这层意义上，"乍看之下彻底被制度化、规范化的日本，'浑沌'也曾存在于过去某些阶段，甚至在今天的某些社会领域，'浑沌'仍尚未消灭"。这一发现支撑着全书的主张，在我看来，尤为可贵。

留日期间，冯先生除了积极参加笔者的研究班之外，也参与每月一次的读书会（称做"乡村研"），在我的办公室与日本年轻一辈的中国研究者进行深入交流。他也加入日本村落研究学会。透过学会，他认识了来自日本各大学著名的专家学者，并且积极以中国农村经验，与日本农村研究方面的专家们展开交流并交换意见。冯先生这位中国年轻学者好学不倦的态度，给好几位日本朋友留下了深刻印象。作为背包客，他还单独走访了日本各地城市；另外，也与"乡村研"的朋友们访问了富山县农村，还有一次访问了我的家乡广岛县三原市农村，并停留了四天。回忆起来，这些都是通过民间交流深入了解日本的可贵经验，使冯先生的研究具有更为宏观的国际视野和区域比较视角。

日本著名的中国政治研究者毛里和子指出，社会科学的比较研究有三个好处：其一，通过比较能够更清楚地阐明主要研究对象的特点；其二，通过比较可以形成一种普遍性概念或厘出一种规律性；其三，通过与先行事例的比较可以有助于预测研究对象的未来。我认为进行中日比较的最大意义在于第三个方面。事实上在本书的最后一章，冯先生也敏锐指出，泡沫经济破裂之后的日本与还处于快速城镇化阶段的中国并无可比性，因此本书将德川后期、明治时代和"二战"后高速经济成长时期的日本农村与 1980 年至 2015 年的中国农村进行了比较。中国现在正在经历着日本过去走过的历程——其核心内容可视为"城市化"。在这个意义上，对于日本近现代农村的研究可能有助于思考中国农村现在以及今后将面临的问题。

从经济高速成长到走向成熟社会的历史进程，在日本的展开时代要早于中国。日本在国家主导下实施的现代化政策始于明治时代。20 世纪 50 年代之后，日本又进入了经济高速增长时期。在社会大发展和大转型过程中，大量劳动力资源从农村向城市集中的现象十分突出。不过这在当时的政府眼中简直是求之不得的变化，这是因为人口在东京、大阪和名古屋等大城市的高度集中，可以提高经济效率，GDP 也得到显著增长。大城市人口的"过密化"和农村人口的"过疏化"，虽然给城乡两头都带来各种各样的问题，但经济增长激发了人们的希望和梦想，催生了"明天比今天更好、明年比今年更富"的期待，诱发了农村年轻人通过升学或就业争先恐后进入城市的欲望。昔日日本农村有一个抑郁封闭、欠缺流动、互相牵制的内在规范，这或许也使渴求自由的年轻人加速逃离农村而奔向城市的原因之一。

一个半世纪以来的历史变迁导致的社会现实是，目前日本人口约有 80% 居住于城市。在这种结构下，我们在 2011 年遭遇了东日本大地震和福岛核电站事故。有关部门预测，在未来 30 年内，"首都直下型地震"的可能性为 70%。人们开始意识到，人口集中于东京以提升 GDP 的资本主义经济形态，在自然灾害发生时多么脆弱、多么危险。此外，2020 年以来的新冠肺炎疫情开始让人们意识到，这是过密型经济发展模式的后果，是跨国全球化资本主义的反作用。虽然尚未形成潮流，但近年来，日本社会渐渐呈现人们从集中到分散、从城市到农村的田园回归趋势，包括 U-turn（移居城市的农村出身者再次返乡定居）、J-turn（因上学或就业而移居城市的农村出身者，回到靠近家乡的小城镇定居）、I-turn（城市出身者移居村镇）等各种形态。当然也总有人泼冷水说："乡下没有工作。"然而部分学者已经指出，比就业机会更重要的根本问题是，如何重新发现和再造乡村生活的象征性价值，比如乡村生活的意义、文化和魅力。农村既是一张安全网，可避免大城市高度集聚所潜藏的风险，亦是近邻民众共同塑造生命意义的公共空间。以冯先生的概念观之，重塑"浑沌"这一命题也是今后日本农村研究的重要方向之一。

一直以来，中国政府对农村人口落户在北、上、广等大城市抱持谨慎态度，同时也试图引导农村人口聚集在小城市或县城。对今后的中国来说，农村势必长期扮演"稳定器"和"蓄水池"的角色。而县城与农村的关系，更具体地说，在县城购买商品房的年轻一代与县内故乡的互动关系，将产生举足轻重的作用。与曾经的日本一样，在城市化的浪潮中乘风破浪的一代人往往会对乡土社会持一种鄙夷态度，"乡巴佬"（田舎っぺ）一词即是这种居高临下的城乡社会心理结构在语言上的表征。城乡互动的历史就在乡土鄙夷心态与田园回归心态之间陷入沉思。选择抛弃乡村，还是选择保持城乡之间的梯度融合关系，不仅仅是一个经济问题，更是一个主观文化心理问题。

目前日本各地的"田园回归"尝试似乎具有重要意义。日本如何实现田园回归，如何处理社会、市场与行政在田园回归过程中的力量关系，其中的经验和教训也许对中国的乡村振兴具有参考意义。本书中，冯川先生发现"浑沌"是中国乡土社会在治理方面的珍贵资源。这预示着进一步的研究方向，即探讨能否在实践层面善用这一资源，促使中国在治理现代化和乡村振兴的政策实施中表现得更为理性和稳健。

事实上，在留学日本的中国学生中，愿意诚恳踏实地吸收日本经验的人并不多。无疑地，在中国学术界新世代之中，冯川先生是一位不可多得的"知日派"人才。

2021年6月1日于日本东京大学驹场校区

南海之帝为倏，北海之帝为忽，中央之帝为浑沌。倏与忽时相与遇于浑沌之地，浑沌待之甚善。倏与忽谋报浑沌之德，曰："人皆有七窍以视听食息，此独无有，尝试凿之。"日凿一窍，七日而浑沌死。

——《庄子·应帝王篇第七》

前言 "浑沌"之治与中国农村基层治理

一

当说起"浑沌"这个词，我们脑海中闪现出的场景，可能是一片无秩序状态。不过，如果深究"浑沌"这个词的起源，我们可以在《庄子·应帝王篇第七》的寓言中发现它的存在。在《庄子》的寓言中，"浑沌"的最大特征是其内部不存在任何区隔。以此特征为据，"浑沌"所喻示的其实是一种含括整体性、连续性、流动性和统合性的状态。联系到我们的政治社会生活，我们可以在村庄固有的社会规则中发现这种"浑沌"状态，也可以在与村庄固有社会规则不断磨合所生成的基层工作方法之中找到这种"浑沌"状态。毕竟，"浑沌"状态直接关乎生活逻辑的痛痒知觉。而强调清晰、程序、明文、数字和形式理性等制度逻辑的"规范化"则对应《庄子》寓言中的"凿窍"，意味着对功能和构造的区分和割裂。

近代以来，国家政权不再满足于基层社会对其统治合法性的象征性认同，而是通过主动介入的方式把控基层政权，进而改造基层社会的方方面面。随着国家人口规模和治理内容日益扩张，国家正式制度体系、正式创制的组织网络、规章制度日益繁杂，行政上条块分割、机构臃肿、派系层叠的现象日益突出。然而，虽然国家试图通过建立在全能主义国家的社会经济结构和意识形态之上的群众动员，以国家权力"一竿子插到底"的方式彻底摈弃半正式官员在基层治理中可能带来的弊端，但事实表明，即使国家政权强大到足以对基层社会进行全面改造，这样的国家政权也未必能触及基层社会内部结构的根本。国家正式制度体系并没能从根本上荡涤清除枝蔓错杂的基层社会，反而借由阶级斗争的革命话语滋长了社会治理层面的复杂性。比如在广袤的乡村，人们的日常生活并没有脱离地方规范的约束，农民仍然生活在传统的伦理秩序和村规民约之下，无时无刻不在受着乡村自生秩序的牵引。阶级斗争话语和群众运动，使农民需要反复权衡自身及其家庭在基层社会中的位置，以选择究竟是按照人情原则还是斗争哲学处理人际关系。参与社会治理的生产队和大队干部在许多问题上也会处于人情原则和斗争哲学的两难境地，在被视为"场面上"文化的公社意识形态和被视作"场面下"文化的伦理传统之间摇摆不定。人情原则和斗争哲学的相互依存和相互冲突构成了公社文化的整体。革命的表象进一步滋养了社会治理的复杂性。总体而言，"熟人社会"的性质和农村基层治理中的"浑沌"不但没有发生什么大的改变，反而在集体化全面介入人们生活的过程中被大幅强化。

20 世纪 80 年代以来，国家权力和各项制度的触角虽已延伸到乡村，但实际上对基层组织的监督与约束仍显力不从心，或有时亦有意选择模糊性政策作为治理手段，为基层组织因地制宜执行政策留下空间，以致基层组织行为在发展经济的前提下具有相当的随意性、短期性和变通性。① 为了完成税费征收和计划生育任务，基层组织广泛运用复杂的非正式权力运作方式，综合调动大量人情、面子等各种地方性治理资源软硬兼施②，调用服务于整体乡村治理的政法逻辑，形成对不同类型的农民采取不同治理手段的分类治理。这种依靠日常生活权力的非正式治理实践无法制度化，因此是一个嵌入乡村日常生活而无法完全控制的因素；而非制度化的问题解决方案，意味着一系列个案化、在地化、特殊主义的问题解决方式，以及许多嵌入地方社会关系网络与地方规范中的非制度化的谈判与妥协。③ 基层组织一方面承接了大量的国家治理任务，另一方面，却并没有被国家正式制度体系

① 蔡益群、曾淑华：《道德治理：中国政府治理的结构性趋势及其双重影响》，《江西师范大学学报》（哲学社会科学版）2014 年第 2 期。

② 吕德文：《简约治理与隐蔽的乡村治理：一个理论述评》，《社会科学论坛》2010 年第 8 期。

③ 黄晓春、嵇欣：《技术治理的极限及其超越》，《社会科学》2016 年第 11 期。

所吸纳和吞噬。结果导向的目标管理责任制，虽然向基层组织自上而下传递着行政压力，但也为基层组织发挥自主性、运用自由裁量权对基层社会进行复杂治理留出了足够的空间。甚至基层治理基于乡土伦理的复杂逻辑也会向国家正式制度体系反向渗透，进而形成诸如"乡村利益共同体"一类的关系，使国家治理与基层治理达成同频共振。

二

近年来，信息技术在基层治理中的广泛运用，导致国家权力和行政科层制与基层组织的关系从"目标控制"走向"过程控制"，使由上级规定的制度、规范在行政技术和智能化办公手段的保障下真正成为笼罩基层组织治理行为的权力之网，在加大基层干部职业越轨风险的同时，却也将基层组织牢牢吸纳到行政科层体制之内，使基层组织不再能够在社会治理层面施展其自主性，社会治理层面原有的复杂性被国家治理层面复杂的技术监控体系删除殆尽。比如"12345"平台使村干部在乡镇党委面前近于透明，工单数量和处理工单的质量成为乡镇评价村干部积极性和能力值的重要标准。[①] 又如"横到边、纵到底"的网格体系虽可全天候、全方位地对基层矛盾实行滴水不漏的排查工作，借助"靠前治理"将一些可能破坏社会稳定的因素扼杀在萌芽状态，但大多城市的网格化管理缺乏对数据的综合利用与分析以及预警处理能力，技术只不过显示出行政全能主义在社区的伸张，大量行政任务挤入网格使基层社会陷入行政过密化的陷阱，网格成为行政管理的"第七级"（中央—省—市—区—街—社区—网格），网格员成了流动的不在编的行政人员[②]，基层干部从"人民公仆"变成了专业化和职业化的"公务员"和不受政治过程影响的"事务官"[③]。再如对"项目进村"所附加的复杂程序和技术系统使指向基层社会的资源输入更加侧重于线性评判。这种单向度且程式化的评判方式，

① 张现洪：《技术治理与治理技术的悖论与迷思》，《浙江学刊》2019 年第 1 期。
② 吴晓林：《治权统合、服务下沉与选择性参与：改革开放四十年城市社区治理的"复合结构"》，《中国行政管理》2019 年第 7 期。
③ 凌斌：《科层法治的实践悖论：行政执法化批判》，《开放时代》2011 年第 12 期。

表现出结果取向的特征。其结果便是，几乎所有伦理与价值层面的标准皆被抹去，以至于那些容易被评估、管理和审计的项目集聚了大量被专项化和项目化的资金流，然而这些公共资源的供给却大大偏离了地方社会真实的公共服务需求。

总而言之，出于基层干部的不确定性，技术治理助推国家对基层干部的监督达到前所未有的精细化、复杂化水平。在此情况下，基层干部不得不频繁"办事留痕"、填造表格以接受自上而下的督查。于是基层干部为国家治理新增了大量管理信息量，也制造出许多原本没有的待处理信息，继而导致信息过载和官僚机构的进一步膨胀。① 此外，行政官僚制对基层干部的吸纳也带来基层干部的公职化和工资化，增加了政府的财政供养成本。而政策精准程度越高，对政策设置、监督和执行的要求也越高，这些都将推高国家治理层面的治理成本。

对于基层干部而言，诉诸对中立性、一般性和形式性的法律规则与程序规定的严格执行的法治，显然要比需要反复权衡、调用大量治理资源、依循不规则的生活逻辑而进行的伦理之治更加简约；程序化、重复性的案头工作显然要比不可预测、遭遇性的街头工作更加好做，也更容易应付。基层治理不再是需要时间与耐心慢慢养成的技艺，不再是一个需要权衡传统由以构成的无数规范性选择、在体认与参与传统的过程中诱导人们改变选择的复杂过程。因配合国家治理逻辑而忙于案头工作的基层干部逐渐减少与群众打交道的时间，也逐渐丧失对基层社会进行"浑沌之治"的能力。于是面对基层社会，指向单一问题和单一目标的理性设计方案取代了具体的社会经验。一旦理性主义成为一种教条，那么实践的偶然性都将有可能被技术的确实性所替换。实践性理解和根据具体情境进行的判断与选择，都将让位于"纸面上的政治"，治理者也将变得不懂妥协、不思权变。一味追求纯粹、完善与一致性的结果，便是从中央到地方的行政科层体制，以及在体制之下殚精竭虑的基层干部，共同构成一架每个零件和每个

---

① 刘永谋：《技术治理、反治理与再治理：以智能治理为例》，《云南社会科学》2019年第2期。

齿轮都相互绑定、丧失全部弹性的巨型机器。这架机器总体上看似基于精巧的理性设计，却是一架没有灵魂的标准化输出机器，只会进行没有任何技术含量的机械"对标"。由于这架机器的每个齿轮和部件都只能向着一致的方向连带运作，一旦遭遇社会突发事件和具体矛盾，它也并不能敏锐地展开灵活多变的应对。

标准化和技术化的一整套操作程序，虽使"浑沌"的问题趋于简单化，使操作和监管都更为方便，然而，这种线性的技术理性却往往偏离于治理的公共性诉求，无助于优化治理系统的整体运作，更无法滋养和培育社会的主体能力。这是因为，更规范、更统一的公共服务体系要求将基层社会的需求制度化为行政体系可识别的政策、规范与执行体系，而那些无法测量和编码的社会事实被合法地忽略，没有技术使用能力的信息弱势群体就成为大数据上的"无"，无法被识别的内生性需求就变成与基层治理无关，使基层社会的合理需求得不到及时回应。复杂的技术治理化简了社会复杂性，使基层社会从社会情境逐步降维到议题再到数字。由于"浑沌"问题的复杂性被技术冠以不符合秩序之名，进而被整理或直接删去，基层社会的信息量被一步步压缩，直至某个维度上敞开的定量标尺上的一点。正是因为维度缺失和信息量删减，数据无法被还原为当初被压缩的情境。① 基层治理层面"以规则取代情理、以程序正当权力"的规范化治理，是国家治理因引入种种信息监控技术而进一步升级的结果。

三

工业化程度较高的东部沿海部分地区展现出社会边界高度开放、社会人际关联度低、社区性人情匮乏、社会交往高度理性化的总体特征。这样的现代工业社会已经进入一种"程式社会"状态。一旦全国统一的劳动力市场成为居民家庭收入的主要来源，家庭之间的经济分化形态就会逐渐形成"规则化"趋向。由于社会利益规则化、社

---

① 彭亚平：《技术治理的悖论：一项民意调查的政治过程及其结果》，《社会》2018年第3期。

会关系陌生化和社会个体的高度同质化，社区价值生产能力低下、缺乏内部竞争导致了社会的"去政治化"，公共治理事务因社会冲突的减少而相对简单。① 基于此，规则化的基层社会，也许可以消解基层治理行政化扩张至基层社会治理层面所引发的种种弊端，但首先还是需要由正式制度充分恰当地甄别生活领域的需求和民情变动，使正式制度与生活领域之间形成一定程度的契合，进而引导民情的现代性转变②，最终才有可能使正式制度的复杂治理实现高度体系化基础上的治理有效。

不过，基层社会究竟有没有可能彻底摆脱"浑沌"的影子，却是值得怀疑的。也许无论一个国家规范化的制度文明发展到怎样成熟的地步，基层社会的生活逻辑仍会持续不断地生产细小琐碎、流动不定、难以被既成规范所识别和分类的剩余事务。若是基于这一判断，则基层社会也许永远无法自发进化到 20 世纪上半叶技治主义者在技术治理运动（Technocracy Movement）中曾渴望缔造的"机器乌托邦"（Machine Utopia）状态。

本书将指出，在中国的语境中，基层的"浑沌之治"遭受冲击的时间点其实早于信息技术在基层治理中的广泛运用。比如，乡镇体制改革带来的权力上收、土地产权的明晰化以及大政方针对依法治国的强调，都已表明政权运行的规范化、制度化建设被提上政权建设的议事日程。如今的行政和监督体制，都已将法制化和标准化等一系列规范化措施置于核心地位。本书所要回答的问题是，改革开放后的中国基层社会，为何并没有伴随国家治理方式的日益规范而变得更加稳定？国家治理方式的现代化对基层社会意味着什么？规范化的本质是什么？

找回"浑沌"，意味着重建治理体制的底层能力，赋予基层治理以一定的自主空间，避免将基层治理中一切不规则的实践形态都视为工作失误，并试图以强化监管和问责的方式消灭之。如果孕育"浑

---

① 印子：《职业村干部群体与基层治理程式化——来自上海远郊农村的田野经验》，《南京农业大学学报》（社会科学版）2017 年第 2 期。

② 肖瑛：《从"国家与社会"到"制度与生活"：中国社会变迁研究的视角转换》，《中国社会科学》2014 年第 9 期。

沌"的政治、社会和经济环境都未发生根本转变，纵使"规范化"暂时扼杀了"浑沌"，"浑沌"仍会在环境的滋养下涅槃重生，而且比之前对"规范化"更具免疫力。这就是为什么纵使日常生活逻辑的"合法性"被规范化的制度逻辑完全否定，各种不可战胜的变通、非正式运作策略及其他"日常形式的反抗"还是会在国家及其代理人的眼皮底下疯长①，并不断再生产出新民情和新习惯法的原因。

总之，"浑沌"的存在是中国基层治理制度优势的体现。"浑沌"与规范化的"精妙"平衡，既需要高超的政治技巧，同时也是一种辩证艺术。其实近年来日本和一些西方社会又开始呼唤制度的人格化和政府的弹性化，呼唤"浑沌"在一些制度化领域的"复生"。在我国社会治理日益进入强国家时代、基层治理日益转变为被动执行国家政策的当前阶段，我们应当重新清理、发掘和审视"浑沌"在基层治理中的价值和意义。

四

"模糊边界"（blurred boundaries）的概念来源于古普塔（Akhil Gupta）对地方势力如何利用国家资源达成地方社会目标的研究。在本书中，"边界"的视角将与《庄子》寓言中"浑沌"的隐喻发生关联，因为"浑沌"本身就是一种内部区隔和边界皆处于模糊状态的整全生命体。本书将借助"边界"这一概念，进一步阐释"浑沌"的属性及其所隐喻的农村基层治理的内在机制。

归根结底，本书的叙事主轴是围绕处于边界模糊状态的"浑沌"如何在基层治理体系与治理能力现代化的语境下开显其"新命"而展开的。所谓"新命"是相对于"浑沌"的故态旧命而言。"浑沌"的故态旧命便是《庄子》寓言中"中央之帝"的存在机理——独无七窍，保持一种内部的边界模糊状态。中国农村基层治理中的本土性社会规则便是如此。而"浑沌"的"新命"在本书中体现为层层递

---

① 肖瑛：《从"国家与社会"到"制度与生活"：中国社会变迁研究的视角转换》，《中国社会科学》2014年第9期。

进的三重涵义。第一重涵义，即倏与忽试图以凿窍之法为"浑沌"赋予一个同样拥有七窍、边界清晰分明的"新命"。这是被倏与忽理解为能够因为改造而使"浑沌"获得解放的"新命"，喻示国家试图通过规范化的国家规则消除边界模糊状态，以求提升基层政权合法性。第二重涵义，即"浑沌"被凿窍后的确获得了"新命"，不过事实上的"新命"非但不是解放的"新命"，反而却是死亡的"新命"，喻示农村基层治理因规范化国家规则对边界模糊性的消除而陷入僵死状态，农村基层社会反而愈加不稳定。"新命"的第三重涵义，即"浑沌"适配未发生根本转变的基层治理场景而重新焕发生命力。正是基于"新命"的第三重涵义，本书主张重新发现"浑沌"之于基层治理的时代价值，消除将"浑沌"等同于落后治理形态的误会和错误判断，为"浑沌"在新时代的基层治理场景中巧妙发挥其治理效用而预留弹性的制度空间。

拙著最终得以出版，要感谢中国社会科学出版社对本书内容的肯定与认可。特别是本书的编辑马明老师，在编辑和校对的过程中就原稿中的一些细节问题多次与笔者交换意见，促成了本书在原稿基础上的进一步完善，其敬业精神令笔者感佩。还要感谢笔者所在单位武汉大学政治与公共管理学院对拙著出版的资助。由于笔者能力水平所限，本书难免存在一些不足，还望学界各位同人批评指正。

目　　录

第一章　导论[*]

第一节　研究的背景

自从马克斯·韦伯（Max Weber）在 20 世纪初期提出了关于"国家"的新古典定义，即"现代国家是一个施行支配的必要组织"[①]，国家的现代性（modernity）和现代化（modernization）就成了社会科学界讨论的中心议题和问题域[②]。

按照韦伯对现代国家的定义，最早的现代国家出现于 15—16 世纪的西欧。这一批现代国家能够引导公众形成专门的组织结构，使国家领导者能够建立更强大的军队，征得更多的税收，并完成其他各项复杂工作，因此在战争中表现出对资源的强大动员和组织能力，从而给其他政治实体的生存带来威胁。一支常备军、一个高度发达的税收机关、一套延伸扩展的多级法院系统，被认为是欧洲最早的现代化国家在发展中需要建立的三个国家核心分支。拥有主权、领土和人民，并且人民能够对一体性、国民意识和民族主义（nationalism）有所自

　＊　本章内容已修改为论文《中国农村基层治理的困境与"浑沌"的治理逻辑》和《中国农村基层治理的"浑沌"及其实践形态研究——反思治理方式规范化的一个视角》，分别发表在《南京农业大学学报》（社会科学版）2019 年第 5 期和《社会科学》2021 年第 2 期上。

　①　Max Weber, *Essays in Sociology*, trans. H. H. Gerth and C. Wright Mills, New York: Oxford University Press, 1958, p. 82.

　②　Jeffrey C. Isaac, "Modernization and Politics", *Perspectives on Politics*, Vol. 13, 2015, pp. 1 – 6.

觉，这些特征在 20 世纪被作为"现代国家的特质"而得到广泛的认同。①

"现代国家的特质"给出了关于国家应该是什么样子的各种规范，并为人们塑造了一种关于现代国家的刚性期望。这些规范和期望，锁定了 20 世纪新生国家的理想型样态：国家应该拥有并守卫独立的主权和边界明晰的领土，管理和控制生活在领土范围内的民众。换句话说，一个现代国家必须具备能够均质地延伸到领土边界的强大国家能力，并承担覆盖社会全域的国家职能。如实施义务教育、保护环境、规范劳动力市场等职能，在一个世纪以前只有少数几个国家甚至没有国家能够负担，而现在已成了所有国家必须承担的任务。"尽管有些国家在义务教育和改善工人日常生活状况方面表现得一塌糊涂，但它们至少也在名义上建立起了庞大的政府机构来专门负责教育和劳工事务。所有的国家不管在实施国际规范方面成功与否，都建立起了不断扩张的国家官僚机构、令人生畏的国家安全机关和广泛的司法体制。"②

可以看出，现代国家的形成基础是国家对社区的全面监控，并在监控的基础上造就一个有明确边界、社会控制严密、国家行政力量对社会进行全面渗透的社会③。现代国家的一个关键标志在于国家能力（State Capacity）④ 对社会组织和社会关系的强大影响和渗透。

20 世纪新生国家及其政权的历史就在现代化的背景和框架下展开。依现代国家的标准，现代化的国家政权首先理应是一个主权独立的政权。因此在 20 世纪的世界版图上，第三世界国家反殖民主义的民族独立革命运动此起彼伏，并由此诞生了一批新生的独立政权。不过国家政权的独立并不意味着政权现代化的完成。

---

① 矢野暢等：《いま、国家を問う》，大阪書籍 1984 年版，第 58 页。

② 乔尔·S. 米格代尔：《社会中的国家》，李杨、郭一聪译，江苏人民出版社 2013 年版，第 146 页。

③ 安东尼·吉登斯：《民族、国家与暴力》，胡宗泽等译，生活·读书·新知三联书店 1998 年版，第 146—147 页。

④ 米格代尔指出，国家能力是"国家通过种种计划、政策和行动实现其领导人所寻求的社会变化的能力"，主要表现为"影响社会组织、规制社会关系，抽取资源和拨款或以特定的方式使用资源"。

达成政权现代化需要满足的第二条件，就是国家能力的下渗，即国家政治权力对乡村和地方社会的控制。国家能力可以分为两类，即"专断性国家能力"和"基础性国家能力"。其中，"专断性国家能力"可以对应政治学家迈克尔·曼（Michael Mann）提出的"专断性国家权力"（despotic power）①，能力或权力的大小以国家干预范围的大小作为评价标准。而"基础性国家能力"则对应于"基础性国家权力（infrastructural power）"，指的是国家事实上在其领土范围内有效贯彻其政治决策的能力，即通过社会而获得的权力（power through society）②，表现为强制、汲取、濡化能力以及认证、规管、统领、再分配的能力③。

在中国，围绕如何有效征税以及维持地方社会内部治安的问题，清朝末期的地方行政管理体系就有了由处于官僚机构末端的知县任命他能够驾驭且具有一定威信的当地人士做里长或甲长的制度，而对于宗族等地方社会势力强大的东南中国则形成了保甲制与宗族直接嫁接的形态。④ 在中华民国时期，国民政府又先后实行过"区村制度""保甲制度""新县制"，试图以此实现国家政权对社会的渗透。

然而，清朝末期和中华民国时期的国家权力下渗都没有成功。清末的知县，由于一个人要负责平均 10 万人以上县民的行政、司法、民政、公安、福祉、防卫、教育、文化、仪式等多个方面，加之回避制、不久任制的限制，他根本无法熟悉赴任地的状况，甚至连当地的方言也不懂。因此，作为地方官僚的知县无法亲自成为中央权威的代理，实际的政策只能委托给胥吏、乡绅等当地的行政事务官来完成。而乡绅享受着纳税上的各种优遇，还可免除所有徭役，胥吏也将大量

---

① 国家的专制权力（despotic power），指的是国家精英可以在不必与市民社会各集团进行例行化、制度化讨价还价的前提下自行行动的范围（range），即强加于社会的权力（power over society）。

② Mann，Michael，*The Sources of Social Power：A History of Power from the Beginning to A. D. 1760*，New York：Cambridge University Press，Vol. 1，1986.

③ 王绍光：《国家治理与基础性国家能力》，《华中科技大学学报》2014 年第 3 期。

④ Kuhn，Philip A.，"Local Self-Government Under the Republic：Problems of Control，Autonomy and Mobilization"，in W. Frederic，Grant and G. Carolyn，eds.，*Conflict and Control in Late Imperial China*，Berkeley：University of California Press，1975，pp. 258 – 261.

本该用于行政的经费据为己有，国家政权对此无能为力。[①] 而到了民国年间，由于军阀混战、勒索无度，有势力的乡村领袖不是卖掉土地、逃离村庄，便是躲避公职。国家政权在地方社会的官僚化尝试，由于国家对乡村社会的控制能力低于其对乡村社会的榨取能力所引发的"国家政权内卷化"（State involution）[②]，而导致农村精英的地位被"无知分子"和"土豪劣绅"所取代。

中华人民共和国成立初期，通过向农村社会派驻工作队，以及通过群众运动将一直以来都属于非政治阶层的农民吸纳进基层或更高层级政权机关内当干部的"群众路线"机制，使工作队与积极分子在接触的过程中相互同化。其结果便是国家大政方针能够在基层社会得以严格执行，国家政权建设的范围可以一直延伸到处于行政层级末端的农村社会。当然，政策内容在具体层面的当地化也是国家政权积极承认的，但农村的末端权力以不得抵触上级权力为限。[③] 这便赋予了地方社会一种在国家政权控制下的自治空间，即"他律性自治或构成性自治"[④]。在 1956 年开始的人民公社时期，中国的国家能力更是扩张到"政治机构的权力可以随时无限制地侵入和控制每一个阶层和每一个领域"的程度，从而导致"全能主义"（totalism）[⑤] 政治社会的出现。也有学者用"总体性支配"[⑥] 来概括这一时期中国社会的结构

① 田原史起：《現代中国農村における権力と支配——人民共和国建国初期の土地改革と基層政権（1949—1954）》，アジア政経学会 2000 年版，第 42—47 页。

② Duara, Prasenjit, *Culture*, *Power*, *and the State*：*Rural North China*, *1900 – 1942*, California：Stanford University Press, 1988, pp. 74 –77.

③ 田原史起：《現代中国農村における権力と支配——人民共和国建国初期の土地改革と基層政権（1949—1954）》，アジア政経学会 2000 年版，第 331—334 页。

④ 清水盛光：《支那社会の研究》，岩波書店 1939 年版，第 200 页。

⑤ 邹谠：《中国二十世纪政治与西方政治学》，载《二十世纪中国政治》，牛津大学出版社 1994 年版，第 3 页。邹谠指出，除了国家直接或间接控制和管理的领域外，全能主义政治社会中只有三个其他的领域：（1）政治机构根据社会发展的需要而制定政策，授予国家单位、群众组织、社会群体或公民个人的独立自由权；（2）政治机构从战略、策略上的考虑，自动地、暂时地不去控制某一些社会行为；（3）政治机构不介意的领域（例如，打麻将牌）。这三个领域都没有宪法上、法律上、民意上、道德上的保障。

⑥ "总体性支配"主要是指中国改革前的社会结构的一个基本特征，即国家几乎垄断着全部重要资源，这种资源不仅包括物质财富，也包括人们生存和发展的机会及信息资源。参见孙立平、王汉生、王思斌、林彬、杨善华《改革以来中国社会结构的变迁》，《中国社会科学》1994 年第 2 期。

特征。

若以现代国家的标准或国家政权现代化的标准来衡量，新中国人民政权的建立就已经意味着现代国家或国家政权现代化的完成。

然而，在改革开放后，中国共产党和中央政府基于对人民公社化运动、"文化大革命"运动等前三十年历史经验的反思，仍然认为国家治理体系和治理能力的现代化依然没有完成。如果说"国家能力的现代化"强调的是国家对社会进行控制的一面，那么"国家治理体系和治理能力的现代化"则是以国家治理方式为载体的现代化，强调的是国家对治理方式的控制。[①] 虽然"全面深化改革的总目标是完善和发展中国特色社会主义制度，推进国家治理体系和治理能力现代化"的完整表述出现于中国共产党第十八届三中全会（2013 年 11 月 9 日至 12 日召开）的《决定》上，但对于"国家治理方式现代化"的追求却也贯穿了整个 20 世纪中国探索进行政权建设的历史。

"国家治理方式现代化"的一个关键标志是"规范化"[②]。被西方学者，特别是美国学者广为接受的一个关于政治发展（political development）的伦理假设（ethical postulate）是，政治组织内部不断进行的分化（ethical postulate）将伴随与其相似的社会组织内部的分化，这将预示着强化个人自由与多样性的补足性特征（complementary features）。在功能高度分化基础上的整合，即接近涂尔干（Durkheim）的"有机团结"（organic solidarity）概念的状态，被看作政治发展度更高的一种表现。[③] 进一步说，国家治理方式的"规范化"，也即国家治理的目标转为以内部层级结构明晰、分工明确的组织，按照功能边界经过严格限定的、单一的、法定的、程式化的方式来完成。

---

① 冯川：《中国农村基层治理的困境与"浑沌"的治理逻辑》，《南京农业大学学报》（社会科学版）2019 年第 5 期。

② 在本研究中，笔者将作为"国家治理方式现代化"内容的"国家治理的目标转为由内部层级结构明晰、分工明确的组织，按照功能边界经过严格限定的、单一的、法定的、程式化的行为规范来完成"称为"规范化"。对于这一概念的讨论，将在对重要概念进行厘定的本章第五节展开。

③ Kumar, Sushil, "The Concept of Political Development", *Political Studies*, Vol. XXVI, No. 4, 1978, p. 428.

然而，国家治理方式的"规范化"的目标却未必容易实现。从历史事实来看，这种"规范化"失败的事例，甚至在如今被不少中国人视为"规范化典型"的日本，也一度大量存在。比如，明治政府试图通过明确用地所有权，将使用地权属规范化的"地租改正"，在实施过程中不得不代之以让从江户时代延续下来的"不规范"状态继续存在下去。① 而在"二战"后，国家旨在通过"规范化"的公共职业安定所的扩充，而排除饭场和路上求人的职业安定行政，却因为无法实现灵活而迅速的劳动力供给，从而只好追认求职者与求人者直接进行劳动力买卖这一"不规范"形态的存在合理性，并事实上默认了饭场和手配师参与其中的日雇劳动市场的"不规范"构造。②

同样，作为一个后发国家，中国自然也将西方工业强国政治发展的方法和模式作为国家治理方式上的借鉴对象。中华民国时期的国家政权便认为，通过正式官僚组织的延伸，将地方行政机构"规范化"，是巩固国家政权的有效办法。当然由于其国家能力现代化的不成功，治理方式"规范化"的目标自然也没有达成。中华人民共和国成立后的人民公社时期，国家的正式官僚机构也止于公社一级。毛泽东等中央领导同志对在社会主义革命取得胜利、共产党掌握了国家政权以后出现一个新特权阶级的情况特别提防。按照戚本禹的说法，毛泽东一直在思考和探索如何实践巴黎公社的原则，如何实现人民真正当家作主，劳动者如何参与国家管理，人民群众用何种民主形式监督人民公仆，防止其变为人民的主人。不过，这种用阶级斗争"反官僚主义、反资本主义当权派"的治理方式在当时便被刘少奇、邓小平等党内同志视为不规范的、反现代化的（反对现代官僚机构），用他们的表述来说是脱离"正轨"的。

从20世纪80年代开始，"文革"时期治理方式的"不规范"被视为致乱之由，政权运行的规范化、制度化建设被提上政权建设的议事日程，似乎"规范化"所带来的条条框框可以保证社会的稳定和

---

① 渡辺尚志：《百姓たちの幕末維新》，草思社2012年版，第310—314頁。
② 原口剛：《叫びの都市：寄せ場、釜ヶ崎、流動的下層労働者》，洛北出版2016年版。

发展。权力上收的乡镇体制改革、土地确权工作的展开、税费改革，以及对"依法治国""送法下乡"等大政方针的提出，还有近年来在"把权力关进笼子里"的口号下陆续由一些县级政府提出的限制村干部权力的措施①，无一不是着眼于确保民众利益，而将法制化、标准化等一系列"规范化"措施视为行政和监督体制的核心。②

一个已经完成政权现代化的国家，其治理方式可以是反现代的。如果促使其治理方式也走向现代化，似乎就可以现代化得更加完全，使得社会更加稳定。然而事实上，上述一切表现为"规范化"的现代化措施，并没有减少社会冲突，反而使得农业税征收的行政成本更多、土地纠纷频发、农户谋利型上访激增、农田水利瘫痪。国家虽然以转移支付的方式对基层社会进行了大量的资源投入，却并没有增加基层政权的合法性，反而使基层社会更加不稳定、基层社会的不满情绪愈加弥漫。③

那么，为什么改革开放以来的中国基层社会并没有随着国家治理方式的"规范化"追求而变得更加稳定？为了回答这个问题，我们需要进一步理解"国家治理方式的现代化"对基层社会意味着什么，并进一步分析"规范化"这一作用力的性质。

本研究将以作为国家与社会接合点的农村治理作为研究对象，选取农业税费征收、土地利用、农田水利供给、纠纷解决、农村最低生活保障五个典型方面，较为系统地考察20世纪80年代以来农村治理的基本状态以及国家政权的"规范化"追求对农村治理产生的影响。④ 本研究认为，部分崇拜"规范化"的学者往往倾向于忽视乍看上去似乎表征着"非规范"与"反现代化"的"浑沌"的正面功能。在中国当

---

① 比如浙江省宁波市宁海县制定并实施的《宁海县村务工作权力清单36条》，甘肃、陕西等省一些地区实施的"六化工作法"，福建省南平市延平区实施的"七步工作法"，江苏省扬中市实施的"432工作法"等等。

② 冯川：《中国农村基层治理的困境与"浑沌"的治理逻辑》，《南京农业大学学报》（社会科学版）2019年第5期。

③ 冯川：《中国农村基层治理的困境与"浑沌"的治理逻辑》，《南京农业大学学报》（社会科学版）2019年第5期。

④ 冯川：《中国农村基层治理的"浑沌"及其实践形态研究——反思治理方式规范化的一个视角》，《社会科学》2021年第2期。

下的发展阶段，与其说片面追求"杀死'浑沌'"，不如策略性地利用"浑沌"，而其前提便是着眼于乡村治理中的"浑沌"本身展开深入研究。基于此，本研究试图提出一个解释当前中国农村治理困境的统一框架，并期待以此深化和丰富学界对国家与社会关系的认识。

第二节 国家与社会关系的理论脉络

本节将在学界颇具影响力的国家与社会关系理论，分为"国家中心论""社会中心论"和"国家策略论"三类。

"国家中心论"者关注的是全体的、统一维度的国家，强调的是国家的整体性。在他们所描述的"强国家"形象中，"国家好像一个单独的、积极的演员在以高度集中的方式展示其在明确疆域上的统治术"①。国家可以通过社会工程学的方式，凭借其工业化等理念追求，而将社会塑造成新的形式。韦伯（Max Weber）是持"国家中心论"的代表性理论家。

而关注社会中的国家和国家与其他社会力量互动的过程，并意识到国家具有有限性的，则是主张"社会中心论"的研究者。Nora Hamilton②、Merilee Serrill Grindle③、Francine R. Frankel④ 等学者在墨西哥、印度等地所做的社会史研究，都鲜明地体现出"社会中心论"的色彩。他们将国家视为一系列松散联系的实践碎片，国家与其他组织之间的边界往往未能清晰界定，且后者常常会创制出与国家法律相冲突的规范。⑤"规范"再次成为理解国家与社会关系的关键。

---

① 乔尔·S. 米格代尔：《社会中的国家》，李杨、郭一聪译，江苏人民出版社2013年版，第23页。

② Hamilton, Nora, *The Limits of State Autonomy*：*Post Revolutionary Mexico*, New Jersey：Princeton University Press, 1982.

③ Grindle, Merilee Serrill, *Bureaucrats, Politicians, and Peasants in Mexico*：*A Case Study in Public Policy*, Berkeley：University of California Press, 1977.

④ Frankel, Francine R., *India's Political Economy, 1947 – 1977*：*The Gradual Revolution*, New Jersey：Princeton University Press, 1978.

⑤ 乔尔·S. 米格代尔：《社会中的国家》，李杨、郭一聪译，江苏人民出版社2013年版，第23页。

"国家策略论"的持论者则关注的是国家在追求其本身之目标的同时，在对固有社会规则的借用方面体现出的规则控制的灵活性。"集权的简约治理"（黄宗智）、"实体治理"（李怀印）、"权力的文化网络"（杜赞奇）和"正式权力的非正式运作"（孙立平、郭于华）等概念都是对"国家策略论"的具体阐述。

以下将分别对这三类理论展开评述，并明晰各理论的内在逻辑脉络。

一　国家中心论

以韦伯提出的国家的新古典定义为代表，国家被认为是拥有不同目标却都使用暴力这一手段的目标性组织。国家"就是一种人支配人的关系，一种由合法的（即被认定为合法的）暴力支撑的关系""是在给定疆域中（成功地）垄断暴力的合法使用权的人类共同体"[①]。

并且，国家垄断暴力手段的目的，指向的是使人们屈从并遵守只能且只应该由国家创造的规则。"城市""中心""核心""主导社会阶层"都成为国家中心论中对国家与社会关系的隐喻。在"中心—边缘"理论模式中，"中心"由三个主要部分组成：价值观和信仰、制度、精英。中心精英和机构的整合，形成了中心的能动性，使处于"中心"的政治行动者不断传播价值观和信仰。在价值观和信仰、制度、精英三者的共同作用下，"中心"对"边缘"进行了重塑。在这里，"中心"具有活力和能动性，而"边缘"则处于被动的接受地位。"中心"的精英通过统一的形式同化各种人群、规则以及角色，从而将"社会"整合为"中心"。[②]毋庸置疑，国家是一个"中心"机构，是权威的集中所在，能够拥有一套自己的管理民众的模式，能够以暴力为支撑而有效地制定和推行日常生活规则，将自身意志贯穿到整个社会，并以此塑造人们的自我认知。20世纪50到60年代的西

---

① Weber, Max, *Essays in Sociology*, trans. H. H. Gerth and C. Wright Mills, New York：Oxford University Press, 1958, p.78.

② Shils, Edwards, *Center and Periphery*, Chicago：University of Chicago Press, 1975.

方社会科学成果大量描述了统一的"中心"吞噬弱小的"边缘"①、"大传统"同化"小传统"② 等"现代国家"重塑"传统社会"的过程。

与此同时，国家中心论还强调国家的自主性。国家在支持某些团体和阶级的同时压迫其他阶级，自始至终独立于任何一个团体和阶级，从而维持其自主性。国家"似乎以一种无可争议的方式与社会分离开"③。而社会作为国家控制的对象，仅仅是被改变者的角色。国家中心论中的社会是国家规则的被动接受者，它们几乎无法发挥任何自主的作用。在 20 世纪 80 年代，另一波"将国家带回来"的理论浪潮，也大多认为自主的国家可以为实现自己的社会和经济变革目标，而从强大的社会群体中独立出来。1950 年的各种文章、书籍、讲座也一次又一次佐证这样的观点：政治对于公众的影响非常接近于决策者在重建新法律、程序、机构过程中想要的效果。④

在以"现代国家"为理念并付诸革命实践的 20 世纪诸新生政权的领导者看来，实现了帝国霸权的西方国家不仅仅是殖民地向主权国转变过程中的阻碍因素，同时还是国家中心论在经验现实中的印证，因此也成为他们争相效仿的模型，使他们认为他们领导的国家也有能力塑造自己的社会。在亚洲、非洲和拉丁美洲广泛开展的民族解放运动和独立建国目标，在很大程度上借鉴了已经成功的国家以及 19 世纪处于主导地位的欧洲民族主义思想。⑤ 在整个 20 世纪 50 年代，即使拉丁美洲的很多国家表现出机构极度弱势和腐败的特征，一股"做得到"（can-do）的精神仍然紧紧抓住了那些立志成为国家领导者并

① Daniel Lerner, "Some Comments on Center-Periphery Relations", in Richard L. Merritt and Stein Rokkan, eds., *Comparing Nations*, New Haven: Yale University Press, 1966.

② Redfield, Robert, *Peasant Society and Culture*, Chicago: University of Chicago Press, 1960.

③ Mitchell, Timothy, "The Limits of the State: Beyond Statist Approaches and Their Critics", *American Political Science Review*, Vol. 85, March 1991, p. 82.

④ 乔尔·S. 米格代尔：《社会中的国家》，李杨、郭一聪译，江苏人民出版社 2013 年版，第 44 页。

⑤ Neuberger, Benjamin, "The Western Nation-State in African Perceptions of Nation-Building", *Asian and African Studies*, Vol. 11, 1976, pp. 241 – 261. Neuberger, Benjamin, "State and Nation in African Thought", *Journal of African Studies*, Vol. 4, 1977, pp. 198 – 205.

希望建立有效的官僚国家机构的人。在拉丁美洲，"很多同时代关于发展的观念似乎赋予政府某种'全能假设'，认为政府如果打算（would）处理，就肯定可以（could）正确处理事务"①。

当然，在真实的人类社会，没有国家能够像一个理想型国家那样全能。虽然韦伯已非常明确地点明了这一点，但在韦伯以后的许多研究国家的学术著作和政治实践的目标指向上，国家的权力和自主权仍然不断被高估，国家的最高领导层意志往往成为它们关注的焦点。

直到20世纪·70年代，西方国家中心论的神话才开始受到挑战。因为当研究者开始对欧洲经验本身进行更细致的考察时，他们发现欧美走向现代化国家的实际变迁过程，与他们试图整合进的"强国家"发展模型几乎毫无符合之处。② 进入20世纪90年代以后，诸如"解体""无政府状态""崩溃"这些词汇在关于国家的著作中开始悄然出现，这意味着将国家视为稳定不可侵犯的独立主体似乎越来越难。③他们开始意识到，国家远不止是对国家精英的意志和目标的重现。因此他们认为，社会科学家必须发展一种新的国家人类学："他们需要一种能细致考虑国家不同组成部分的方法；他们要求的是一种分析社会各种成分在相互冲突的利益和来自不同方向的牵引的驱动之下如何彼此相互联系的方法。"④

最终，"国家在社会中"这样的概念开始取代那种完全自治、主权统治的国家概念。⑤ 由于在此后的大量理论中，国家往往成为社会抵抗的对象或被社会加以利用，社会的主动性得到了强调，笔者倾向

① Anderson, Charles W., *Politics and Economic Change in Latin America*: *The Governing of Restless Nations*, New Jersey: D. Van Nostrand, 1967, p. 5.

② 乔尔·S. 米格代尔：《社会中的国家》，李杨、郭一聪译，江苏人民出版社2013年版，第206页。

③ Kaplan, Robert, *The Ends of the Earth*: *From Togo to Turkmenistan*, *from Iran to Cambodia*, *A Journey to the Frontiers of Anarchy*, New York: Knopf, 1997.

④ 乔尔·S. 米格代尔：《社会中的国家》，李杨、郭一聪译，江苏人民出版社2013年版，第120页。

⑤ Migdal, Joels S. Atul Kohli and Vivienne Shue, eds., *State Power and Social Forces*: *Domination and Transformation in the Third World*, New York: Cambridge University Press, 1994. Evans, Peter, *Embedded Autonomy*: *States and Industrial Transformation*, New Jersey: Princeton University Press, 1995.

于将这类理论称为"社会中心论"。

二　社会中心论

不同于认为国家垄断了规范制定权和推行力的国家中心论者，社会中心论者否认一套能够放之四海而皆准且单独集成之规则的存在，因为他们相信任何社会都不会有毫无争议的普遍准则引导人们的生活。进而他们提出，社会中的不同单元也能各自形成不同的正式或非正式行为准则，这些行为准则之间充满冲突，并与国家制定的规则形成竞争。社会中的不同群体，都试图用不同的方式塑造人们的行为模式，因此这些群体之间必然存在持续不断的斗争。在国家看来，不符合国家所制定的法律和规范的行为便是违规行为（sanctioned behavior），而"违规"本身其实是由国家中心论的框架和知识所生产的。"违规"在社会中心论的视角下，往往是无效的。

通过一系列对发展中国家的经验研究，社会中心论者展示了两类社会规范与国家规范的关系。第一类表现为社会对国家规范的反抗。这种对抗关系也被用来说明国家政策的失败并非缘于设计欠佳的政策、不合格的官员或资源不足，进而解释，为何国家政策的实施和在社会中的政策效果往往以迥异于国家初衷的形式告终。在这里，国家领导者将国家看作一个建立单一管辖权的机构，这种法律规则在国家内部各个边界上都是相同的。这正是现代国家所渴求的。而不论是村落领导、城市领袖还是富农，社会中的强人（strongmen）却在向相反方向努力，试图在相对小很多的边界内维持自己的规则。① 因此，社会变成了"反对派"的同义语，变成了悄然、间接地反抗或公开对抗国家政策的政治行为者。而 20 世纪 80 年代开始被东欧分析家所使用的"市民社会"这一术语，正是用来描述一种勇气可嘉的社会，它通过反对国家的组织而形成自主权。②

大量的经验研究也在佐证地方社会对国家的反抗关系，说明社会

---

① 乔尔·S. 米格代尔：《社会中的国家》，李杨、郭一聪译，江苏人民出版社 2013 年版，第 23 页。

② Arato, Andrew, "Cilvil Society against the State: Poland 1980 - 1981", *Telos*, Vol. 47, 1981. Arato, Andrew, "Empire vs. Civil Society: Poland 1981 - 1982", *Telos*, Vol. 50, 1982.

和政治的巨大变革与政策制定者的计划和期望相去甚远。比如，1967年以色列占领的巴勒斯坦农村的形势与其谨慎制定的政策不一致，1973年战争期间及之后国家领袖的主观意愿与其政策实际效果之间发生偏移，其原因在于社会上每日自发的大罢工、一夜之间在西岸地区建立的非法居住区、许多夫妇对国家强令的宗教婚礼的抗拒、所谓"黑豹党人"（Black Panthers）针对德系犹太人统治的抗议游行以及巴勒斯坦人在被占领区的分散反抗行动。[①] 而在南美洲，原住民虽然屈服乃至臣服于殖民者的统治，但仍然常常将强加于他们的宗教仪式、象征和法律大加改变，从而暗中反抗西班牙殖民者的统治，而这些情境与殖民者的预想大相径庭。[②] 在墨西哥，虽然整个社会建立起了垂直的权力关系，但官僚精英试图在乡村地区推行的再分配政策却屡遭挫败，因为地方抵抗力量成功阻止了国家领导者达成其目的。[③] 而即使在高度集权的法国，农民阶层也"难以完美地嵌入国家的政治生活中"，因为农民通过"合作组织"守卫自己对家产进行管理的权力和权威，屏蔽集权国家的控制，力图脱离国家预设的轨道。[④]

第二类社会规范与国家规范的关系通过社会组织与国家各部分之间的相互联合而产生。这些联合模糊了作为卓越的规则创制者的国家与作为这些规则接受者的社会之间的明确界限。国家与外部组织进行联合，本意是为了促成国家目标的实现，结果反而形成了与国家官方颁布的法规相差甚远的规范；社会组织与国家进行联合，却主动俘获（capture）了国家力量的构成部分，以利用国家资源为自身利益服务。

比如，一位持有五千块土地的印度土地官员，将自家房子的底层当作办公室。"人们经常能够在这个办公室找到他，并且他总是被各

---

① Migdal, Joel S., et al., *Palestinian Society and Politics*, Princeton, New Jersey: Princeton University Press, 1980.

② Certeau, Michel, *The Practice of Everyday Life*, Berkeley: University of California Press, 1984, p. xiii.

③ Grindle, Merilee Serrill, *Bureaucrats, Politicians, and Peasants in Mexico: A Case Study in Public Policy*, Berkeley: University of California Press, 1977, p. 178.

④ Berger, Suzanne, *Peasants Against Politics: Rural Organization in Brittany 1911 – 1967*, Cambridge, M. A.: Harvard University Press, 1972, pp. 2 – 9.

种客户、马屁精以及同事包围着。"国家官员的私人空间被用于公务，私人空间与公共空间、私人事务与公共事务、私人费用与公共费用之间的区别几乎消失。① 在南非种族隔离时期，一些猖狂的犯罪团伙与保安部队之间建立了紧密的关系，使得一些部队对一定类型的犯罪产生了某种暧昧的态度。在游击战的最后阶段，一些警察和军队官员甚至自己组建带有犯罪性质的企业，从事贩卖武器、宝石、象牙以及大麻等营生。② 英国殖民当局曾试图吸纳部落酋长担任国家体系的领薪公务人员，以期在非洲殖民地的某些地方扩展其殖民国家的范围。许多酋长欣然接受其所能获得的薪金和其他额外收入，但是往往忽略来自国家官僚体系上级的指令。酋长即是官员，但他们只是利用国家机构和资源来加强他们作为酋长的地位。③ 在后殖民主义时期，塞内加尔并没有成为一个表现出政治效率的国家，因为被"庇护—附庸网络"覆盖的地方支配模式削弱了国家组织的行政能力和资源基础。④

可以看出，在社会中心论的视角下，无论是社会对国家的反抗还是社会与国家的联合，社会始终是国家目标达成的阻碍因素⑤。

三　国家策略论

前面讨论的国家中心论和社会中心论为我们提供了三类在国家成分与社会力量的接合点上可能出现的国家与社会关系。第一类，国家

① Gupta, Akhil, "Blurred Boundaries: The Discourse of Corruption, the Culture of Politics, and the Imagined State", *American Ethnologist*, Vol. 22, May 1995, pp. 375 – 402.

② Bayart, Ellis, and Hibou, *The Criminalization of the State in Africa*, Indiana: Indiana University Press, 2009, pp. 61 – 62.

③ 乔尔·S. 米格代尔：《社会中的国家》，李杨、郭一聪译，江苏人民出版社 2013 年版，第 132 页。

④ B. Catherine, "State and Ruling Class in Post-Colonial Africa: the Enduring Contradictions of Power", in Migdal, Joels S. Atul Kohli and Vivienne Shue, eds., *State Power and Social Forces: Domination and Transformation in the Third World*, New York: Cambridge University Press, 1994.

⑤ 关于现代主义设计的讨论，有学者认为，即使是最雄心勃勃的国家计划也会沦为一场灾难性的行动。参见 James C. Scott, *Seeing Like a State: How Certain Schemes to Improve the Human Condition Have Failed*, New Haven: Yale University Press, 1998。

促使社会完全转型。国家的渗透导致地方社会力量的消亡或顺从，从而建立起国家的统治。第二类，社会试图挣脱和抵制国家的控制，导致国家意志完全无法渗透到地方社会。第三类，现存社会力量对国家的吸纳（incorporation）。在这种情况下，蕴含国家成分的组织和符号被社会力量所利用。

我们也许可以从"国家—社会与对规则的控制"以及"国家—社会与对目标的控制"两个方面来重新梳理国家中心论和社会中心论的观点，这样我们可以更加方便地对照凸显中国经验的不同之处，从而引出对国家策略论的探讨。

在"国家—社会与对规则的控制"方面，国家中心论与社会中心论有一个共同之处，那就是将国家规则与社会规则的关系视为二元对立，并将国家规则视为"通过法律法规在一个既定的领土上强迫推行一套单一的、法定的、有效的且已被各个国家机构所认可的行为准则"①。因此，国家与社会必然在对规则的定义上形成互不相让的两套话语，并在实践中形成"零和博弈"（zero-sum）的竞争关系。

同样，在对目标的控制方面，国家中心论与社会中心论都同样表现出将国家所追求的目标与社会所追求的目标②以二元对立的设定来看待的倾向。在二元对立的关系中，国家目标的实现和社会目标的实现也必然是"零和博弈"的竞争关系：或者国家目标覆盖了社会目标；或者社会目标成功阻止了国家目标的实现。

然而，国家中心论与社会中心论对国家与社会关系的理解，都无法充分诠释中国等开发主义国家的政治实践经验：首先，国家目标并不一定与社会目标发生对立，而是在很大程度上吸纳和同化了社会目标；其次，政权在谋求国家能力向社会渗透的同时，并没有强行控制并推行一套单一的、法定的行为规则。

20世纪70年代以降，世界各地的开发主义国家都开始重新审视作为管理主体的民间共同体存在的必要性，大力提倡"居民参加型政

① 乔尔·S. 米格代尔：《社会中的国家》，李杨、郭一聪译，江苏人民出版社2013年版，第51页。

② 社会所追求的目标（社会目标），笔者将其定义为"社会成员的行动所产生的总体效果所指向的目标"。社会目标未必统合，但具有在功能上被统合的可能性。

策"，意在通过形成并强化自生性共同体，解决多种复杂的地方社会问题。比如，面对噪声与恶臭、住宅地的无序开发和日照权等"近邻公害"，日本政府开始重新反思濒临解体的地方社会的功能，并提出培育共同体的政策，意在通过共同体来解决地方社会一直以来无法解决的"痼疾顽症"。又如，菲律宾也从此时开始实施"居民参加型森林政策"，旨在恢复森林植被、提升地方居民的生活质量。然而，根据政策设计意图而形成的新共同体，毕竟不同于民间经过社会演化而自发产生的共同体。对"官制新生共同体"的赋权，相反使得新共同体与自生性共同体和长久以来的地方惯习之间的差别更加凸显。① 但无论如何，这些开发主义国家都企图通过动员居民参与，诱导社会目标与国家目标达成一致，使国家与居民间可能存在的对立关系隐而不现。笔者将此种对国家与社会关系的把握方式称为"国家策略论"。

与以研究日本、菲律宾等国的居民参加政策为契机，才逐渐形成"国家策略论"这一理论思路的其他地域既有研究相比，中国研究领域的研究者早已开始了"国家策略论"的理论构筑，并积累了大量相关区域语境下制度生成机制的案例研究。

比如，在有关土地、债务、继承和婚姻（以及老人赡养）等民事纠纷方面，国家的政权目标与社会目标通常是一致的，都在于化解纠纷矛盾。但中国的国家政权认为这些事件的罪过远不如刑事案件严重，因此国家很少或根本不加以惩罚，也不以依法断案为主的法庭来处理。在清代，政权将民事纠纷定性为相对不重要的"细事"，广泛运用依赖准官员以及司法体系和社会调解间互动的"半正式过程"。虽然高层权力表现出"集权化"的特点，但清代利用不带薪的准官员和纠纷解决机制进行地方治理的方法，又不同于现代官僚政府及其使用的正式监督和形式化文书。这是因为"世袭主义（君主制）的官僚制"（patrimonial bureaucracy）② 一方面要求地方官员不能与皇帝本人被过多的中间阶层隔开，必须使政府机构尽可能保持简约；另一方

---

① 椙本步美：《森を守るのは誰か：フィリピンの参加型森林政策と地域社会》，新泉社 2018 年版。

② Weber, Max, *Economy and Society：An Outline of Interpretive Sociology*, trans. Ephraim Fischoff, Berkeley：University of California Press, Vol. 2, 1978, pp. 1047 - 1051.

面，官僚机构又仅仅只能延伸到在 19 世纪人均负责管理 50 万人的县令一级，使得"基础设施权力"（infrastructure power）① 的程度很低。"集权的简约治理"这一概念正是用来概括这种低度基础设施权力和高度专制权力的矛盾结合状态。② 这种状态的出现，至少说明国家政权并没有向基层社会推行一套司法化、官僚化、程式化的规则，而是简约地利用正规条例之外的灰色人物和准官员，借助地方自生的民间调解规则处理民事纠纷。

而在乡村基层的日常税收、粮银推收（土地买卖后的田赋责任交割）、税册的编审、契税征收等日常行政事务方面，县衙门也基本依靠地方上种种非正规人员（乡地、社书、乡绅之类）进行办理。据李怀印对晚清和民国时期直隶获鹿县有关基层行政管理各方面档案资料的研究，由代表国家权力的县衙门委托交办的工作，这些非正规人员基本都能使其达到国家政权预期的效果。③ 这种状态说明：第一，国家的目标是明确的，即完成向地方社会征税等事务；第二，国家政权直到 20 世纪初仍能基本有效地控制社会势力的行事目标，使社会目标与国家目标的预期基本保持一致，若不受控制则立即剿灭；第三，国家政权并没有将高度集权的、正规化的官僚系统规则运用到县级以下，而是利用非中央集权的、非正式的地方治理规则，以"听民自便"的"实体治理"（substantive government）方式达成国家目标。

比如在乡村基层水利的管理方面，19 世纪末的国家政权也依赖民间迷信和祭祀的等级体系等象征性资源来维持秩序。反过来，这些象征性资源又使国家政权和地方社会的利益目标融为一体成为可能。杜赞奇研究了国家政权对水利组织的象征性资源利用，并将这种象征性资源与合作性的商人团体、庙会组织、神话等资源的相互关系称为"权力的文化网络"（culture nexus of power）。"权力的

① Mann, Michael, *The Sources of Social Power: A History of Power from the Beginning to A. D. 1760*, New York: Cambridge University Press, Vol. 1, 1986.

② 黄宗智：《集权主义的简约治理：中国以准官员和纠纷解决为主的半正式基层行政》，载黄宗智主编《中国乡村研究》（第五辑），福建教育出版社 2007 年版，第 1—23 页。

③ 李怀印：《华北村治——晚清和民国时期的国家与乡村》，中华书局 2008 年版。

文化网络"成为国家政权深入乡村社会的渠道，并使国家政权披上合法的外衣。① 从杜赞奇的叙述和分析中同样可以看出，国家政权利用"权力的文化网络"使社会目标融入了国家目标。而"权力的文化网络"显然属于地方社会的规范，国家政权将自身的角色巧妙地安插进了地方社会规范的结构当中，而非在地方社会规范之外再建一套国家规范。

此外，有研究指出，在面对农村中地主、富农、中农等强大的反抗力量时，中国共产党政权（以下简称"共产党政权"）也并非采取打压这些反抗力量的强硬措施，而是通过减租减息运动，使政策温和化以求得政权的生存和发展。考察革命时期共产党政权与社会抵抗势力的关系可以发现，共产党政权对社会抵抗势力的政策有时比较激烈，而有时比较温和。共产党政权有时发动农民与地主斗争、打击地主，又有时约束农民的激烈行为。实际上中共在抗战期间和地主与农民是一个三方面谈判、讨价还价的关系。这个关系，随着整个抗战局面、地方和军事政治形势、农民运动发展的情况、地主反抗力量和情绪的消长，而有各种变化。② 这种在中共控制之下地主反抗力量的浮沉反映出，共产党政权（当时虽还不是全国性的国家政权，但可认为是潜在国家政权）能够出于对政权生存和发展目标的考虑，灵活利用地方社会各阶级的行为规则，左右阶级斗争的激烈程度，进而控制社会势力的目标，使社会势力的目标与政权目标趋于一致。因此，中共并不是僵硬地按照意识形态的规则，只知开展阶级斗争，在农村打倒地主。实际上，中共也同时采取阶级协调的政策，一方面发动农民，但另一方面还与地主维持并非全面对抗的关系，而统一战线就是建立阶级联盟的根据。

还有研究表明，在国共内战时期，中共在冀鲁豫区进行土地改革、开展整风运动的过程中，也大量运用了长久以来民间社会即已存在的有关权威序列化和社会秩序构筑方面的本土规则。比如，中

---

① Duara, Prasenjit, *Culture*, *Power*, *and the State*: *Rural North China*, *1900 - 1942*, California: Stanford University Press, 1988, pp. 1 - 41.

② 邹谠：《后记：从传统权威政治系统到现代全能主义政治系统》，载《二十世纪中国政治》，牛津大学出版社 1994 年版，第 214—215 页。

共在政治等级区分上表现出的可变性，与渴望"发家致富""升官发财"的农民传统意识以及流动性强的社会实态相对应，其划分虽然导致了斗争对象范围的扩大，但也使大量积极分子、干部和党员涌现出来。记录宣誓人德行和过失、通过集会进行表彰和处分的手法，其实沿袭了明清以来乡约的形式。而以政治态度为基准的评定方式，又与强调对礼教秩序的内在服从这一原则的儒家秩序理念相对照。土地改革中进行的翻身群英大会等各种模范表彰活动，仿照了科举及第的仪式，设置了牌楼和"英雄榜"。在拥党运动中用来扩大党和群众组织的宣誓仪式，也参照了会门等民间信仰结社的盟誓方式。①

在推行生产合作化的集体主义时代，中共运用"群众运动"的方法，依靠"贫下中农"等普通村民，自下而上地监督生产队干部。干部与社员不仅是集体组织内的监督者与被监督者，彼此也是邻居、亲朋或仇人。利用民间社会中长久存在的公平意识、以生产队为单位的熟人社会中存在的群体认同感，以及成员间相互比较以确认自身的社会地位、维护面子的文化心理，在除"大跃进"和"文革"高潮时期的大部分时期，以计件或计时为基础的工分制，不但维持了队内所有家庭的生计（虽然不是回报最大化），同时也确保了公共品的生产，更因为群体的认同和监督、生产队干部对于生产队成员的监管和约束，而几乎杜绝了集体生产中怠工和全然不负责任的行为。正由于上述对村庄社会本土性规则的利用以及对社会目标和集体行动的引导，在到20世纪80年代为止的整个集体时代，中国农村在总体上能够维持必要的生产效率，不仅能够供养快速增加的人口，延长其预期寿命，而且还使国家获取农村剩余的目标得到了达成。②

而通过考察1996年某镇对农村的定购粮收购过程，孙立平、郭于华发现在正式行政权力的运作过程中，权力的行使者引入了诸如人情、面子、常理等村庄社会的日常生活原则和民间观念，并与暴力等

---

① 丸田孝志：《革命の儀礼：中国共産党根拠地の政治動員と民俗》，汲古书院2013年版。

② Li Huaiyin, *Village China Under Socialism and Reform：A Micro-History，1948－2008*，California：Stanford University Press，2009.

强制性措施配合使用，呈现出"软硬兼施"的工作状态。^① 粮食合同定购"既是经济合同，又是国家任务，是农民应尽的义务，必须保证完成"^②，这一点表明国家政权强有力地控制着社会目标与国家目标的一致性。与此同时，代表国家政权的基层政府干部也并不是僵硬地使用现代官僚制的正式规则，而是对正式权力之外的村庄社会本土性规则加以巧妙的利用，说明国家对规则的控制是柔软而灵活的。

综合以上有关中国国家与社会关系的研究，不难看出，至少从晚清开始直到 20 世纪 90 年代中后期，除了民国时期国家政权试图强化对社会本土规则的控制而将代表国家规则的官僚行政末端向下延伸，却因导致了"国家政权内卷化"而相反阻碍了国家能力下沉^③的一段时间之外，国家基本上没有试图以一套单一的、程式化的固定规则对社会本土规则形成替代，而是注重对社会本土规则的利用，以此引导社会的走向与国家目标相一致。换句话说，国家政权通过目标控制，使中央权威体现在各层次政府对其一统决策的贯彻实施过程之中，但在这一条自上而下的政策主线附近，允许各地、各领域的基层政府在不同方向上偏移，以适应当地情况，增强其解决实际问题的灵活性和能力。^④ 国家中心论和社会中心论始终认为，在行为规则和目标上，国家与社会始终二元对立。相比之下，中国政治经验的底色是国家政权将社会本土规则视为一套策略资源，社会目标可以被控制和引导到与国家目标相融合的状态。这也正是笔者将这一脉系的研究取向称为"国家策略论"的原因所在。

然而，20 世纪 80 年代以来日益强调国家治理方式现代化的中国政府，越来越强调行政组织内部的科层分工和照章办事，并加强了对

---

① 孙立平、郭于华：《软硬兼施：正式权力非正式运作的过程分析》，载清华大学社会学系《清华社会学评论》，鹭江出版社 2000 年版。

② 王晓毅、朱成堡：《中国乡村的民营企业与家族经济》，山西出版社 1996 年版。

③ Duara, Prasenjit, *Culture, Power, and the State*: *Rural North China, 1900 - 1942*, California: Stanford University Press, 1988, pp. 58 - 85.

④ 周雪光：《权威体制与有效治理：当代中国国家治理的制度逻辑》，《开放时代》2011 年第 10 期。

社会固有规则的控制，甚至试图用国家规则的制度逻辑替代社会固有的生活逻辑。"规范化"为80年代以后的中国基层治理带来了国家政权与基层社会关系的新一轮变迁，而着眼于国家巧妙运用民间社会固有规则的"国家策略论"无法对此进行把握，同时也无法解释农村基层治理面临的种种困境。

第三节　"边界"的视角与"浑沌"的隐喻：一个分析框架

邹谠①认为，自1978年中共十一届三中全会之后，国家开始"退出社会某一些领域，包括占中国经济和社会很重要地位的农村经济"②，换句话说，国家逐渐放弃了对农村经济的控制。

然而，即使20世纪80年代初对"家庭联产承包责任制"的推行使农业生产的基本单位重新回到小农家庭，农业税费征收仍然实行了长达十年之久的被称为"户卖村结"③的形式。这段时期，由于表现积极的村干部可以提升为国家干部，且乡镇可以直接撤换工作不积极的村干部，至少在农业经济的税费征收方面，国家仍旧强有力地控制着社会目标与国家目标的一致性。当然，随着权力上收的乡镇体制改革、税费改革以及对农业税征收的彻底取消，在农业经济资源的汲取方面，国家对农村基层社会的控制力度在不断下降。不过，随着新农村建设、城镇化建设等项目资源和建设规划涌入农村基层社会，国家又在农村土地使用方面扩展并加强了控制力度。另外，从20世纪80年代起，在国家对治理方式现代化的追求过程中，国家开始推行"规范化"的行为规则。这是一套功能边界经过严格限定的、单一的、法定的、程式化的行为规则。相应地，执行这套规则的主体是内部层级结构明晰、分工明确的组织。国家同时加强这套国家规则对社会本土

---

① 邹谠，美籍华人，北京大学名誉教授、中国社会科学院名誉高级研究员。他将中华人民共和国前三十年的政治称为"全能主义政治"。

② 邹谠：《后记：从传统权威政治系统到现代全能主义政治系统》，载《二十世纪中国政治》，牛津大学出版社1994年版，第233页。

③ 粮站以村为单位将农户应缴的各种税费扣除，剩下的再由村集体返还给农户。

规则的控制，甚至意图实现对"不规则"的社会本土规则的替代，这使得国家借用社会本土规则的空间与其合理性大为减少。由此看来，20世纪80年代以来国家与农村基层社会的关系变迁，并不能简化为国家从社会中逐步退出的历史。

20世纪80年代以后，国家确实在农村基层社会的某些方面退出了，但其控制力却又转移到社会的另一些方面。不过笔者发现，国家控制的退出与进入，都是在国家对治理方式现代化的追求过程中，在"规范化"话语的引导下发生的。那么能否建立一个分析框架，将80年代以后国家与社会关系的变迁以及对农村基层社会治理困境的观察都统合其中？意味着国家规则的被强调以及对社会本土性规则造成冲击的"规范化"，为笔者的研究提供了思路。

在关于中国20世纪80年代以后"规范化"的国家规则控制并影响社会本土性规则从而造成农村基层治理变迁及其困境的研究方面，大多数学者以现代法律进入村庄社会的过程及其结果为分析对象，产生了一批重要的学术成果①。而使分析对象的视野超出对现代法律和纠纷调解的关注，将农村基层治理中有关公共物品供给、上访等多个侧面纳入同一个解释框架的研究并不多见，狄金华的《被困的治理：河镇的复合治理与农户策略（1980—2009）》可算作这类综合性研究当中的一个。笔者所用的"规范化"这一概念，在狄金华的研究中表述为对"具有普遍适用性的公共规则"的制定和推行。狄金华提出的"复合治理"这一概念，意指"在当下的乡镇治理中国家一方面认同村社自治以及村社规范的正当性，同时又制定和推行具有普遍适用性的公共规则，运用这两套可能存在内在冲突的规范来进行治理"②的现象。狄金华认为"乡村社会内部多重的正当性话语造成的混乱使得农民破坏村庄秩序的策略性行为增多，构成了当下乡村治理

---

① 比如有董磊明的《宋村的调解：巨变时代的权威与秩序》（法律出版社2008年版），苏力的《法治及其本土资源》（中国政法大学出版社1996年版）和《送法下乡——中国基层司法制度研究》（中国政法大学出版社2000年版），丁卫的《秦窑法庭：基层司法的实践逻辑》（生活·读书·新知三联书店2014年版）。

② 狄金华：《被困的治理：河镇的复合治理与农户策略（1980—2009）》，生活·读书·新知三联书店2015年版，第15页。

的困境"①。

与笔者的部分研究议题相似，狄金华的研究也注意到了"地方性规范"与"公共规则"的关系问题，即笔者所使用的"本土性的社会规则"与"规范化的国家规则"这两个概念间的关系问题。然而，狄金华所着重讨论的议题落脚点在于当地方行为者（农户）同时面对这两套规则时所可能采取的行动策略问题，并将乡村治理的困境也归结于此。换句话说，他的研究落脚在两套规则的共时性存在上。

而笔者在本研究中试图突出的是"规范化的国家规则"对"本土性的社会规则"的介入和冲击，同时试图更深入地理解这种介入和冲击本身意味着什么。因此，本研究强调两套规则在时间上的先后之别，对两套规则作用在经验中的继替关系做历时性的考察。秉承对国家中心论、社会中心论、国家策略论这一系列理论脉络的整理和分析，除了"规则"这一范畴，"目标"范畴也将在笔者的分析框架中得到运用。笔者将把农村基层治理的困境生成机制，归结为三个不同层次的命题：

命题一："本土性的社会规则"有助于促成社会目标与国家目标的统一，使国家目标得以达成（从"国家策略论"的先行研究中得出的判断之一）；

命题二："规范化的国家规则"存在阻碍社会目标与国家目标形成统一的可能性（从"国家在强调治理方式现代化的同时，地方社会的不稳定状况增多，社会目标与国家目标相互脱离"的现象中得出的判断）；

命题三：国家使社会目标与国家目标保持一致的控制力量仍然存在（从"经济发展、社会稳定、农作物稳产、缩小社会经济差距"等国家目标的制定以及国家目标"通过行政系统的目标责任制、压力型体制"向社会目标转换这两方面得出的判断）。

若用一句话来表达本研究的核心观点，即社会目标由于"本土性的社会规则"被"规范化的国家规则"所阻碍，而难以与国家目标

---

① 狄金华：《被困的治理：河镇的复合治理与农户策略（1980—2009）》，生活·读书·新知三联书店 2015 年版，第 48 页。

相一致，但国家依然试图控制并维持社会目标与国家目标的统一，因此产生了农村基层社会的治理困境。

那么，"本土性的社会规则"与"规范化的国家规则"各自的本质属性究竟是什么，"规范化的国家规则"介入和冲击"本土性的社会规则"的过程在本质上又是怎样一种内在机制呢？笔者受到古普塔（Akhil Gupta）所提出的"模糊边界"（blurred boundaries）和中村则弘研究[1]的启发，试图借助"边界"（boundary）的视角和《庄子》寓言中"浑沌"的隐喻，从内在状态和机制层面，将对"本土性的社会规则"与"规范化的国家规则"及两者间关系的理解纳入一个统一的分析框架之内。

古普塔在使用"边界"这一概念时，主要指的是象征领土范围限度的国家间界线（"领土边界"）以及公共领域与私人领域的界线（"社会边界"）。在分析地方势力联合国家官员，利用国家资源达成与国家目标差异很大的地方社会目标时，古普塔指出，这些联合和联盟模糊了国家所试图建立的明确的领土和社会边界，也同样模糊了作为卓越的规则创制者的国家与作为这些规则接受者的社会之间的明确界限。[2] 笔者将拓展这一概念的外延，用以指涉诸如角色、职能、时空等更广领域中的区隔状态。"规范化"（standardize）所对应的英文又可译为"标准化"。本书用这一术语来概括组织内部层级结构明晰、分工明确、各组成部分的功能边界被严格限定，或评价标准被单一限定，行动样式严格依照法定的、程式化的行为规范的一系列划定边界的实践状态。在规范化的概念中，最核心的特征是各种"限定"和"割裂"，而这两个特征都可以放入一个统一的概念中去理解，那就是"边界"的划定。那么，规范化的过程其实就可以转化为一系列"边界"划定的过程。国家治理方式"规范化"中包含的使组织内部层级结构明晰、分工明确，各构成单位的功能边界经过严格限定等要求，即对组织结构和功能上划定边界的要求。笔者借用"边界"

① 中村則弘編：《脱オリエンタリズムと中国文化——新たな社会の構想を求めて》，明石書店 2008 年版，第195—224 頁。

② Gupta，Akhil，"Blurred Boundaries：The Discourse of Corruption，the Culture of Politics，and the Imagined State"，*American Ethnologist*，Vol. 22，May 1995，pp. 375 – 402.

这一概念的目的在于理解"浑沌"的属性及其所隐喻的农村基层治理的内在机制。

韦伯所讨论的官僚制就是将行政组织规范化的结果。韦伯认为，典型官僚制的首要原则是"各部门有依据规则（法律或行政章程）而来的明确的权限"。与之相对应，"职务活动——至少是所有专业化的职务活动——通常都以彻底的专业训练为前提"，并且"业务的执行须遵照一般规则"。从韦伯对"权限"和"专业化"的强调可以看出，官僚制组织内部存在权能上的边界和功能上的边界。而从韦伯提及的"法律""一般规则"等术语判断，规范化的对象是超越本土性社会规则的国家规则。各种经验研究的成果也表明，国家规则所代表的正式权力支配秩序，一定会指向本质上表现为各种"边界"划定的规范化过程和结果。

正因为如此，本书将"规范化"与"国家规则"并置，将"本土性"与"社会规则"并置，分别表述为"规范化的国家规则"和"本土性的社会规则"，并将这两个概念划归到"边界"这个更本质的概念层次进行表述，即"切割"与"反边界"。而"浑沌"的生存与死亡，也恰好落脚在"边界"的具体状态上。

"浑沌"与西方概念"chaos"（混乱）是不同的。"chaos"原本起源于希腊神话，在"宇宙开辟说"中指的是万物生发以前毫无秩序的状态。① 而《重编国语辞典》对于"浑沌"的解释有："一、传说中天地未形成时的那种元气未分、模糊不清的状态；二、融为一体，不可分割的样子。"从这个定义可以看出，"浑沌"是一种处于整体、连续、流动、统合状态的存在，其特征是"不可分割""混合为一"。通过概念的比较可以发现，以"秩序"为判断基准的"chaos"与"浑沌"，原本是两个分别起源于西洋文化和东洋文化的不同概念。

在本书所提出的框架中，"浑沌"这一概念来源于《庄子·应帝

---

① "chaos"的反义词是"cosmos"。"cosmos"同样是一个来源于希腊语的单词，指的是"存在秩序的世界""万物形成秩序后得到统一的世界"。"chaos"与"cosmos"的区分基准在于"秩序的有无"。

王篇》中的寓言。这则寓言的内容如下。

南海之帝为倏，北海之帝为忽，中央之帝为"浑沌"。倏与忽时相与遇于"浑沌"之地，"浑沌"待之甚善。倏与忽谋报"浑沌"之德，曰："人皆有七窍以视听食息，此独无有，尝试凿之。"日凿一窍，七日而"浑沌"死。（译文：传说南海的君王叫作倏，北海的君王叫作忽，中央的帝王叫作"浑沌"。倏和忽常到"浑沌"住的地方玩，"浑沌"待他们很好。倏与忽商量着报答"浑沌"的恩德，说："人都有七窍，用来看、听、吃、呼吸，唯独"浑沌"没有七窍。让我们试着给他凿出七窍。"于是倏和忽每天替"浑沌"开一窍，到了第七天，"浑沌"就死了。）

原始文本出现于"应帝王"这一标题之下，暗示对"浑沌"的解读无法脱离帝王政教史观。倏、忽即为礼之存在，而"浑沌"则为德之存在。有研究将该寓言所透露的帝王政教史观概括为"德是帝之政教典范的实践，礼是王之政教典范的总结"，并将"'浑沌'之死"解读为"礼对德的谋杀"和"德与礼之为典范的终结"①。如果将"德"的寓意引申为固有的社会规则，将"礼"的寓意引申为规范化的国家规则，则该寓言对理解当下的基层治理极具现实意义。

首先，《庄子》寓言中的"浑沌"作为一个有行动能力和目标指向（从"待倏与忽甚善"看出）的主体而存在，这一主体本身的特征表现为其"内在的连续性"。其次，"浑沌"也可视为一种整体的、连续的、流动的、统合的状态，即一种内部没有割裂的状态，关乎生活逻辑的痛痒知觉。最后，"浑沌"预示着只能以其内部连续的状态而存在，否则就将瓦解和死亡。为"浑沌"凿窍这一行为即对功能和构造进行区分，在具有连续性的"浑沌"内部造成各种割裂，其实是在瓦解和撕裂"浑沌"，将"浑沌"置于死地的过程。从认知结构的角度分析，"浑沌"与"规范化"分别建立在"隐性知识"和"形式知识"的认知形态之上（见表1-1）。

---

① 陈赟：《"浑沌之死"与"轴心时代"中国思想的基本问题》，《中山大学学报》（社会科学版）2010年第6期。

表 1 – 1　　　　　　　　规范化的国家规则与固有的社会规则

主体	规范化的国家规则	固有的社会规则
认知形态	形式知识 接近概念：科学知识，专门知识	隐性知识 接近概念：生活知识，体验知识
要素	规制，合理性，效率，技术，目的	惯习，经验，历史，自由裁量
特性	操作：把现状引向规定的方向 形式化，样式化，划一化 组织化，明文化，现代化	语境：从此前发生的经过中生成的现状 全体性，统摄性，流动性，连续性 复杂性，多样性，异质性 地域性，固有性

"隐性知识"是主观的、身体性的、不能言语化的经验知识是对某一特定地方社会关系的确认、抽象和概括，其生成与发展都依赖于特定的情境。因此"隐性知识"带有本土性，表现为一系列发展变化的具体历史条件和情境性规则的总和。在基层治理现场，与地方资源有关的人们的判断基准往往不是科学数据，而是存在于日常性的生活感觉之中。村民的经验升华为包含个人的体验性知识、生活常识、通俗道德在内的日常性知识，并蓄积起来。[1] 这种被个人经验支撑起来的包摄性知识，扎根于行动、经验、价值观等非明示性的事象，并且只有通过不存在定式化和体系化方法的体验累积而获得。非明示性的知识由"细节要素"和"全体像"两方面所构成。比如村民在使用土地时，所运用的隐性知识包括土地上的农作物品种、每种农作物的生长状态等细微知识，同时也包括地方社会的土地使用惯习和历史过程等全体性知识。村民统合这两方面，感知作为包摄性存在的土地资源。这是隐性知识的本质。[2] 由于隐性知识是由个人的经验积累而成，每个村民个人和家庭集团的隐性知识都具有各不相同的内容。基于个人经验之非明示性的隐性知识的存在，使村庄的土地使用带有了地域性、多样性和固有性。

---

① 鳥越皓之編：《環境問題の社会理論——生活環境主義の立場から》，御茶の水書房 1989 年版。

② 西垣通：《集合知とは何か——ネット時代の「知」のゆくえ》，中公新書 2013 年版。

与"隐性知识"相对，由国家机构或政权主体制定的制度背后所蕴含的认知形态，本书称为"形式知识"。"形式知识"是客观的、理论性的，可以通过言语而与他者共有的知识。它带有社会工程学理论中顶层设计的意涵，来自一个富有统治力的、经过整合的、自主的实体。它通常以法律法规的形式存在，表现为在一个既定的领土上被推行的一套单一的、法定的、有效的且已被各个国家机构所认可的行为准则，包括国家机构或政权主体通过理性设计并以文本的形式自上而下传达到县级以下行政主体，与民众发生直接接触的社会领域的各种规范、制度、标准等；有时也表现为国家在政策形成中使用的科学知识和技术。科学的特点是需要将对象界分为一些要素，并分别积累对于每个要素的分析。其特点与有时需要和个别状况相联系、有时需要对知识进行综合判断的日常性生活感觉形成对照。科学追求形成一般化的形式和理论，因此是需要通过观察、实验等特定方法导出单一解的知识领域。科学技术与专门知识等科学知识被国家政策所吸收。国家通过形式知识，可以明确政策目的和判断基准，同时也可以规制违反政策目的和判断基准的行为。正因为如此，形式知识可以将村民与治理资源形式化为特定的存在方式，并由此遮蔽以多元价值和方法为前提的对于其他存在方式之可能性的想象力。①

将庄子寓言中的"浑沌"作为一个隐喻式的概念以分析和说明中国社会并非笔者首创。笔者在对中国农村基层治理进行研究时想到庄子的这则寓言，是受到了中村则弘《浑沌与社会变动》这篇文章的启发。中村则弘在流动性和边界模糊性的意义上，使用庄子寓言中的"浑沌"，来描述和解释为中国社会带来变动的社会精英的生活准则。②

"浑沌"意味着其内部不存在区隔和边界，是一种没有被割裂的整全状态。"浑沌"预示着只能以其内部无边界的状态而存在，

---

① 佐藤仁：《環境問題と知のガバナンス——経験の無力化と暗黙知の回復》，《環境社会学研究》2009 年第 15 期。

② 中村則弘：《渾沌と社会変動——中国にみる担い手の生活指針から》，載中村則弘編《脱オリエンタリズムと中国文化——新たな社会の構想を求めて》，明石書店 2008 年版，第 195—224 頁。

否则就将瓦解和死亡。"浑沌"之所以能够成为对中国农村基层治理内在机制的隐喻，是因为"本土性的社会规则"的属性本身是反边界的，正因为这种以整全而无割裂为特征的基层治理的作用，整合每个社会成员的行动意志而形成的社会目标才与国家目标保持一致。而"规范化的国家规则"恰好又是建立边界的作用力。国家治理方式的现代化追求，对清晰、程序、明文、数字和形式理性等制度逻辑的强调，其实就是寓言中倏与忽给"浑沌"凿窍的过程。虽然倏与忽的本义绝不是置"浑沌"于死地，而是改善"浑沌"的存在状态，但凿窍却直接导致"'浑沌'之死"。同样，追求国家治理方式现代化的本义并非将农村基层治理逼入困境，而是提升基层政权的合法性。但"规范化"之制度逻辑尽力删除"浑沌"及其生活逻辑的结果，却恰恰是使复杂的一线治理现场无法被把握和对接，以至于基层社会更加不稳定、基层社会的不满情绪愈加弥漫，农村基层治理进而陷入困境之中（见表1－2）。

表1－2　　　"浑沌"隐喻与中国农村基层治理的逻辑关联

"浑沌"隐喻	基层治理
"浑沌"（德）	一种内部没有边界的状态（整体的、连续的、流动的、统合的状态）
倏、忽（礼）凿窍	制造各种边界，对功能、构造的区分和割裂
倏与忽的本意：不是将"浑沌"逼入困境，而是改善"浑沌"的存在状态	国家治理方式的现代化追求的本意：不是将农村基层治理逼入困境，而是提升基层政权的合法性
"浑沌"之死	社会不稳定、社会不满、与国家目标的紧张关系

　　隐喻不仅是诗意的想象和修辞多样性的一种策略，还是我们思想和行为所依据的概念系统的基础。[1]"浑沌"作为一种隐喻而成为本研究的核心概念是妥当的。"浑沌"的寓言出自《庄子》的《应帝

----

　　[1]　乔治·莱考夫、马克·约翰：《我们赖以生存的隐喻》，何文忠译，浙江大学出版社2015年版，第1页。

王》篇。从该篇篇名可以看出，"浑沌"的寓言应当与政治、行政、社会治理相关。由于"浑沌"概念以寓言为语境，该概念本身就同时具备了前述三层内涵，其表达简洁且具有概括性、内涵丰富，且并不难将其还原为一系列农村基层治理中呈现的经验现象。同时，隐喻式的概念模型在社会科学研究中也经常出现，比如"中心—边缘"（center-periphery）①、"断裂"② 等。这些概念模型，将抽象的逻辑关系具象化、空间化、可视化，作为一种理论工具而有助于人们对经验现象的把握和理解。正是出于这样的考虑，本研究将使用"浑沌"作为一个隐喻式的概念模型，希望借助它来更清晰、更深入地把握和理解 20 世纪 80 年代以来国家政权与农村基层社会的关系变迁，以及当下农村基层社会的治理困境（见表 1 - 3）。

表 1 - 3　　中国农村基层治理中"'浑沌'状态"的事例

"浑沌" 状态		内容
功能的统合	村干部角色功能的统合	惩罚者、说服者、动员者、赠答者等多个角色功能同时具备、相互支撑
	乡镇政府部门功能和事务员功能的统合	"工作队"成员根据具体业务的开展环境，临时调整和组合各种潜在和显在的功能
	土地功能的统合	同一块土地，具有耕地、宅基地、植树用地等多个功能
行为意义的连带	税费缴纳行为的意义连带	税费缴纳行为的意义，与对国家的认同、对集体所有制的认同、民间社会的传统公平观念、社区舆论评价等无法分离
	纠纷调解行为的意义连带	纠纷调解行为的意义不仅在于调整各当事人之间的利益关系，更在于基于村庄伦理规则对当事人进行劝告，满足当事人的日常情感诉求，达到修复面向未来村庄生活的社会关系的目的

---

① Shils, Edwards: *Center and Periphery*, Chicago: University of Chicago Press, 1975.

② 参见孙立平《断裂：20 世纪 90 年代以来的中国社会》，社会科学文献出版社 2003 年版。所谓"断裂的社会"，就是在一个社会中，几个时代的成分同时并存，互相之间缺乏有机联系的社会发展阶段。

续表

"浑沌"状态		内容
事件的一体性	缴纳税费与其他事件的一体性	村民缴纳税费事件，与村民委员会为村民办理其他事务等事件，成为统一整体
	纠纷事件与其他事件的一体性	纠纷事件与纠纷发生以前的一系列日常生活事件形成连续的统一整体
价值计算的模糊性	土地及地面附着物价值的模糊性	因为与当事人的人际关系的亲密程度、流入方声望的好坏等因素都能影响到土地及其附属物价值的计算，价值难以明确数值化
	村民收入价值的模糊性	村落中间阶层的同质性、家庭发展周期带来的阶层流动性、收入计算的模糊性、基于代际整体性的"家庭圈"边界的灵活性，使收入价值难以明确数值化
空间的整体性	土地耕种空间的整体性	特定地理空间中某块农地上耕作者的流动性强，并具有不特定性
	农田水利空间的整体性	流动的水资源与大型水利设施是不可分割的整体空间。大型水利设施的建设，需要对人、财、物进行整体性动员。相同利益主体的水利利益范围与水利灌溉区域重合。大型水利设施的利用、维修、管理等作业具有整体性，并与相应的资金筹集形成整体性关系

以下介绍本书所涉及的重要概念：治理、国家规则与社会规则，以及规范化与边界。

首先，讨论"治理"这个概念。

在英美政治理论中，"政府"（government）这个术语指国家（state）的正式机构及其对合法的强制性权力的垄断。而政府的特色则在于有能力做出决定并付诸实施。"government"一词同时也指"统治"，即在国民国家（nation-state）层次上运作以维系公共秩序、便利集体行动的正式而制度化的过程。[①] 在传统用法或辞典上，"治理"都被解释为"统治"的同义词。但自20世纪80年代以来，在越

---

① 焦俊峰：《犯罪控制中的治理理论》，《国家检察官学院学报》2010 年第 2 期。

来越多讨论治理的著作中，这一术语的用法和内涵都转移了方向，治理意味着"统治的含义有了变化，意味着一种新的统治过程，意味着统治的条件已经不同于前，或是以新的方法来统治社会"①，并被广泛运用到政治学、经济学、社会学等各个领域。因此有学者指出，这一术语"在许多语境中大行其道，以至于成为一个可以指涉任何事物或毫无意义的'时髦词语'"②。

1995 年，联合国全球治理委员会对"治理"（governance）做出了如下权威界定：治理是各种公共的或私人的个人和机构管理其共同事物的诸多方式的总和，它是使相互冲突的或不同的利益得以调和并采取联合行动的持续过程。它既包括有权迫使人们服从的正式制度和规则，也包括各种人们同意或认为符合其利益的非正式的制度安排。它的四个特征可以概括为：（1）治理不是一整套规则，也不是一种活动，而是一个过程；（2）治理过程的基础不是控制，而是协调；（3）治理既涉及公共部门，又包括私人部门；（4）治理不是一种正式的制度，而是持续的互动。③ 可以看出，治理的实质是一种"合作管理"④，即公共事务的管理并非政府之专责，公民社会也参与其中，并与政府密切合作。

"治理"的发生场域，猪口孝称为"状态空间"（state space）。状态空间在对外来介入因素的适应过程中，自身也会发生变化。不过猪口孝将治理（即"ガバナンス"，对应英文 governance）的"状态空间"的背景限定为现代民主主义⑤。他认为只有在现代民主主义社

① Rhodes，R.，"The New Governance：Governing without Government"，*Political Studies*，Vol. 44，1996，pp. 652 - 667.

② Jessop，Bob，"The Rise of Governance and the Risk of Failure"，*International Social Science Journal*，Vol. 50，No. 15，1998，pp. 29 - 45.

③ 俞可平：《治理与善治》，社会科学文献出版社 2000 年版，第 4—5 页。

④ 杨志军：《当代中国政府"运动式"治理模式的解释与反思》，《当代中国政治研究报告》2012 年。

⑤ John Keane 提出了民主主义三阶段说：第一阶段为"古希腊直接民主主义"，又称"集会制民主主义"（assembly democracy）；第二阶段为"古典民主主义"，以重视结果的市民代表制度论（representative democracy）为基础，由国民投票选出国民的代理人；第三阶段为"现代民主主义"，以重视过程和政府说明义务（monitory democracy）为基础，在透明性与说明责任的口号下实现政府与市民的相互监视。参见 Keane，John，*The Life and Death of Democracy*，New York：W. W. Norton，2009。

会的"状态空间"中，国家与社会两个主体才能够进行双向的意思传达，并具有对其行为进行说明的责任，进而能够抑制国家对社会采取单向推进行为的可能性，产生出真正的"治理"过程。[1] 笔者认为，猪口孝的定义过于强调"状态空间"内的公共话语表达，但"治理"的关键要素在于在公共政策实施过程中国家与社会的共同参与。而国家与社会共同参与并影响公共政策实施的现象，其实并不仅见于现代民主主义社会。

中国学者在政治学领域使用"治理"这个词时，通常可以对应两个英文单词，即 government 和 governance。从词源上理解，govern 这个词根有"掌舵"（steering）的含义。在 20 世纪 90 年代以前，government 与 governance 的含义都强调自上而下单向权力的渗透和控制。不过 20 世纪 90 年代以来，作为专门用语而被频繁使用的现代"governance"逐渐成为不同于"government"的一个概念："governance"意味着多个治理主体共同"协治"；"government"则意味着权力自上而下的"统治"。

如果不从概念本身出发，而从中国行政体系和政治施策过程来重新思考"治理"在中国语境下的实践意涵，再比较"治理"的实践意涵是更接近 government 还是 governance，笔者认为所谓现代的"governance"状态，其实正是中国"治理"过程的常态。中国广土众民的社会规模，使中国的行政施策表现为"集权的简约"风格。国家施策需要利用民间社会的文化网络和规则，想方设法换取县级以上的"流官"以及县级以下的"守吏"和乡绅的配合，并进一步换取民间社会的配合，以将社会目标引向国家目标。

传统中国社会并非分割的二元结构——其中一元由皇权及其官僚进行治理，另一元则由士绅或地方精英治理——而是存在一个不可分割、不可辨明的共同治理区域：在此结构中，自上而下的力量和自下而上的力量相互博弈和角逐。[2] 这个共同治理区域，即"治理"的发

① 猪口孝：《ガバナンス》，東京大学出版会 2012 年版，第 1—4 页。
② 狄金华、钟涨宝：《从主体到规则的转向——中国传统农村的基层治理研究》，《社会学研究》2014 年第 5 期。

生场域，黄宗智称其为"第三领域"（third realm）。根据黄宗智的定义，"第三领域"是一个不同于国家和社会或"公域"与"私域"的领域，它处于国家与社会之间或"公域"与"私域"之间，是一个国家与社会共同参与其间的区域。在晚清，国家官吏与士绅领袖在"第三领域"合作进行公益活动；在民国时期，地方商会或自治社团与国家在征税、治水、灾害救援、治安防范等"第三领域"进行表现出扩展性、持续性和制度化趋势的合作。① 而在当下的中国乡村，自治制度与行政官僚制度的断裂与镇村间利益的不一致性，也使得村庄对乡镇的潜在离心倾向较大，这种离心倾向实际增强了村庄对乡镇政府的谈判空间和能力。任何责任关系中的双方都既面临一种不平等的权威关系，但同时也享有潜在的、更具平等意涵的关系，其直接表现就在于更"弱势"的一方相对于强势的一方实际上拥有谈判空间和博弈能力。从根本上说，这是因为对责任—利益连带关系中的双方来说，任何一方都不可能离开对方而独立获得利益的实现。如果将代表国家与社会的所有行动者都置于同一条"责任链条"中审视，其实每一个节点上的行动者同时具有更多行动的主动性与被动性。比如，乡镇政府对村庄而言具有"主动性"，但在与区县的关系中它就更显"被动"；而村庄看似最"被动"的一方，但通过责任制的逻辑，它反而可以潜在地利用区县对于乡镇的压力以及自己的离心倾向，向自己的上级施压。②

从以上对中国社会结构的分析来看，本研究所使用的"治理"一词的含义不但不与上述联合国全球治理委员会的标准定义相冲突，反而在很大程度上还可对其直接引用。本研究中所使用的"治理"一词是指国家和社会范畴内的各行动者，管理其共同利益对象（如财税、土地、不动产、公共设施、社会秩序等）的诸多方式的总和，它是多个不存在绝对支配—被支配关系的主体间重复博弈的持续过程。

---

① 参见黄宗智《清代的法律、社会与文化：民法的表达与实践》，上海书店出版社2001年版，第107—130页；以及《中国的公共领域与市民社会》，载程农译，载黄宗智主编《中国研究的范式问题讨论》，社会科学文献出版社2003年版。

② 王汉生、王一鸽：《目标管理责任制：农村基层政权的实践逻辑》，《社会学研究》2009年第2期。

其次，讨论"国家规则与社会规则"这对概念。

为调整人与人之间的相互关系而被期待由所有成员共同遵从的规定，就是"规则"（rules）。而对社会或集团的成员施加一定的约束，基于共有的价值观念，使其社会行为得到规整的一般规则，则是"规范"（norm）。规范包含着对行为所追求之目的的选择基准、为达到目的而应当采取的行为样式的指示。① 可以认为，"规范"是由一系列具有功能指向的"规则"所构成的集合。按照制度主义者的解释，"规则"是"有关什么行动（或结果）是必须的、禁止的或允许的，以及不遵守规则时会受到什么制裁的规定"。② 在基层治理的研究中，"规则"更多是指"人们的行为实际所遵循的东西，不论他们是否承认或认识到，这些规则正在发挥作用（working）"③。

与"规则"和"规范"相关的另一个概念是"制度"（institution）。当某种行动样式（包含与态度和观念相关的样式）同时具备以下四个属性时，该行动样式就可称为"制度"。第一，表现出一定的规律性，不断重复，显示出定常的样式。这使得制度性行为具有高度可预测性。第二，通过将行动定位在定常的样式中，人们的日常欲求能够得到有效的满足。这使得制度能以特定的生活领域为中心，达成功能上的统合。第三，行动样式通过行为者间共有的价值而得到正当化。这使得制度成为得到内在保障的规范样式。第四，行动样式拥有外在保障。社会能够有效控制和处罚从制度中逸脱的行动。④ 如果将"制度"这一概念与"规范"做一个对比，可以认为"制度"是在"规范"的基础上加入了时间轴，是"规范"在一定时间带上的表现。而不论是"制度"还是"规范"，构成其概念的最小单位——可称为"元概念"的概念——是"规则"。为了简洁和概念的统一，本研究以"规则"作为基本概念来使用。

---

① 濱嶋朗、竹内郁郎、石川晃弘编：《社会学小辞典》，有斐阁 2011 年版，第 104、108 页。

② 奥斯特罗姆、埃莉诺、罗伊·加德纳、詹姆斯·沃克：《规则、博弈与公共池塘资源》，王巧玲、任睿译，陕西人民出版社 2011 年版，第 39 页。

③ 张静：《现代公共规则与乡村社会》，上海书店出版社 2006 年版，第 14 页。

④ 濱嶋朗、竹内郁郎、石川晃弘编：《社会学小辞典》，有斐阁 2011 年版，第 364 页。

由国家机构或政权主体制定的规则，本研究称为"国家规则"。"国家规则"带有社会工程学理论中顶层设计的意涵，它来自一个富有统治力的、经过整合的、自主的实体。它通常是通过法律法规在一个既定的领土上被推行的一套单一的、法定的、有效的且已被各个国家机构所认可的行为准则，包括国家机构或政权主体通过理性设计并以文本的形式自上而下传到县级以下行政主体，与民众发生直接接触的社会领域的各种规范、制度、标准等。

从地方社会的历史演化过程中产生的惯习、常识等仅在局部区域发生效力并仅适用于某些特定区域社会的规则，本研究称为"社会规则"。"社会规则"这一概念的成立以吉尔茨（Clifford Geertz）提出的"地方性知识"（local knowledge）为前提。所谓"地方性知识"，一般有两层意思：一是指该知识带有特定的某个具体地方的特征；二是从知识的发生过程上看，该知识的生成与发展是在某个特定情境中完成的，因此该知识的背后其实隐藏着由特定利益关系所决定的立场和视域。"社会规则"便是基于地方性知识的产物，是对某一特定地方社会关系的确认、抽象和概括，其生成与发展都依赖于特定的情境。因此，社会规则带有本土性，其内核是日常性、实践性的生活逻辑，是一系列发展变化的具体历史条件和情境性规则的总和。

最后，讨论"规范化与边界"这对概念。

"规范化"意味着组织内部层级结构明晰、分工明确、各组成部分的功能边界被严格限定，或评价标准被单一限定，行动样式严格依照法定的、程式化的行为规范的一系列实践状态。在规范化的概念中，最核心的特征是各种"限定"和"分断"，而这两个特征都可以放入一个统一的概念中去理解，那就是"边界"的划定。这里所使用的"边界"一词是一个抽象的、概括性的概念，它可以是空间上的、时间上的、功能上的，也可以是评价方式上的，总之"边界"可以存在于一切有助于人们认知事物、通过定位而做出判断的衡量行为中。

那么，规范化的过程其实就可以转化为一系列"边界"划定的过程。国家规则所代表的正式权力支配秩序，一定会指向本质上表现为各种"边界"划定的规范化过程和结果。正因为如此，本研究将

"规范化"与"国家规则"并置，将"本土性"与"社会规则"并置，分别表述为"规范化的国家规则"和"本土性的社会规则"，并将这两个概念划归到"边界"这个更本质的概念层次进行表述，即"切割"与"反边界"。"规范化的国家规则"是基于明确的价值观念和理论理性（reason）而制定的明文规则，带有简单化和清晰性的特征①，是以国家名义制定并支持国家各级各部门代理人行使其职能的"正式制度"（formal institutions）。而"本土性的社会规则"则同日常生活情境相勾连，边界模糊因而充满偶然性、权宜性和实用主义指向，但同时又具有高度的韧性，表现为各种"非正式制度"或"习惯法"。② "切割"造成了"规范化国家规则"的明确清晰，而"本土性社会规则"的综合性、整体性等特征正导源于其内在的"反边界"状态。

第四节　田野工作与论述结构

本书以个案实证研究的方式，以湖北省中部荆门市沙洋县的 M 镇以及该乡镇中的稻村为主线，呈现 20 世纪 80 年代以来，中国乡镇、农村和农民关系的诸侧面，并借此反思 20 世纪 90 年代以来中国农村基层治理的困境是如何形成的，基层行政组织又是如何应对这些困境的。在此基础上，本研究所关心的一个问题意识是，为何在基层社会似乎到处充满危机的情况下，中国的基层治理仍能够在应对中央不断强调治理手段"规范化"的同时，引导社会目标与国家目标趋于一致，而非与国家目标公开分裂或大范围的激烈对抗。

以实地个案调查为基础，本研究基本采取入户访谈的质性研究方法，从全面关注村民的日常生活样态以及村干部与一般村民的互动方式开始，逐渐向历史变迁、邻村和乡镇等其他层面延伸关注的视域。因此，本研究在展开过程中，首先，关注村民如何理解和看待他所从

---

① Scott, James C., *Seeing Like a State: How Certain Schemes to Improve the Human Condition Have Failed*, New Haven: Yale University Press, 1998.

② 肖瑛:《从"国家与社会"到"制度与生活"：中国社会变迁研究的视角转换》，《中国社会科学》2014 年第 9 期。

事的生产和生活过程，比如对于税费征收、土地、价值、水利的理解等。其次，本研究关注的是村干部及乡镇干部与村民的互动方式。这里涉及历史变迁的维度，并与税费征收过程、征地拆迁过程、纠纷调解过程等有关。再次，基于对村干部及乡镇干部工作动机的探寻，本研究进一步关注了国家（中央政府）目标与地方（县镇）行政的关系，而用以实证的案例也不再局限于作为主线的单一村庄或单一乡镇。因此，从材料的来源角度来看，本研究的核心材料都来源于2015 年笔者在湖北省荆门市沙洋县 M 镇稻村（见图 1 - 1）的访谈记录。但在研究展开的过程中，也将运用到在邻村、邻镇，以及其他地点所进行的调查中具有说服力的案例材料。

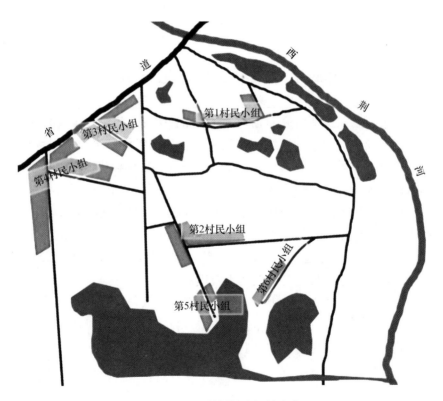

图 1 - 1　稻村村民小组的分布

M 镇是湖北省中部沙洋县的一个乡镇，地处江汉平原西部的丘陵地带，镇政府所在地位于沙洋县西南角，东距沙洋县城区 16 千米，西距 H 镇 20 千米，北距荆门市 55 千米，省道穿境而过。M 镇辖 30 个行政村、1 个居委会，面积 186 平方公里，耕地面积 86816 亩。全镇总户数 13702 户，总人口 46028 人。其中乡村户数 10378 户，乡村人口数 41458 人。① 土地肥沃，水库、堰塘等星罗棋布。气候湿润，适宜作物生长。农作物种植以水稻为主，是全国 50 个商品粮生产基地之一。水稻种植需水量大，必须依托江、河、湖为水源，建立大规模的水利系统。在人民公社时期，沙洋县内建成了以漳河水库为枢纽、众多大中型泵站、水库为主干的水利系统。有大型水库、河坝 24 座，其中最大的设计灌溉面积达到 6000 亩左右，最小的设计灌溉面积也在 200 亩以上。堰塘面积一般在三四亩，每个村民小组内一般都有几座堰塘。堰塘的积水主要来自降水，以备干旱时用水之需。漳河水库为全国八大水库之一。②

M 镇在 20 世纪 90 年代末以前，约可年产 200 多万斤水稻。2000 年以后，水稻产量逐年减少，2014 年只生产了不到 100 万斤。原先农民基本种植两季、三季水稻，而现在只种一季中稻。水稻、油菜的种植都在萎缩。

稻村位于 M 镇政府所在地以东 10 千米左右，靠近省道，并邻近沙洋县城区，交通便利。有 1065 人，265 户，耕地 2899 亩、林地 900 亩，以水田为主，各村民小组人均耕地 1.5—2.5 亩不等。全村耕地共分为 1041 个地块。村中还有少量开荒地和未计入土地承包合同的"黑地"。稻村农作物为一年两熟，农民借助由水库、水渠和堰塘构成的水利灌溉体系，大量种植水稻，此外，也兼种一些以花生和油菜为代表的少量经济作物。

稻村是一个杂姓村，不存在宗族权威。有 6 个村民小组，以"湾子"为聚居单位。一个村民小组由一个"湾子"或几个"湾子"组成，人口规模大约在 30 户、150 人左右。20 世纪 90 年代以来，有不

① 皆为 2015 年调查时数据。
② 罗兴佐、贺雪峰：《论乡村水利的社会基础——以荆门农田水利调查为例》，《开放时代》2004 年第 2 期。

少村民外出务工，其中大部分是就近到沙洋县的县城或 M 镇打工，也有一些村民到外省，特别是沿海的经济发达地区务工。但由于缺少技能，收入较低，大部分外出务工的稻村村民无法在城镇立足，他们的情感和价值归属仍然在村内。

在 20 世纪 90 年代后期，稻村村民小组长的设置被取消。在村庄内部不存在家族共同体的权威型权力结构的情况下，以农户为单位的利益主体无法被整合为一个利益整体。这种不存在家族共同体的权威型权力结构的村庄，可被称作"缺乏分层与缺失记忆型村庄"[①]。在稻村，农户间缺乏经济上的分层。正因为村内没有形成一部分村民在经济上比另一部分村民占优的格局，村庄社会中的村民在社会地位上也趋于平等，基本不存在一些村民比其他村民处于同样位置上的劣势。同时，村民中也没有人愿意为了公益而短暂牺牲目前可以得到的利益。

由于 2012 年启动的省道扩建工程，从 2011 年开始，稻村停止审批宅基地，邻近省道的耕地和第 3、第 4 村民小组的一部分房屋被划为征地拆迁范围。在对拆迁范围进行确认的过程中，有些房屋由于建在耕地上，因而被 M 镇国土资源所认定为违章建筑。

笔者 2015 年 3 月进入稻村调查，借助于华中科技大学中国乡村治理研究中心团队与稻村的研究提携关系，与该团队 2 名成员一同住在农户家。3 月和 4 月，主要集中于对稻村村民和村干部的调查访问。4 月末和 5 月，笔者也对 M 镇的相关干部进行了访谈，对稻村的邻村和 M 镇的邻镇情况进行了解和把握。

由于稻村内部既有靠近县道的村民小组，又有远离县道的村民小组，并且平原和丘陵兼具，水系复杂，离 M 镇与沙洋县都不算太远，笔者就可以通过一系列基层治理中出现的事例，来考察和理解基层治理的对象以及对象之间的相互关系。本研究中所采用的农村基层治理事例，主要涉及税费征收、违建治理、民事纠纷、水利建设和资源分配等方面。这些事例的选取范围，主要受到笔者在稻村进行个案调查

---

① 贺雪峰：《缺乏分层与缺失记忆型村庄的权力结构——关于村庄性质的一项内部考察》，《社会学研究》2001 年第 2 期。

时收集的资料所限。虽然笔者不认为这几个方面可以完全涵盖或概括中国农村基层治理的所有现象，但本研究中着重考察的这些治理主题：一方面，在稻村表现得尤为明显和突出，是稻村基层治理的主要内容；另一方面，这些内容所蕴含的治理逻辑与稻村的邻村、M 镇的邻镇，甚至其他省份和地区的事例也能相互印证，说明了本研究的结论具有一定的普遍性。本研究在深度挖掘 M 镇和稻村这一地域的同时，也将尽可能参考并呈现其他地域的事例，以此描绘一幅既有主干又有枝叶的时代图景。

最后，简要说明本研究的论述结构。

在第二章，我们将以鸟瞰的视角整体勾勒中国农村基层治理中常出现的几种"浑沌"样态，并揭示潜藏在基层治理背后却在不断推动"浑沌"在经验现象中得到呈现的国家目标和国家的目标操控机制。

第三章到第七章，则以本研究的主要调查点稻村的经验材料为中心，具体展开对"浑沌"理论的经验阐释。其中第三章将以农业税费的征收为主题，论述 20 世纪 90 年代农业税费征收成为稻村所在乡镇"中心工作"的过程，以此分析农业税费征收机制及其陷入困境的原因和基层的应对之策。接下来的第四章则以村民的土地利用秩序为主题，探讨土地利用秩序走向解体的原因，并考察围绕土地而发生的社会问题及治理应对。第五章关注村庄的纠纷调解机制，分析现代法律意识渗透对村庄社会的影响，以及基层治理对此的反应。第六章重点解析农田水利空间的构造及构造的解组，探讨农田水利的运营从有机状态转变为碎片状态的过程和基层治理的应对方式。第七章则主要叙述农村最低生活保障从满足需求的资源转变为满足欲求的资源的过程，在分析村民收入价值的暧昧性、收入价值的界分及其后果的基础上，考察基层社会资源分配方面的应对之策。

第八章为暂定的结论。该部分首先将前五章论述的中国农村基层治理的各侧面并联到"浑沌"的理论架构进行进一步的整理，总结出治理困境的发生机制和"浑沌"的功能。然后分别从政治、社会和经济这三个层面分析催生"浑沌"的环境特质。最后，在"社会处于剧烈变动的转型期"和"围绕国家与社会关系"这两个前设条件之下，从目标与规则这两个维度对日本与中国的地方治理进行比较，并以日本社会的发展过程为参照，对中国农村基层治理脱离"浑沌"的可能性、"浑沌"对于基层治理的意义和未来走向试做判断。

第二章 "浑沌"的样态与国家目标[*]

"浑沌"是一种内部不存在区隔和边界、没有被割裂的整全状态。这种状态并不具有理论理性的秩序观，只具有局部且模糊的合理性（rationality），其底色实践的是一种基于特殊主义的生活逻辑。正因为"浑沌"的存在，社会成员的行动所产生的总体效果所指向的"社会目标"才与"国家目标"达成了整合。从 20 世纪 80 年代初期开始，中国逐渐告别了"全能主义"的时代。但从国家目标的角度来看，其与社会目标的整合状态延续了下来，国家权力行使的总体架构并没有发生根本改变。

本章的第一节将抽象而简略地概括农村基层治理过程中常见的"浑沌"样态，在第二节对国家目标的内容进行考察。接下来的第三节主要从作为核心的指标体系、作为基础的责任体系以及作为动力的激励体系这三个维度，解析国家的目标操控机制。

第一节 "浑沌"的样态

隐喻一种内部无边界状态的"浑沌"，并非一般意义上的分析性概念。鉴于此，本书将"浑沌"进一步操作化为 5 种样态：（1）功能统合，（2）行为意义的连带，（3）行政事务间或村庄事件间的一体性，（4）价值计算的模糊性，（5）空间的整体性。

首先，这里说明功能统合的含义。所谓"功能性'浑沌'"是指

＊ 本章部分内容已修改为论文《中国农村基层治理的"浑沌"及其实践形态研究——反思治理方式规范化的一个视角》，发表于《社会科学》2021 年第 2 期。

在功能之间没有明确的区隔、多个功能相互叠加，并统合于一个个人（村干部等）、集团（工作队等）或资源（土地、低保资源等）的"浑沌"状态。在该状态中，多个功能相应于外部状况的变动而可以自由转换。功能复合状态一旦消失，则相互关联的所有功能将无法有效运行。

其次，是表现为行为意义连带的"浑沌"状态。人们正由于其彻底生存于"意义的世界"之中，才与其他动物具有根本的不同。人类的行为理由，与人类独有的意义现象相关联。行为意义的连带，即由行为而生的多个意义之间表现出显著的相互关联性的"浑沌"状态。

再次，是表现为行政事务间或村庄事件间的一体性的"浑沌"状态。在该状态中，既包括在发生的一系列日常村庄事件中，由于并无直接因果关系的事件被视为正在发生的事件的近因，而导致多个事件一体化的情况；也包括某项行政事务的完成被纳入其他行政事务完成机制中的一环，从而表现出行政事务间的一体化的情况。

然后，是表现为价值计算的模糊性的"浑沌"状态。能够进行精确价值计算的对象，一般是其价值能够转化为精确的数字，以数字作为测度和衡量方式的对象。数值与数值之间并不是连贯的，因为数值作为一种抽象的记录符号，即使两个数值的大小如何接近，只要不是相等，相互之间就永远存在无法填满的缝隙，并在数学上表现为小数点后无穷尽的数字。然而，农村社会中充满了价值计算的模糊性，其价值无法被明确地加以数值化，而只能以一种区间或范围的形态而存在。产生价值计算模糊性的原因是：其一，有许多被认为影响价值计算的要素无法转化为精确的数字进行测量，非理性的意义秩序和情感表达与数值计算无边界地联结在一起；其二，价值计算对象的价值随着时间流而变动，无法在一个特定的单位时间点上得到真实的反映，必须通过无边界的、连贯的时间带而过程性地展现。

最后，则是表现为空间整体性的"浑沌"状态。所谓空间整体性，是以没有被切割的空间开放性以及内在于空间的诸要素的流动性和统合性为前提条件而形成的状态。

以上所述"浑沌"的各种样态，都将在本书所涉及的中国基层治理各侧面的具体经验案例中得到展现。这些"浑沌"的存在，事实上有效保障了国家目标的达成。

第二节 国家目标的内容

中国农村基层治理的独特之处在于，农村基层始终面临如何将社会目标引向与国家目标相一致的状态的问题。换句话说，国家用一套目标控制机制，使社会发展服从于国家目标。而国家目标之所以不被中央政府所放弃，是因为国家政权的合法性来源于"卡里斯玛权威"的政权性质，从传统中国一直延续下来，并没有发生根本变化。

中国的国家目标，归结起来大概有经济建设、社会稳定、农作物稳产和消除贫富差距四个方面。经济建设是对增量的确保，也与农民"发家致富"的愿望相呼应；社会稳定是为经济建设创造安定的社会环境，而中国的大多数农民也只求安安稳稳过日子；农作物稳产是对存量的确保，也是经济建设和社会稳定的根基；消除贫富差距，与来自民间的"均贫富"这一中国古老观念一脉相承，并被冠以"社会主义"的意识形态名号，也成为共产党政权合法性的一部分。

将以上这些称为"国家目标"似乎有点自上而下的强制意味，但这些"国家目标"无一不与农村的社会基础相呼应。在目标上，国家与农村基层是协同一致的。当然，问题和困境往往出现在手段和过程上，基层行政主体与村民的互动、利益调试和妥协，正是"治理"（governance）这一概念的本质体现。

一 确保经济建设

任何权力（power）都不能持久地建立在强制或暴力基础之上，而必须具有合法性基础（legitimacy）。因此，任何权力一般都有为自己的正当性辩护的必要。任何支配的持续运作，也都需诉诸其正当性原则，以完成必要的自我辩护。[①] 显然，权威（authority）即是建立在合法性基础之上的权力。参考韦伯的理论，权威的三种"理想类

---

① 韦伯：《韦伯作品集Ⅲ：支配社会学》，康乐、简惠美译，广西师范大学出版社2004年版，第19页。

型"即"传统权威""卡里斯玛权威""法理权威"，它们都有着特定的合法性基础和相应的制度安排。一般来说，传统权威，在历史传承的习俗传统上建立合法性基础，对应家长（产）制的支配方式；卡里斯玛权威，以领袖的超凡禀赋来获得追随者的认同和拥戴，从而获得其合法性基础，对应卡里斯玛制的支配方式；法理权威以民众所认可和接受的公正程序而得到合法性基础，对应官僚制的支配方式。不过在实际的政治结构中，不同的支配方式、合法性基础之间，在一定条件下可以发生融合和转化。对于帝制时期的中国而言，皇权建立在来源于祖宗之法的传统权威与来源于君权天授的卡里斯玛权威兼而有之的合法性基础之上。而中国的官僚权力却不是来源于独立的法理权威，而是来源于皇权自上而下的授权。这种合法性一直延续到现在，只不过历史上的皇权与官僚权力替换为"党和国家"与"各级干部"或"基层干部"国家立法的传统权威代之以中国化的马克思主义，君权天授的卡里斯玛权威代之以中华人民共和国的一切权力属于人民、人民是国家的主人。①

在 20 世纪动荡的革命运动中，中国执政党并不是以植根尚浅的法理权威为执政的合法性基础，其实质性的权力依据仍然来源于与历史一脉相承的卡里斯玛权威。因此，新中国成立初期时期所展现的领袖崇拜、奇迹塑造（如抗美援朝、"大跃进"）等，巩固了政权合法性基础。不过在 1979 年以后，由于支撑卡里斯玛权威的两大关键性支柱，即"高度一统的观念制度"和"严密的组织制度"，在改革开放初期都被极大削弱，执政党的合法性陷入深刻的危机。

在这样的背景下，重新加强卡里斯玛权威的努力呼之欲出：一方面，加强意识形态领域和政治宣传；另一方面，树立国家统一目标，以经济建设为中心，"发展是硬道理"。经济起飞、民众生活水平的极大提高，继续验证党"伟大、光荣、正确"的超凡禀赋（先进性）以及国家制度的优越性。

新中国成立前 30 年同后 40 年一脉相承，改革开放以来经济建设

---

① 周雪光：《国家治理逻辑与中国官僚体制：一个韦伯理论视角》，《开放时代》2013年第 3 期。

的国家目标，反映在地方一级，就表现为 20 世纪 80 年代的乡镇企业、20 世纪 90 年代的基础设施投资、21 世纪 10 年代的土地开发和地方建设规模的扩大等方面上。作为国家目标的经济建设任务，都是基层干部必须完成的任务。

由于乡镇企业的技术落后和投资不足，在政策倾斜的支持下，20 世纪 80 年代乡镇企业迅速膨胀。这个过程实际意味着"低技术装备"在工业生产中份额的上升，在资源分配上则意味着"劣质装备驱逐优质设备"的替代关系，资源优先流入落后技术领域。[①] 进入市场经济开始起步的 20 世纪 90 年代，乡镇企业在市场竞争中逐渐丧失竞争力，地方政府的经济建设中心逐渐转向大量的基础设施建设，表现为必须完成的修桥、修路、修学校、修水利等一系列自上而下传达的"达标升级"任务上。

2005 年，中国共产党十六届五中全会通过《国民经济和社会发展第十一个五年规划纲要》，提出了推进"新农村建设"的方针。"新农村建设"项目的实施是以既有的农村聚落为单位展开的，表现为对村道、路灯等基础设施和公共服务领域的资金投入。然而，这种"多极分散"的由"点"及"面"的经济建设方向，由于财政资源有限和"面"的过于广大而难以持续下去。因此，2012 年党的十八大提出了以县域社会为主轴而配置公共资源的"多极集中"的经济建设方向，反映为财政对县城及县域内乡镇进行投入的政策倾斜。[②]

发展县域经济和县域范围内乡镇城市化建设的方针确立，就意味着土地开发、不动产建设和招商引资工作的大量出现。换句话说，土地开发、不动产建设和招商引资工作，就是经济建设这一国家目标在地方层面的可视化体现。在经历了"工业城镇化"和"土地城镇化"之后，中国已进入"人口城镇化"的阶段，具体而言，即在东部地区如何解决流动人口市民化的问题，在中西部地区如何解决农民就

① 老田：《政府主导的"资源配置转移"与"杜润生—林毅夫假设"》，载黄宗智主编《中国农村研究》第五辑，福建教育出版社 2007 年版。

② 田原史起：《中国の都市化政策と県域社会—「多極集中」への道程—》，《ODYSSEUS 東京大学大学院総合文化研究科地域文化研究専攻紀要》2005 年第 19 号。

地、就近城市化的问题。① 无论如何，在改革开放以来的中国，经济发展仍然是硬道理。虽然也有人批评中国当前政策中发展主义思路太过强烈，甚至提出摈弃发展主义思路②，但对于当前中国的发展阶段而言，经济增长和高质量发展作为最优先目标还是有其合理性的。

二　确保社会稳定

从中华人民共和国 70 余的历史来看，社会稳定并非从来就是作为国家目标的政治任务。信访制度的形成及其演变就能说明这一点。

信访制度创立于 1951 年③，其创立依据是中国共产党的群众路线。根据群众路线，信访工作有冲突化解和社会动员两个基本内容。但在具体实践过程中，这两个基本内容往往只被照顾到其中的一个，于是形成了两种相互对立的信访工作取向：一是以照顾大多数群众为优先考虑的冲突化解；二是以改造大多数群众为优先考虑的社会动员。

在 1978 年之前，反官僚主义等一系列政治运动中，信访工作的主要内容是调动群众参与相关公共事务的积极性，而非处理群众的利益纠纷。社会动员取向的信访工作认为，信访活动是群众政治参与热情和公共服务精神的表现。因此，信访量的上升表明党和政府同群众的联系越密切，群众对党和政府越信任、越拥护，对国家事业越关心、越支持、越投入。国家对民众的信访活动也表露出欢迎、鼓励的姿态。在那个"允许群众通天"、相信"天下大乱达到天下大治"的政治环境下，"维稳"的概念根本无从产生。④

"文革"结束后，全国开始出现信访高潮。1977 年 9 月 4 日，

---

① 周飞舟、吴柳财、左雯敏等：《从工业城镇化、土地城镇化到人口城镇化：中国特色城镇化道路的社会学考察》，《社会发展研究》2018 年第 1 期。

② 叶敬忠：《留守女性的发展贡献与新时代成果共享》，《妇女研究论丛》2018 年第 1 期。

③ 1951 年，政务院发布《关于处理人民来信和接见人民工作的决定》。1957 年，国务院发布《关于加强处理人民来信和接待人民来访工作的指示》，首次规定各级国家机关"必须有一位领导人亲自掌管机关的处理人民来信和接待人民来访的工作"，并要求"县以上人民委员会一定要有专职人员或者专职机构"，标志着信访制度作为国家制度而正式确立。

④ 冯仕政：《国家政权建设与新中国信访制度的形成及演变》，《社会学研究》2012 年第 4 期。

《人民日报》发表《必须重视人民来信来访》一文，认为信访工作"涉及群众的切身利益"，要求各地"打一场处理信访积案的'歼灭战'"。这篇文章的发表，表明国家信访开始朝着冲突化解的方向转变。1979 年 10 月 22 日，《人民日报》又发表了《正确对待上访问题》一文，不但将维护"安定团结"列为信访工作的目标之一，而且还对信访群众提出警告，指出用闹事的办法迫使国家突破现行政策规定的做法十分错误，"不仅无理不能取闹，有理也不能取闹"。

1979 年全国人大常委会批准的《国务院关于劳动教养的补充规定》以及 1982 年 1 月 21 日国务院转发公安部的《劳动教养试行办法》重申了将"劳动教养"作为强制性教育改造的行政措施和处理人民内部矛盾的方法。[1]"劳动教育"针对的对象包括"长期拒绝劳动，破坏劳动纪律，而又不断无理取闹，扰乱生产秩序、工作秩序、教学科研秩序和生活秩序，妨碍公务，不听劝告和制止的"人，适应了当时社会的需要。1980 年 8 月 22 日发布的《关于维护信访工作秩序的几项规定》中明记："对于来访人员中已经接待处理完毕、本人坚持不走、说服教育无效的，可以由信访部门出具公函，公安部门协助，送民政部门管理的收容遣送站收容送回。"中共中央办公厅、国务院办公厅信访局曾专门颁发《关于认真处理上访老户问题的通知》，规定"对上访问题已经解决，本人在京流窜，不务正业，坚持过高要求和屡遣屡返教育无效又不够依法处理的人，可以建立一个劳动场所，把他们集中起来，加强管理，边劳动，边教育，直到他们不再到处流窜为止"。

治安处罚、劳动教养等制度规定，为通过暴力机构压服屡次上访、闹访的村民提供了充分的制度和权力资源。

随着阶级斗争和"姓资姓社之争"被经济建设的国家目标所冲淡，社会治安和社会秩序成为维护经济成长的重中之重。进入 20 世纪 80 年代以后，国家放弃了敌我意识浓厚的"人民信访"观念，这表明为了服务于经济建设，国家不愿意主动树立社会对立，而是更偏向于营造促进社会整合的氛围。1987 年 6 月 29 日，邓小平同志指出：

---

① 陈柏峰：《无理上访与基层法治》，《中外法学》2011 年第 2 期。

"没有安定团结的政治环境，没有稳定的社会秩序，什么事情也干不成。稳定压倒一切。"① 1989 年 2 月，邓小平同志在会见美国总统布什时指出："中国的问题，压倒一切的是需要稳定。没有稳定的环境，什么都搞不成，已经取得的成果也会失掉。"② 1990 年 12 月 24 日，他又强调："我不止一次讲过，稳定压倒一切，人民民主专政不能丢。"③

可以看出，"维稳"的概念从 20 世纪 80 年代才开始出现。当维护社会稳定成为一项国家目标后，信访事件就被视为社会不稳定的象征。因此，社会稳定的国家目标，在各地方基层的治理实践中，就体现为尽量减少信访量、阻止越级信访等工作目标。

三 确保农作物稳产

1994 年，美国世界观察研究所（World Watch Institute）的莱斯特·布朗（Lester Brown）发表了著作《谁来养活中国?》，指出如果只将因中国人口增加而导致的消费增加列入考量范畴，则 2030 年全球将会产生 2.07 亿吨的粮食缺口，中国的粮食安全问题有可能成为国际性风险的导火线。如果中国成为粮食进口大国，将必然加剧其他亚洲、非洲、南美洲粮食进口国家的竞争，进而导致世界粮食市场从买方市场转变为卖方市场。④

而在中国政府看来，国家的粮食安全关系到国家安全和国内社会的稳定。自古以来，中国政府粮食政策的出发点是不要让民众饿肚子、沿街乞讨，而基于国家安全和国际关系的战略考量，粮食的供给方式又更倾向于自给自足。要实现国家粮食安全，最重要的就是保证农作物稳产。具体而言，农作物稳产这个大的国家目标，又可以细化为四个更具有可操作性的国家目标：确保耕地面积；确保土地的长期投入；确保有人种地；确保旱涝保收。从政策意图的逻辑来看，政策

---

① 《邓小平文选》，人民出版社 1993 年版，第 331 页。

② 《邓小平文选》，人民出版社 1993 年版，第 306、304 页。

③ 《邓小平文选》，人民出版社 1993 年版，第 364 页。

④ Brown, Lester R., *Who will Feed China? Wake-up Call for a Small Planet*, New York: W. W. Norton, 1995.

的制定者相信或者试图让人们相信，粮食产量与耕地面积、土地投入的长期性、种地主体的存在、旱涝保收是具有因果关系的。

首先来看看作为国家目标的"确保耕地面积"。已有研究发现，耕地面积与粮食产量之间没有必然的逻辑关系，包括"征地行为导致耕地减少，进而引起粮食生产危机"之类的看法已经被证明是个谬误。其理由是，2006年之前作为耕地减少主要原因的"退耕还林"，在耕地面积接近"确保粮食的生命线"的12000万公顷后，于2007年被中央政府停止推行。2007年之后耕地减少速度缓慢了许多。而在此期间新开发的耕地生产量高于那些生产力偏低的山坡地，使得整体的耕地生产力也随之提高。[1] 可以发现，粮食产量的高低其实与土地的肥力、坡度、海拔等复杂因素有关，显然与土地面积之间不具有直接的因果关系。然而，确保耕地面积这一目标，仍然成了粮食安全政策上的一个"神话"。2009年6月23日，国务院新闻办公室举行新闻发布会，国土资源部提出"保经济增长、保耕地红线"行动，坚持实行最严格的耕地保护制度，并将"18亿亩"作为不容突破的耕地面积的最低确保值（红线）。在城镇土地开发和城镇面积扩张的背景下，为了不减少耕地面积的存量，全国广泛推广了建设用地"增减挂钩"[2] 和农业用地"占补平衡"[3] 的政策。这些政策的执行都涉及农村用地结构和布局的调整，表现为拆除占地空间大的农户老房子、建造面积集约的集中住宅小区、"赶农民上楼"等。

再来看作为国家目标的"确保长期土地投入"。也已经有研究发现，土地投入的长期性与粮食产量之间没有必然的逻辑关系。农作物的生长条件，只有一部分受人们的控制，人的活劳动只有在投入严重

---

① 田原史起：《日本视野中的中国农村精英：关系、团结、三农政治》，山东人民出版社2012年版，第222—223页。

② 城镇建设用地增加和农村建设用地减少相挂钩（简称挂钩），是指依据土地利用总体规划，将若干拟整理复垦为耕地的农村建设用地地块（即拆旧地块）和拟用于城镇建设的地块（即建新地块）等面积共同组成建新拆旧项目区（简称项目区），通过建新拆旧和土地整理复垦等措施，在保证项目区内各类土地面积平衡的基础上，最终实现建设用地总量不增加，耕地面积不减少、质量不降低。

③ 耕地占补平衡，是指《土地管理法》规定的国家实行占用耕地补偿制度，经批准的非农建设项目占用耕地要按照"占多少，补多少"的原则，补充数量和质量相当的耕地。

不足的前提下才会起主要作用。杜润生和林毅夫却将特定时期的粮食产量增加，唯一地与一个制度变迁和对农民的不同激励结构联结起来，而忽视了在实际上起决定作用的资源投入因素。以此为前提，他们指望农民受到自身利益的或短期或长期的激励，自动增加劳动投入以解决农业中的一切问题。[1] 杜润生认为："没有长远投入的中国农民，在世贸组织中将更缺乏竞争力。几乎所有可与中国农产品在市场上竞争的国家，都没有土地调整一说，这些国家的农民，都有长期而有保障的土地权利，并在没有后顾之忧的情况下，对其土地进行长期投资。"[2] 他忽略了土地边际报酬递减的问题，也不考虑中国土地投入的实际水平与产出的对比，仅仅把中国农业的国际竞争力与农民的"长期投资"联系起来，因此编织出了土地投入的长期性直接影响粮食产量的"神话"。由于杜润生先后任国家农业委员会副主任、中共中央书记处农村政策研究室主任、国务院农村发展研究中心主任，他的思想推动了家庭联产承包责任制在中国农村的广泛施行，也推动了农村的土地制度逐渐走向"物权化"。

确保种地主体的存在也成为从属于确保农作物稳产之下的可操作的国家目标。随着大量年轻农民进城务工，"谁来种田"不时成为中国媒体热议的话题。但也已有研究指出，"谁来种田"的问题是个"伪问题"。其理由是，在未来二三十年，中国城市不可能为大部分进城务工经商的农民提供高收入就业机会，国家当然不可能为他们提供足以在城市体面安居的社会保障。在此前提下，即使进城务工的农民在年轻的时候不愿回村务农，如果年轻时的打拼并不能带来在城里安居的结果，当进入中老年时，他们还是会回村务农的。而中国的农村承包地面积户均不过十亩，在现有的技术条件下，一对中老年夫妇完全能够耕种。[3] 然而，国家显然是过于担心"没人种地"的问题，因此推出各种"盘活"承包地的政策，比如鼓励土地流转，将商业

---

　　① 老田：《政府主导的"资源配置转移"与"杜润生—林毅夫假设"》，载黄宗智主编《中国农村研究》第五辑，福建教育出版社2007年版。

　　② 杜润生：《杜润生自述——中国农村体制变革重大决策纪实》，人民出版社2005年版，第286页。

　　③ 贺雪峰：《担心没人种田是杞人忧天》，《环球时报》2014年4月15日。

资本引入农村进行公司化的规模经营。

以上三个方面的目标达成，都涉及土地产权的明晰化，也就是"确权确地"。确保耕地面积，需要对农民的承包地和宅基地进行土地置换。确保土地投入的长期化，需要农民对土地的承包关系长久不变。确保种地主体，需要对土地进行流转。而"确权确地"则是在前述行为发生前所做的准备工作。

如果说确保耕地面积、土地投入的长期性和种地主体这三个目标的设定都是在"伪问题"的指导下产生的，那么事实上与农作物稳产存在直接因果关系的目标设定，就只有旱涝保收这一点。作为粮食主产地的华北、华南和长江中下游地区，都属于季风气候，降雨量很不均匀，水灾和旱灾是经常威胁着农作物稳产的两大问题。确保旱涝保收则需要完善的农田水利体系。特别对于河网密布、湖泊众多的长江中下游及华南稻作地区，"旱能浇、涝能排"成为农田水利体系建设的基本目标。

四　消除贫富差距

社会主义的意识形态规定了中国共产党领导的中国的国家目标必须基于平等主义，指向消除贫富差距。中国共产党在革命时期取得合法性的因素之一就是以阶级斗争为手段消灭剥削阶级，实现社会财富的重新分配。土地改革的政策目标指向也正在于缩小甚至消灭农村地区存在的贫富差距。

在人民公社时期，缩小工人与农民、城市与农村、体力劳动与脑力劳动之间的差异，成为消除贫富差距这一总体国家目标下的三个操作化的目标。随着人民公社的成立和强化，青年们对农村发展前途抱有了希望，愿意把一生为农村的繁荣而奉献，成为建设的排头兵。1963 年 8 月，上海的塘湾人民公社中，日中友好协会访中学习活动家代表团提问："这里离上海很近，在农村的青年中，就没有人讨厌农业、憧憬上海这样的大都市而想离开农村吗？"面对这样的问询，公社主任这样回答："现在已经没有这样的现象了。在过去确实，虽然很少，但也有这样的青年。这些青年需要受教育，让他们钻研农业。但现在完全不同了。在农村生活也变好了，政治教育也做得好，国家也大力支援农业，青年们把农村与过去一比较，也知道是哪里变好了，于是也认为农村有着光辉的前途。因此，盲目憧憬城市而向城市流动的青年已经没有了。恰恰相反，知识青年从城市来到了农村。今日的农村青年，想怎么学习都可以。即使在农村也不是不能进入大学，现在，这个公社进入大学的有十几人，从大学毕业之后，全都又回到人民公社来，从事农业，成为强有力的劳动能手。因此，受此刺激，青年们不想去城市了。相反，从这片土地出身的劳动者，往往自愿回到人民公社。也就是说，现在向往城市、怀着想去城市的念想的人，一个也没有了。"青年们不是抛弃自己的农村去往城市，相反地，城市的知识青年响应在中国共产党和政府的号召，进入农村，全身心投入社会主义建设的情况却很多。响应"年轻人啊，去农村吧。去参加新农村建设"这句和政府的号召，从 1957 年开始，许多知识青年进入农村，并住在那里向农民学习，经历了种种考验，为人民公社做出了贡献，也有不少成长为出色的村干部。①

　　大庆油田建成了初步的"城市与农村相结合、工业与农业相结合、政权与企业相结合"的社会主义新矿区。在这里，不仅有近代化的石油生产基地，还有近代化的大农场和工业农业共同体。覆盖矿区整体的两种劳动制度、两种教育制度已经普及，基本实现了"谁都能参加劳动、谁都能学习，人们在组织中生活，加入革命工作中去"。在大矿区，没有集中的大都市，而是既有数十个城市也有农村的居住地带分布其中，有着便利舒适的生活环境。有着工农结合、城乡结合特征的大庆油田已经实施了行政与企业合体化的市政管理体制。在企业的集中指导下，此前的行政系统各部门与企业的有关部门合并，成立矿区政府，统一管理。合并后，末端管理单位——管理站成为家庭生产的计算单位，同时也成为企业服务部门和政权的末端组织。此外，从 1964 年开始，全国各地开始出现被称为"半劳半学"或"半工（耕）半读"的新型学校。学生不仅在知识、劳动、体质等方面全面成长，更为国家创造了物质财富，还培养了工人感情。将教育与

---

① 福岛裕：《人民公社》，劲草书房 1967 年版，第 268—280 页。

劳动相结合的新型学校（将劳动纳入教育的正规学校），培育既能够从事体力劳动又掌握文化、技术的全面发展的新型人才，因创造了使脑力劳动和体力劳动的差距逐渐缩小的条件而受到高度评价，被视为社会主义和共产主义的教育长期发展的方向。①

人民公社时代虽然仍旧存在狭隘的宗派主义、利己主义，并且生产队之间也存在很大差距，但当时的决策者们认为，为了完全消灭这些差距，伴随着作为物质基础的高度的生产力发展，还必须完成"公社三级集体所有制→公社单一集体所有制→全民所有制"的发展过程。从以上历史材料中可以看出，无论如何，整个国家的目标指向，仍然在于消除贫富差距。

改革开放以来，消除贫富分化的国家目标并没有被放弃。1985年，邓小平同志在全国科技工作会议上指出："社会主义的目的就是要全国人民共同富裕，不是两极分化。如果我们的政策导致两极分化，我们就失败了；如果产生了什么新的资产阶级，那我们就真是走了邪路了。"② 在1992年的南方谈话中，邓小平同志又说道："社会主义的本质，是解放生产力、发展生产力、消灭剥削、消除两极分化，最终达到共同富裕。"③

2005年10月，《中共中央关于制定国民经济和社会发展第十一个五年规划的建议》明确提出，"十一五"期间，着力提高低收入者收入水平，逐步扩大中等收入者比重，有效调节过高收入，规范个人收入分配秩序，努力缓解地区之间和部分社会成员收入分配差距扩大的趋势。

党的十八大以来，党和政府更将脱贫攻坚视为实现第一个百年奋斗目标的重点任务，全面打响脱贫攻坚战，标志着中国开始从强调"效率优先、兼顾公平"的非均衡发展阶段进入更加注重社会公平和正义的新发展阶段。从解决温饱问题，到实现"两不愁、三保障"，再到治理相对贫困，减贫政策对贫困标准的逐步提升正是发展成果由

---

① 福岛裕：《人民公社》，劲草书房1967年版，第286—287页。
② 邓小平：《改革科技体制是为了解放生产力》，《体育科学》1985年第2期。
③ 《邓小平文选》第3卷，人民出版社1992年版，第373页。

人民共享的新发展理念在扶贫领域的典型体现。

暂且不论 100 年来中国社会的贫富差距在事实上是扩大了还是缩小了，我们不可否认的是，从共产党革命时期直到新中国成立以来的各个阶段，消除贫富差距始终作为国家目标而被坚持着。

第三节　国家目标的操控机制

虽然从 20 世纪 70 年代末 80 年代初开始，中国逐渐走出了"全能主义政治"的时代，然而从国家目标的角度来看，国家仍然没有减弱对社会目标与国家目标保持一致的控制。地方社会的行政主体承担了将社会目标诱导到国家目标方向上去的任务，而国家目标任务的细分化和指标化、对上级机关负责的目标责任管理，以及围绕目标达成而展开的竞争激励体系，作为国家目标操控体系的三个环节而共同发挥着作用。

一　国家目标任务的细化和指标化

在上下分治①的中国官僚体制中，"行政逐级发包制"是一种国家目标任务层层向下传递的稳定形式。在这一制度安排中，上级政府将确定的经济发展和政治任务等各项目标任务（如税收、就业、治安、教化），由县而至乡镇再到村庄层层下达，以"发包制"形式发放给下一层次的行政主体②，最后由村庄将目标任务最终落实到每个农民身上。

国家的目标任务通常是方向性的宏观描述，因此，国家目标从上级党政组织向下级地方行政主体传递的过程，同时也是行政总目标逐次被分解和细化的过程，其最终结果是形成一套可操作、可量化评估

---

①　中国治理体制的基本特征是"治官权"与"治民权"的分别设置。这两种权力的分离，催生了"上下分治的治理体制"。中央政府主要对官僚群体握有选拔权、监督权、赏罚权，而地方政府则拥有对各地区民众的管理权力。参见曹正汉《中国上下分治的治理体制及其稳定机制》，《社会学研究》2011 年第 1 期。

②　周雪光：《从"黄宗羲定律"到帝国的逻辑：中国国家治理逻辑的历史线索》，《开放时代》2014 年第 4 期。

的指标体系。

比如在笔者调查的 M 镇，国家目标由专项工作、常规工作、倒扣分附加分三部分组成，设基本分 100 分。其中专项工作 50 分，常规工作 50 分，基本分结合目标强度系数评定结算。倒扣分附加分项目，包括环境建设、违建治理、水利建设、低保资源分配完成情况等工作。每年年初，沙洋县考核办公室会协调各考核责任部门，对所涉及的被考核行政主体统一制定考核细则，并发文实施。考核责任部门还会经常性开展督促检查，掌握各镇的工作落实情况，建立合账，作为指标考核的重要依据。

下面节录 M 镇常规工作考核项目及分值设置情况清单（见表 2－1），以更直观地说明国家目标是如何被细化和被指标化的。

表 2－1　　　　2015 年 M 镇常规工作考核项目及分值设置[1]

序号	考核项目	考核分值	考核责任部门
5	应急管理工作	2	县政府应急办
7	依法行政工作	1	县政府法制办
18	扶贫工作	2	县农办
30	国土资源管理工作	7	县国土资源局
31	交通工作	3	县交通局
35	水利工作	3	县水利局

而 M 镇的《管理考核扣分办法》中，对以上每项考核项目又进一步细化。以应急管理工作为例：

对群众反映事项存在推诿扯皮、应受理不受理或受理后延时响应、延时答复等情况，经督查发现的，每起扣 0.05 分。因办理或答复质量不高被群众评价为"不满意"的，每例扣 0.05 分。弄虚作假、群众评价情况与实际不相符的，每起扣 0.1 分。因消极办理或敷衍应付导致群众继续向县信访局或上级有关部门单位

---

[1]　沙洋县 M 镇党政综合办公室：《2015 年度目标管理考核内容汇编》，2015 年 3 月。

反映的，每例扣 0.05 分。

此外，沙洋县对 M 镇的村干部管理方面也制定了相应的考评指标：

> 村干部绩效考评措施有力、成效明显的，加 0.05—0.15 分；绩效考评管理不到位、酬绩挂钩不紧密，被责令停发报酬、重新考评的扣 0.1 分。积极探索村干部全日制专职化管理，村干部坐班制度有效落实、便民服务成效明显的加 0.05—0.2 分。严格执行村干部轮流值班制度，落实到位的加 0.05—0.15 分；制度执行不到位被县级及以上督查通报的扣 0.05—0.1 分。[①]

可见，以上考核项目基本都是围绕国家目标的达成而设定的，并且是对国家目标的进一步细化和指标化。这些指标有惩罚，也有奖励，同时体现了国家加强治理方式"规范化"的意图。M 镇的目标考核项目，多达 79 项。总分虽然设置为 100 分，却在基层被分解为最小为 0.05 分的分值，足见国家目标被分解和细化的程度之深。

二 向上负责的目标责任管理

仅仅有逐级细化和指标化的国家目标任务，还不足以保证其在地方行政工作中被落实。因此，要控制地方社会的行政目标与国家目标的一致性，就必须发挥卡里斯玛权威的特殊效用。也就是说，国家目标控制的维持本身，就是基于来源于从革命理想到不断制造经济奇迹的卡里斯玛权威的。而卡里斯玛权威不是来自自下而上的授权，民众只是追随者，只能服从于卡里斯玛权威。相反，卡里斯玛权威下的行政主体的权力全都来源于自上而下的授权。这种权威的性质以及行政合法性的来源，使国家目标任务通过向上负责的目

---

① 沙洋县目标管理考核委员会办公室：《2015 年度乡镇街道目标管理考核加扣分办法》，2015 年 3 月。

标责任管理机制而得以落实，从而保证地方社会的行政目标与国家目标的一致性。

从中国大历史的视野来看，在传统社会，官僚体制的官员受皇权指派，在各地代皇帝执政，皇帝有专断权力来干涉下属官员的决策和晋升，所体现的就是"向上负责制"。在庞大的帝国官僚体制的各层次上下级权威关系中，上司对下属的工作有随时介入、干涉、评判的专断权力。因此，中国官僚体制与按章办事的韦伯式组织不同，官吏表现、赏罚、任命、晋迁在很大程度上依赖其上司的主观评判。一个"向上负责"的组织结构，其核心任务是高效率地完成自上而下的任务，为此构建的组织形式和过程则有悖于自下而上传达民意的职能。因为若这一组织同时兼有传递自下而上信息的任务，那么必然在执行过程中网开一面，其任务执行的强度大打折扣。①

"向上负责制"的可视化体现主要集中于行政主体间"责任状"或"责任书"的签订，以及在完不成自上而下传递的指标任务时所得到的"一票否决"等惩罚措施上。这种"压力型"惩罚措施的存在使县、乡镇两级首尾连贯的经济承包制，变相地形成县委（县政府）—乡镇党委（政府）—村支书的连带责任制，使基层党政组织在重重压力之下运行。"压力型体制"理论正是对"政府间责任状之下乡镇政府被迫接受上级高压指标"②的基层政府的运行特征和生存现状的理论概括，也可以理解为是"向上负责制"所产生的后果之一。总之，向上负责的目标责任管理，突出的是地方社会的行政目标与国家目标达成一致的被动一面。

三 目标达成的竞争激励机制

向上负责的目标责任管理强调的是"责任"的一面，各行政主体是在"责任"的压力下被动完成国家下达的指标任务。然而，在国家的目标控制实践中，"责任"仅仅反映出一种行政主体基于"生存

---

① 周雪光：《国家治理逻辑与中国官僚体制：一个韦伯理论视角》，《开放时代》2013年第 3 期。

② 荣敬本、崔之元等：《从压力型体制向民主合作制的转变：县乡两级政治体制改革》，中央编译出版社 1998 年版。

伦理"的底线思维。而在底线思维之外，基层或下一级干部从晋升竞争的角度也可能会主动提出指标加码。换句话说，"层层加码"现象也可能是下一级政府在晋升竞争中自愿加码的结果。① 在中国多级同构性的行政体制下，省级政府的干部选拔激励会一级一级转化为市（地级）、县和乡镇（甚至村）的行政激励。

国家目标的指标化为行政绩效考核提供了前提条件。而各行政主体中行政人员的晋升竞争则是围绕衡量目标达成度的行政绩效考核而展开。然而，任何一种行政绩效考核都难言在任何一种政治体制下都可以发挥效力，而中国具备一些政治与经济条件，使其特别适合采用晋升竞争的干部选拔模式：第一，中国实行民主集中制，中央或上级政府有权力决定下级行政主体的任命，即具有集中的人事权；第二，省与省之间以及市、地区、县、乡镇之间所做的事情都很相似，使政府绩效比较容易进行相互比较；第三，被考核的指标与参赛人的努力之间存在足够大的关联，使得参赛的行政主体能够在相当程度上控制和影响最终考核绩效；第四，跨地区的地方行政主体不存在通过私下合约使相互之间的行政绩效保持一致的情况，地方行政主体之间的高度竞争才是常态。能否被选拔存在巨大的利益差异，这不仅表现为行政权力和地位的巨大差异，而且在政治前景上也不可同日而语：不被选拔可能意味着永远没有机会或出局，而被选拔意味着未来进一步的晋升机会。②

晋升竞争作为一种激励机制的特性，表现为"'参赛人'的竞赛结果的相对位次，而不是绝对成绩，决定最终的胜负"，因而易于比较和实施。各"参赛者"为了赢得比赛，而竞相努力，以取得比别人更好的比赛名次，这是晋升竞争的激励效果。③ 在一个组织内部，

① Xing Li，Liu Chong，Weng Xi，and Zhou Li-An，"Political Competition at a Multilayer Hierarchy：Evidence from China"，in Aoki Masahiko and Wu Jinglian，eds.，*The Chinese Economy*：*A New Transition*，IEA Conference，Basing Stroke：Palgrave Macmillan，Vol. Ⅳ，No. 150，2012.

② 中国行政干部的选拔，必须有事先的政府部门级别或经历作为前提。见周黎安《中国地方官员（干部）的晋升锦标赛模式研究》，《经济研究》2007 年第 7 期。

③ Lazear，Edward，and Sherwin Rosen，"Rank-Ordered Tourmaments as Optimal Labor Contracts"，*Journal of Political Economy*，Vol. 89，1981，pp. 841 – 864.

提拔竞争后的优胜者到更高的职位，并不花费委托人的额外资源，并且晋升竞争对"参赛人"的激励具有良好的事前承诺的性质。[1] 因此，利用行政人员对于政治前途的理性计算，目标达成的竞争激励机制体现了各行政主体积极引导地方社会的行政目标，以达成指标化的国家目标的一面。

---

[1] Malcomson, James, "Work Incentives, Hierarchy, and Internal Labor Markets", *Journal of Political Economy*, Vol. 92, 1984, pp. 486 – 507.

第三章 农业税费征收：从"理所当然"到"天下第一难事"

在 20 世纪 90 年代，农业税费征收被公认为"天下第一难事"。在分税制改革之后，由于东部地区的税收返还远高于中西部，西部地区得到最多的专项和其他补助，人口稠密且大部分属于农业区的中部地区，一方面，面临包括校舍、道路、水坝维修和计划生育开支在内的繁重的农村公共服务支出任务；另一方面，却只得到与东部和西部地区相比最低水平的中央转移支付。县乡政府想方设法增加预算外收入，造成中部地区农民负担的日益加重。然而这只是导致农业税费征收成为"天下第一难事"的必要条件，而不是充分条件。本章将追寻农业税费征收成为基层治理"中心工作"的历史脉络，以 M 镇稻村的现场为载体，挖掘导致农业税费征收成为"天下第一难事"的深层因素。

第一节 成为"中心工作"的农业税费征收

自人民公社解体后到 1985 年，稻村的村民小组在税费征收环节还具有较强的自主调控能力，这是当时"户卖组结"的税费征收方式带来的。由于人民公社"三级所有、队为基础"的体制影响还在，村民小组还有会计，是一个相对独立的经济核算单位。到粮站售粮的农户并不会当场进行结算，负责在粮站进行结算的是村民小组的会计。小组会计结算完毕后，就会向村集体上缴各种税费。村集体从各小组获得税费上缴后，再往乡镇进一步上缴税费。小组在扣除向村里上缴税费，并留足自身财政所需之后，剩下的钱款再返还给农户。

不过从 1985 年开始，村民小组不再设立会计，这意味着村民小组不再是一级独立的经济核算单位。相当于人民公社时期生产小队的村民小组的公共财政此时已基本被处置完毕。在粮站售粮的村民照样不当场结算，他们只得到一张"白条"，等粮站以村集体为单位扣除农户应缴的各种税费之后，再将剩余由村集体返还农户。这种税费征收形式称为"户卖村结"，村级组织拥有在乡镇截留和返还农户之前先行截留农业税费的权力。由于 M 镇的乡镇企业发展形势利好，农业税的征收任务不重，"三提五统"的征收量也不大，征收难度也不高。

央地财政关系的变迁与国家目标对地方政府的强制协同，而不是农业税费征收方式的演变本身，更大程度上促使农业税费征收成为"中心业务"。1983 年 10 月 12 日，中共中央、国务院发出《关于实行政社分开、建立乡政府的通知》（下称"通知"）。《通知》规定乡的规模一般以原有公社的管辖范围为基础，并要求各地有领导、有步骤地搞好农村政社分开的改革，争取在 1984 年年底以前大体完成建立乡政府的工作。这一《通知》的发出，启动了从"政社合一"（政权组织与经济组织一体化）的人民公社体制向"乡政村治"的后人民公社体制转型的过程。理想状态的"乡政"，即以乡镇政府为国家行政体系的最末端组织，乡镇政府履行国家行政管理职能，但不对基层社会事务进行直接而具体的管理；而理想状态的"村治"，则是在乡镇以下的行政村设立村民委员会，作为村民的自治组织，对本村社会事务行使自治权。

乡镇政府成为一级政权组织，意味着被纳入官僚科层体系的"条块关系"，在财政和行政目标上都处于国家行政体制的末端。M 镇从 20 世纪 80 年代中期开始，设立了各种对等对口的党政机构和拥有专业化分工的"七站八所"。从集体主义时代延续下来的民办教育、合作医疗等都转而成了国家的事业性机构。原先的赤脚医生在被重新培训后分配到各级公办医院，原先的乡村民办教师争先恐后地准备通过考试转入事业编制。

在中央编办和省政府的支持下，山东省莱芜县为了对政府行政机构和工作人员进行大幅度精减，于 1984 年将原先设立于乡镇一级的涉农服务机构全部下放给乡镇政府管理。与此相伴随，相关事业费也以当年的拨付额为基数，连带下拨给乡镇政府，同时加大乡镇财政的包干底数。莱芜县的这种做法在 1988 年被作为成功经验，由中央政府向全国推广。此后，乡镇一些直接为农业生产服务的机构，如农技站、农机站、水利站、畜牧兽医站、农经站等，其人、财、物的管理权限全部由县级下放到乡镇，领导体制转为以"块块"为主。

一系列科层化、专业化改革造成 M 镇财政支出的增加。为了应对增加财政支出产生的财政压力，M 镇政府首先想到的是兴办乡镇企业。20 世纪 80 年代的中国正处于卖方市场。在此情况下，只要价格比国有企业的产品低廉，乡镇企业的产品纵使品质不佳，也照样能够盈利。故而 M 镇政府从政策、资金、土地等各方面多管齐下，大力支持乡镇企业，因为对乡镇企业的支持力度与乡镇政府财政收入的增长呈现明显的正相关关系。如果离开了 M 镇政府的支持，乡镇企业的发展将会遇到困难。[①]"小城镇，大战略"的口号不仅备受当时理论界的青睐，也为政策部门所普遍认同。毕竟，只要小城镇借由乡镇企业真正发展起来，农民在"离土不离乡"的情况下就业致富的愿景就能够达成。

从 1985 年到 1987 年，经过以"划分税种、核定收支、分级包干"的形式展开的财政制度改革，央地财政关系的总体趋势朝着分权的方向发展。从 1988 年到 1993 年实行的财政包干体制，其主要精神就是包死上解基数、超收多留，仍然着眼于财政收支方面中央与地方的角色分担。中央政府的预算收入并不会随着县和镇政府的财政收入增加而同步上升，尽管中央政府单方面掌握着调整地方政府上解定额的裁量权。在 20 世纪 80 年代，地方政府的上解定额至少被中央修正了 3 次，这些都是根据地方政府的财政状况而对地方政府财政保留比例的修正。由于乡镇企业是由县乡政府所管辖，县乡政府自然可以获得乡镇企业的几乎全部税收。此外，乡镇企业还会配合政府，主动将税收上报额缩水，并将这一部分税额转为向县乡政府缴纳的"企业上

---

① 贺雪峰、王习明：《论消极行政——兼论减轻农民负担的治本之策》，《浙江学刊》2002 年第 6 期。

缴利润"，以此增加县乡政府可自由支配的预算外收入。由于乡镇企业的存在，县、镇两级政府限制了财政向中央的过分集中。

进入20世纪90年代，央地财政关系开始朝着"分灶吃饭"的方向发展，即中央与地方划定收支分配比例，各级行政机关各负其责。中央收入额在预算收入总额中的比例，从20世纪80年代中期超过50%的水平下降到20世纪90年代初的20%左右。在中央财政"放权让利"的政策影响下，中央政府经济调控和行政管理的效能出现大幅下降。1993年，财政收入占国内生产总值的比例从1979年的28.4%下降到12.6%，而中央财政收入占财政总收入的比例则从1979年的46.8%下降到31.6%。为了维持收支平衡，中央财政更加依靠地方财政收入的上解，甚至设置"能源交通基金"和"预算调节基金"向地方政府借钱。

为了限制地方的财政权、提升国家的宏观经济调控能力，改变央地财政比重的失衡状态，1994年"分税制"改革开始启动。分税制改革将一直以来划入地方收入的企业税编入中央收入，扩大了共享税的比例，起到了将财政权向中央集中的作用，于是形成了"中央财政喜气洋洋，省市财政勉勉强强，县级财政拆东墙补西墙，乡镇财政哭爹喊娘"的局面，地方政府的财政赤字现象日益凸显。①

此后，农业税正式成为县乡政府收入的一部分。此时乡镇政府的财力来源主要包括三个方面②。一是预算内收入，即按照《中华人民共和国预算法》规定，包括税收收入、依照规定应当上缴的国有资产收益和专项收入。二是预算外收入，主要是"乡镇统筹"。比较固定的项目有教育附加费、计划生育费、优抚金、养老金、民兵训练费、报纸杂志款等。不固定的项目（不是每个乡镇都有）有广播电视维修费、会计辅导费、公共事业建设费、电影费等。一般由乡镇按人头

---

① 周飞舟：《分税制十年：制度及其影响》，《中国社会科学》2006年第6期。

② 参见周飞舟、赵阳《剖析农村公共财政：乡镇财政的困境和成因——对中西部地区乡镇财政的案例研究》，《中国农村观察》2003年第4期。王宾、赵阳将非预算收入的构成概括为"乡镇企业上交的利润和管理费""部门收取的服务费"和"名目繁多的集资、捐款等收费项目"三部分。见王宾、赵阳《农业税费改革对中西部乡镇财力影响的实证研究——基于4省8县抽样调查数据的分析》，《管理世界》2006年第11期。

向辖区内农民摊派收取。三是非预算收入，即没有被纳入财政管理体制进行管理的财政性收入，主要用于弥补乡镇政府正常运转所需经费的不足。这部分收入包括各种名目的集资①、摊派、收费（主要有林业收费、企业收费、办证收费）、罚款②、到县有关部门索要援助款（"化缘"）、赊欠等，它们并非标准的财政科目，其征收机构、程序和范围也没有明确的法律依据来规范。而乡镇财政的支出主要包括以下两个方面③：一是预算内的人头费，即人员工资、福利和基本办公开支；二是预算外的日常运转，包括政府各部门的办公支出、交通费、招待费等，还包括政府自身办公设施建设开支（比如购小车、建设办公大楼）、公共事业建设开支。

通过"分税制"改革，各级政府的财权被自上而下重新分配。然而值得注意的是，这个过程并没有促成各级政府在事权上的制度化明晰。总体来看，"分税制"改革造成的客观结果是，在财税资源被自下而上逐级集中的同时，事权却被上级政府层层下移，比如，通过目标考核机制把"九年义务教育达标""农田水利建设"等各种具有"一票否决"地位的达标升级任务层层下压。中央政府虽然给教师和公务员涨了工资，但工资却是从县乡财政中划拨，形成了"中央请客、地方买单"的现象，最后仍由位于科层制末端的乡镇政府承接财政和事务的双重压力。因此，当时的 M 镇干部形成了这样的做事态度："采取什么措施我不管，只要不违背政策，但任务必须完成，否则追究领导责任。"④

然而，20 世纪 90 年代的市场行情不再具备让 M 镇政府通过"积

---

① 集资是政府或组织对辖区内所有农民的一种不确定的收费。集资的组织发起者主要是县、乡两级政府和村委会。集资的主要内容是公路、水利建设、造林。集资方式以以资代劳为主。

② 罚款的一部分进入各级财政，是为了部门创收，比如表现为一些执法部门下达罚款任务。罚款的名目包括（不完全列举）：对于乡村干部，不能完成某项工作任务（以风险金、保证金的形式）；对于农民，①没有参加政府指定的某项活动；②没有按政府指令完成某种作物的种植面积；③结婚未办证；④违反计划生育政策；⑤不参加征兵体检；⑥砍树未审批，或批少砍多；⑦出售林产品手续不齐；⑧税收不按时交；⑨车辆未办证；⑩户口没及时上。

③ 欧阳静：《"维控型"政权：多重结构中的乡镇政权特性》，《社会》2011 年第 3 期。

④ 湖北省沙洋县 M 镇稻村访谈笔记，2015 年 4 月 22 日。

极行政"发展乡镇企业就能缓解财政压力的"卖方市场"条件。即使如此，省、市、县政府仍然要求乡镇政府"积极行政"以完成各种达标升级任务，却较少顾及乡镇经济发展的实际需要和可能性。[①]"积极行政"在20世纪90年代初在全国进一步铺开，乡镇企业第二次创业也提上议事日程。但是此时全国却普遍出现工厂企业货品销不出去，或者货品销出后无法收回货款的问题。M镇的地方财政愈益入不敷出，不但顶着财政收入的巨大压力，还必须完成通过压力型体制逐级分解下来的一系列任务指标。

到1993年，包括M镇所在的沙洋县在内，全国基本完成了将"三农"服务机构下放到乡镇的管理体制改革。20世纪90年代末，沙洋县的乡镇企业几乎全部破产。所谓"小城镇建设"，实际上不过是在乡镇政府的驻地，建设一些并无太大用途的消费设施。[②]而单单用于教师工资这一项的财政开支，就占到了乡镇财政开支的70%以上、县级财政开支的50%以上。在这种既要完成各项来自上级的达标升级任务，又没有足够财政收入的情况下，县乡政府只有把财政负担转嫁到在农村从事农业劳动的农民身上，具体而言，就是将征收农业税费作为一种常规性的行政机制，调动乡镇大量的人力和资源参与其中，使其成为与乡镇干部的行政绩效考核和政治晋升密切相关的"中心工作"之一。[③]

第二节 农业税费征收的机制

在介绍了农业税费征收成为基层行政"中心工作"的过程之后，

---

① 贺雪峰：《村级负债是怎样产生的?》，《中国老区建设》2005年第4期。

② 贺雪峰、王习明：《论消极行政——兼论减轻农民负担的治本之策》，《浙江学刊》2002年第6期。

③ 欧阳静：《论基层运动型治理——兼与周雪光等商榷》，《开放时代》2014年第6期。吕德文对"中心工作"的定义为：基层政权的行政行为在一段时间内所围绕展开的某一个工作的中心部分。见吕德文《中心工作与国家政策执行——基于F县农村税费改革过程的分析》，《中国行政管理》2012年第6期。毛泽东对于"中心工作"的论述为："在任何一个地区内，不能同时有许多中心工作，在一定时间内只能有一个中心工作，辅以别的第二位、第三位的工作。……领导人员依照每一具体地区的历史条件和环境条件，统筹全局，正确地决定每一时期的工作重心和工作秩序，并把这种决定坚持地贯彻下去，务必得到一定的结果，这是一种领导艺术。"见《关于领导方法的若干问题》，载《毛泽东选集》第3卷，人民出版社1991年版，第897—902页。

本节将从功能统合、行为意义的连带、行政事务间的一体性这三个侧面，考察农业税费征收的机制。

一　功能统合：村干部、乡镇政府部门及其办事人员的形象

为了完成农业税费征收这一"中心工作"，直到20世纪90年代中期，我们都能见到村干部、乡镇政府及其办事人员按照生活逻辑统合重组其各自的功能开展工作的忙碌身影。

（一）村干部的功能统合

村民委员会的成员，在村庄的日常生活中被称为"村干部"。在调查时，访谈话题只要转到关于"村干部"的内容上，总会听到"脑子好""口才好""有能耐""面子广"等来自村民的评价。依照日常生活中交往的实际感受，村民眼前所浮现的往往是兼具良好的口才、敏锐的思考力、立即行动能力和结实的体格的干部形象。与乡镇干部不同，村干部虽然是干部，但也是生活在身边的村民中的一员。

稻村的村民委员会成员成为被称为"村干部"。在村庄行政过程中，村干部发挥着将行政意志与村民的生活意志相结合的作用。具体而言，村干部的功能，包括使村民理解行政意志、将村民的生活意志传达给行政机关的信息沟通功能，说服的功能，促使村民参与必要的生产活动的动员功能，以及作为行政意志的代表者通过参加村民的红白事而维持干群关系的功能等。正是由于这些功能之间没有清晰的界限，这些功能才能够相互重叠并作为一个统合性的整体而发挥功能。

如果要对稻村的村干部能力做一个扫描，我们能分析出稻村的村干部通常具有表达能力、说理能力、动员能力、震慑能力、社会参与能力等。参照村干部的工作方式，我们会发现，这些能力当中没有哪一种能力是可以独立自存的。相反，这些能力之间不存在清晰的边界，而是相互重叠并作为一个整体而统一得以表现的。比如，表达能力强，说明有极强的逻辑思维能力和唤起情感共振的能力，因此说理能力也强。而说理能力强，就能配合其外在的长相和体格而发挥震慑能力，并表现出进行社会动员的号召力。

若按照上面对稻村村干部能力的分析，我们可以将村干部的角色分为若干种对应的状态，比如说理者、动员者、随礼者、惩罚者、国

家政策的执行者等。而村干部的能力则是这些角色状态的功能。不同村民的具体情况会激发村干部将其不同角色的不同功能显现出来，不过某一种角色及其功能的显现都并不意味着与其他角色和功能的割裂，而是以其他角色和功能的存在为背景或底色；或者可以认为，某一种角色及其功能的显现，是以其他角色和功能的存在为支撑的。或隐或显地，村干部的多重角色功能是作为一个内部没有边界、能够相互转换的整体而存在的。

这种村干部角色功能的"浑沌"状态，在20世纪90年代村干部向农户征收农业税费（有时以粮食等实物为表现形式）的过程中表现得最为明显。由于此项工作在全国范围内广泛开展，此处的分析虽然是基于稻村的个案，但是带有普遍性。

作为随礼者，一个平时深入参与村民日常生活的村干部，他对村民的人情往来、互帮互助，都能激发村民对他的感谢之情。在看重"人情债"的中国社会，村民对村干部的感谢作为一种情感性资源，将会使村民理解和支持村干部的税费征收工作。如果遇到有村民不愿将粮食卖给粮站，一个社会关系广的村干部，或者一个性情暴躁、身高体壮的村干部，就可以对该村民有效地施加压力。社会关系广意味着村干部拥有很强的动员能力，一方面表明村干部的支持者多，另一方面也暗示村干部可以调用的暴力资源多。而村干部的性格和身体条件，则意味着村干部有直接对该村民产生威胁的可能。村干部自身的动员能力、性格和身体条件，激发了他与村民的关系网中村民惧怕的情感性资源。如果性情暴躁、身高体壮的村干部正好出自村庄中的主要姓氏集团，而不愿卖粮给粮站的村民是村庄中的小姓，则村干部的性格、身体条件以及他的社会关系网络就有可能直接转化为暴力资源。因此，乡镇政府更愿意让具有性情暴躁、身高体壮特点的"狠人"当选村干部。[①]

在稻村不存在主要姓氏集团，20世纪90年代时的稻村前村支书

---

① 在20世纪90年代，村民代表会议普遍受到乡镇行政和村级组织的影响：由村委会或党支部召开、召集、主持；村党支部书记担任村民代表会议的当然会长、主席；村民代表会议的决定需要经村党支部审查后才能实施。选举的村干部一般是"一肩挑"，人选通常是乡镇内定的。

从外表看起来也不显得特别魁梧，但许多村民说他从小就很聪明，身边有不少"兄弟"，他本人身体也很硬朗，非常有精气神。村民们回忆，在20世纪90年代那个收农业税费的时代，这位前村支书经常参与各家农户办的婚庆酒席，每次都要登门送礼。据前村支书本人的回忆："村里有村民办酒席了，我那时候是支书，应该去一下。不去会不好意思，去一下也是为了以后工作好开展。只有和他们有来有往，以后做他们的工作，他们就会配合我。不配合的话，多多少少就轮到他们不好意思了。说到底，人都是讲感情的动物，在我们农村，做工作更是要讲感情，不然就太生硬，他们说你没有人情味，就不和你配合工作了。"①

作为说理者，村干部可以说服那些不能忍受在税费征收中暂时受到利益损害的村民，提高其对利益受损的忍受度。在一般情况下，稻村的村干部在工作中每到一户，首先会表现出平易近人的姿态，与村民拉家常或者逗弄孩子。如果该户村民答应交税费，则工作在轻松的氛围中就可以完成。如果遇到一些阻力，村干部会显现作为说理者的角色功能，和颜悦色地用通俗的语言和一些常情常理对村民做说服工作。由于是否承认这个"理"涉及对一个人品质的评价。在稻村的村民看来，说一个人不懂事理、胡搅蛮缠，是对一个人品质的最低评价之一。当村干部在讲"理"的情况下，如果村民不从，则将会使自己处于不懂事理的不利地位。而作为一个说理者，稻村的村干部除了讲道理，还会使用表扬和鼓励的话语，比如故意赞扬农户"我知道你这个人特别讲道理"等，有时还会站在对方的立场为对方出主意。

只有遇到个别农户拒不缴纳税费之时，村干部才会扮演起惩罚者的角色，通过扣押农户财物、牲畜、拘留人员等方式迫使农户如数交纳粮款。惩罚者角色所发挥的功能，是权力正式行使的表现之一。重要的是，这种行使正式权力的惩罚者角色，只是在不得已而为之的时候才显现出来。换句话说，村干部作为惩罚者的角色是以说服者、动员者、随礼者等其他多重角色为底色和支撑的。由于这种多重角色功

---

① 湖北省沙洋县M镇稻村访谈笔记，2015年4月13日。

能整体性存在的"浑沌"，稻村的村干部保持了其合理正当的形象，避免了在乡村社会形成以强凌弱甚至伤天害理的印象。

反过来说，如果没有惩罚者角色所表现出来的正式权力的不可抗拒和强制性，如果说服者、动员者、随礼者等其他多重角色在显现时没有以惩罚者角色为背景和依托，换言之，如果多重角色功能作为一个整体而存在的"浑沌"消失，那么说服者、动员者、随礼者等其他多重角色要想单独达到权力行使的目的，都是不切实际的。在扮演说服者、动员者、随礼者等角色时，村干部其实是试图与村民建立一种平等关系，村干部是以一个普通村民的姿态进行工作的。然而，村干部毕竟是干部，他本可以直接行使强制性的正式权力。因此，以惩罚者角色的功能为背景，虽然惩罚者角色的功能是潜在的，藏在暗处未得显现，但这一背景使说服者等其他角色功能的发挥起到了给村民面子的作用。在这种情况下，不接受这个面子的村民，会显得自己不通情理，失去人们的同情。因此，"惩罚者"这一村干部的角色功能，为作为"说服者"等村干部其他角色功能的发挥起到了支撑作用。

（二）乡镇政府部门功能和办事人员的功能统合

乡镇政府是中国正式行政体系的末端组织。在乡镇机构改革前，中国每个乡镇的部门机构一般有 20 个以上。在 20 世纪 90 年代乡镇一级的行政机构中，M 镇直属的事业站（所）主要有房管所、农技站、农机站、水利站、城建站、计生站、文化站、广播站、经管站、客运站等。而属于县直部门与乡镇双层管理的站（所）包括司法所、土管所、财政所、派出所、林业站、法庭、卫生院等。另外，属于"条条管理"的机构，包括国税分局（所）、邮政（电信）所、供电所、工商所、信用社等。从这些部门设置的名称就可以看出，部门之间具有明确的功能分工和清晰的职能边界。

以计生工作的开展为例。按照部门的职能分工，M 镇的计划生育工作应该由且仅由计生站来完成。一般来说，每年的 4 月、10 月是计划生育工作重点时期，计生站主要需进行上环、刮宫、引产、结扎和普查（查环查孕）工作。在规定的期限内，稻村的育龄妇女需要到乡镇的计生站检查和接受手术。到了计生工作的重点月份，没来检查的育龄妇女，多半就是计生站的"工作对象"。

然而，从 M 镇计划生育工作的实际开展方式来看，计划生育工作并没有按照乡镇部门边界明晰的职能分工，完全由计生站这个单一的行政部门负责落实。通常，M 镇政府的所有职能部门会被分成 3—7 个组，每个组由一个副乡长或者副书记带队，带着多个部门的乡镇干部进村，其目标是找到并带着计划生育工作对象去引产或流产。对于已经超生的农户，在计生工作的重点月份以及年底，征收超生罚款就成为 M 镇政府的主要工作。

　　M 镇政府收取超生费的方式，表现为由多个职能部门的中层干部和办事员联合组成"工作队"，其中参加人员一般会有几十人。M 镇的"计划生育工作队"会向稻村的妇女主任了解"工作对象"的具体情况，并依照"工作对象"的具体特征，采取不同的分组方式。

　　与计划生育工作的开展方式相类似，19 世纪 90 年代中期的 M 镇政府向稻村收取农业税费时，也采取了组成"税费征收工作队"的工作方式。在最后期限到来之际，乡镇政府会针对几个不缴纳税费的农户而组织"税费征收工作队"。除了办公室人员值班外，乡镇干部全部进入各自所包的村庄，与村干部一起直接参与上门征缴，甚至是作为主要的征收人员进行工作。

　　不论是"计划生育工作队"还是"农业税费征收工作队"，具体的工作方式都大同小异：几十个乡镇干部和村干部先是集中，然后分成几个小组到农户家去，村干部往往负责带路，不过为了避免得罪人而不轻易与农户见面。欧阳静的田野调查对接下来的执行过程进行了详细描述，值得我们参考①：如果农户家有年轻人在场，"工作组"的人员就重新编组为"劝解组""执行组""保卫组"。"劝解组"由村干部、女干部和年龄大的老干部组成，主要工作是说明来意（我们是来执行政策的）、解释政策（征收农业税费是国家政策）和讲清道理（违反国家政策是遭到财产损失的）。由于原本属于正式制度的科层制部门职能边界被打破，部门内中层干部和办事员的职能分工就不再清晰，重组而成的"工作队"就成了乡镇政府部门功能"浑沌"

---

　　① 欧阳静：《运作于压力型科层制与乡土社会之间的乡镇政权：以桔镇为研究对象》，《社会》2009 年第 5 期。

的产物。

"执行组"由年轻力壮的干部组成，主要任务是当劝解组进行劝解时，迅速对政策执行对象家的每个屋子进行检视，确认价格稍高的物品。当劝解失败时，"执行组"就要表现出要搬走价格稍高物品的姿态。"保卫组"则通常由当过兵或反应快的乡镇干部组成，其职责是在"劝解组"劝解时，快速控制屋子内所有可随手拿到的具有杀伤力的生产工具，比如锄头、铁锹、铁铲、镰刀、斧头、菜刀等，以便在"执行组"行动时，防止不配合工作的村民利用生产工具抵抗。在征收农业税费和计划生育政策被要求严格执行的20世纪90年代中期，不仅仅在M镇，全国各个乡镇为了在规定时间完成计划生育任务，都运用了各式各样的科室人员整合和再编方式。

乡镇政府部门功能"浑沌"产生的前提是作为中层干部或办事员的人员个体，其本身的角色功能处于"浑沌"状态。对这一前提的说明是以笔者对村干部角色功能"浑沌"的分析为参照的。每个乡镇政府的工作人员，不管是中层干部还是办事员，本来就都是一个功能"浑沌"的个体，或者说是具有不同功能的组合体。身体的外形、性格、语言表达能力、生活阅历、职业经历等都具有各自的社会功能，而这些功能要素都凝结和叠加在同一个个体身上，作为一个内部无边界的整体而存在。乡镇政府科层体制的部门职能分工意味着只是对个体多重特点中的某一个或几个进行强调，这种强调本身势必对个体所拥有的其他方面的功能特点形成遮蔽。而超生罚款或农业税费的征收任务，迫使乡镇政府重新审视每个工作人员作为一个多重功能复合整体的"浑沌"状态。"工作队"对工作人员进行的再分工是为了应对灵活多变的村民家庭情况，因而是临时性的，不具有确定性和专业化特征。因为这种再分工并没有被制度化和常态化，每个工作队成员身上多重复合功能的显隐序列也是不断变动的。换句话说，"工作队"并没有对成员的功能进行边界限定，而是为了应对具体的工作需要，临时地使某些功能特点隐性化，同时突出另一些功能特点，以形成功能的互补和个体间的合作。

当然，有时候由于"工作队"的临时分工不足以满足征收工作的功能需求，征收工作也有可能遇到意外情况。这种情况更多出现在华南宗族地区的村庄。村干部为了维护村庄的宗族利益，而对乡镇工作暗中采取消极不作为的配合方式，使乡镇干部不但难以对村民进行明确而精细的类型划分，也难以预料村民会使用什么样的“弱者的武器”与他们进行对抗。因此，他们只能通过一次次的征收实践，积累功能再分配的经验，而这些经验无法形成一套确定的再分配规则。比如在江西省 S 县桔镇①，20 世纪 90 年代就出现了“工作队”在劝缴税费无果后，在开始搬家具、掀瓦片的时候，从学校放学回家的小孩拿起菜刀往乡镇干部身上扔的危险事件，也发生过老人向“工作队”泼粪便、跟在“工作队”后面烧香磕头诅咒他们的意外情况。而在 M 镇这类处于长江中下游平原的村庄，由于村干部并不对乡镇“工作队”采取对抗的姿态，“工作队”成员的分工合作一般都能达到对成为工作对象的村民“软硬兼施”的效果。

二　行为意义的连带：基于税费缴纳行为的考察

在家庭联产承包责任制实施之后，缴纳农业税费的行为成了每个农户独自的行为。从行为过程本身来看，缴纳农业税费仅仅反映出一家家的农户分别完成各自的缴纳任务这一行为意义。然而，如果将农户缴纳农业税费的行为还原到农村社会的情境中考察，这一行为的意义就不仅仅是每家农户独自完成任务的意义，而是与更大的村庄社会的意义系统结合在一起，形成行为意义的连带。

首先，农户缴纳税费的行为意义与国家认同无法分割。由于稻村地处江汉平原，开发较晚，村庄历史只有 100 余年，杂姓村民也多是陆续迁移至此，故稻村不存在超过个人的神秘性的和传统的力量，也没有一些村民比另一些村民更具有经济上的优势以及由经济优势带来的社会地位上的优势，同时也少有村民比其他村民更有劣势。从村庄社会的权威结构来看，缺乏社会分层并且缺失共同历史记忆的稻村，更容易形成“国家政策合理论”的舆论氛围。因此，稻村村民可能

---

① 欧阳静：《运作于压力型科层制与乡土社会之间的乡镇政权——以桔镇为研究对象》，《社会》2009 年第 5 期。

会质疑村干部对税费的摊派，但是他们并不质疑他们认为代表"国家权力"的乡镇政府和中央政府。如果有村民抱怨本村所在的 M 镇交的税费太重，而另一个镇交的税费轻，其他村民会说他："你感觉那里费用低，你住到那里去啊！"

其次，农户缴纳税费的行为意义与集体所有制认同无法分割。20世纪 90 年代时，稻村的村庄舆论支持"承包—纳税共生论"。经过长达 30 年的集体主义时代，稻村的村民已经形成了土地集体所有的观念。在他们看来，"分田到户"后他们所使用的土地是集体的，他们只是租用了集体的土地，因此应当缴纳相当于土地租金的农业税费。由于国家无法进行财政全额配置，农村的公共建设也需要靠农业税费提供资金支持。因此，租用集体的地，支持村集体的公共建设，被认为是农民应尽的义务。

再次，农户缴纳税费的行为意义与民间社会的公平观念无法分割。20 世纪 90 年代稻村的村庄舆论赞成"税费缴纳平等论"。由于20 世纪 90 年代中期以前农业税费负担不算重，只有很少的农户交不起税费，且又由于那时村民大部分都在耕种承包地，缴纳农业税费对于生活在村庄的几乎所有人来说都是平等的。

最后，农户缴纳税费的行为意义与社区评价无法分割。按照稻村的社会规则，"拖欠税费"的行为意义就不仅仅是农户没有完成独自的任务，还意味农户将得到"穷"的社会评价。"穷"这个标签一旦被村庄舆论贴上：一方面，人们都会认为这个农户家里的人都没本事挣钱，"拖欠税费"是无能的表现，社区评价将影响这家人在村庄生活中的名誉和地位；另一方面，这个农户家儿子的婚姻也将受到直接影响。对于将儿子成家作为人生中必须完成的任务的父母来说，社区评价直接关系到其生命意义的实现。在一些北方农村，拖欠税费的农户会成为村庄大喇叭广播的通报对象[1]。而在稻村，拖欠税费的农户会进入张贴在村道旁墙壁的"白榜"名单中。以村庄广播和"白榜"为媒介，农户缴纳税费的行为意义会更迅速地转化为村庄的舆论对

---

① 欧阳静：《运作于压力型科层制与乡土社会之间的乡镇政权——以桔镇为研究对象》，《社会》2009 年第 5 期。

象，并生产出相应的社会评价。村民所说的"那时如果不交农业税费，还做不做人了"更明显地体现出税费缴纳行为的意义并不是以农户的家庭为范围而独立自存的，而是与社区评价和农户的日常生活紧密结合在一起。

值得注意的是，社会舆论与行为不仅仅是简单地关联或连带在一起，两者的价值取向也是一致的，都是指向"缴纳税费"而非"抵制缴纳税费"。只有这样，缴纳税费行为的意义连带才得以形成。

三　行政事务间的一体性：以税费征收为例

在稻村，村民是否缴纳税费将直接关联到村民能否在村委会顺利办理其他事务。缴纳税费并不是作为一个孤立的行政事务而自存的，它与其他行政事务之间不存在清晰的边界，因此表现出与其他行政事务共生的一体性。之所以这种共生的一体性能够产生，是因为村干部掌握了与农家的生产和生活直接相关的权力，使农家在一些关键的时间点上，必须寻求村干部为其办理某项事务。

在稻村，与缴纳税费这一事件形成一体关系的其他事件包括三类。第一类，是村干部为村民出具证明、签字、盖公章。村民在升学、参军、结婚、入党、户口迁移等方面，都需要村民委员会开证明。如果村民拖欠税费，村干部可以在这时不为其办理一切手续。如果某项手续需要的是乡镇政府盖公章，村支书可以打电话，将拖欠税费的村民姓名告诉乡镇政府，要求乡镇政府不为其盖章。

第二类，是村庄的公共品供给。比如，税费征收与修路这一公共品供给事件相连带。如果村民拖欠税费，在修路的时候，村干部可以命令施工人员故意不修这家村民门前的路，让路在这家村民门前缺一块，使其他村民也不好走。这样就间接告诉了其他村民这家农户拖欠了税费，是因为这家农户的拖欠为其他村民造成了出行困难，使这家农户面临巨大的舆论压力。

第三类，是村庄的土地调整和丈量。从"分田到户"到20世纪90年代，包括稻村在内的许多村庄都在按照"增人增地、减人减地"的原则进行土地调整。从调整农户家庭人口数量和承包土地数量间平衡关系的过程中，村干部掌握了根据村民的税费缴纳情况而对农户的承包地增减面积、对农户间土地的肥瘦调整进行具体操作的主动权。对于拒缴税费的农户，村干部是可以收回其土地承包经营权的。相反，如果村干部没有为增加的家庭成员分配承包地，村民也可以利用行政事务间的一体性，通过拒绝缴纳提留款的方式争取村干部对承包地的分配。全国很多地方都发生着类似稻村的事例：某个农户可能因为添了一个孙子没有地，其他家庭成员就拒交提留款。村干部为了完成税费征收任务，就必须为那些无地的农户调地。

此外，还有一类土地不属于承包地，被称为"黑地"。"黑地"是指"未向政府投税并未取得政府合法证明文件之土地，及虽有政府合法证明文件，而在缴纳公粮、公款、公柴中企图逃避与减少负担，而个别的或集体的隐匿之土地"。① 分田到户之后，乡镇政府依照在册面积下拨公粮和税费征收任务。这一任务下达到稻村后，村干部会以稻村的实际土地面积（含在册的"白地"和不在册的"黑地"）为基数分解任务，将公粮和税费征收款平摊下去。20 世纪 90 年代以后，农户所耕种的"黑地"面积，多与农业税费缴纳这一行政事务形成一体关系。稻村的村干部倾向于在丈量过程中减少完成税费缴纳任务的农户的计税土地面积，也就是扩大他所耕种的"黑地"面积，"村民的税费缴纳"这一行政事务与"村干部对农户承包地的丈量"这一行政事务就相互密切地扣连在了一起。

第三节　成为"天下第一难事"的 税费征收事务

在分析成为"天下第一难事"的税费征收事务之前，首先还是需要回到对税费分配方式的讨论上。自 1997 年开始，中央政府为了减

---

① 中共冀鲁豫边区党史工作组财经组：《财经工作资料选编（上册）》，山东大学出版社 1989 年版，第 641 页。有些"黑地"是 20 世纪 90 年代以前遗留下来的，比如：（1）在人民公社之前通过拓荒、湖田改造而产生的耕地；（2）国营种子试验场等解散后形成的不计税的土地；（3）"知青居住点"；（4）在挖成鱼塘时从计税面积中扣除，在重新填为耕地后仍没被算入计税面积的土地。20 世纪 80 年代一些镇政府动员村民挖鱼塘养殖，后来由于没有经济效益，绝大部分鱼塘被农民还原为耕地。参见狄金华、钟涨宝《变迁中的基层治理资源及其治理绩效：基于鄂西南河村黑地的分析》，《社会》2014 年第 1 期。

轻农民的税费负担，将"户卖村结"的税费征收方式变为"户卖户结"。税费自下而上缴纳到乡镇一级后，农业税的部分在市、县、乡之间基本是按照 3∶3∶4 的比例分成，"三提五统"则归乡镇政府统一支配。至于是否将村提留部分足额或部分返还给村民委员会，则要视乡镇政府完成税费征收任务的程度而定。农业税费的确定程序，基本上都是自上而下一直到村，乡镇一级仍然有根据自身财政的实际需要对税费截留量进行加码的权力。①

当总额越来越大的农业税费征收指标从县、乡镇逐级下达到村时，村干部为了完成乡镇政府的利益需求，就需要从农户身上征收更多的税费，以致在 1996 年前后，稻村农民负担的增加速度几乎超过了大多数纯农户家庭收入的增加速度。1994—1997 年，全国农村向国家提供的农业税、农业特产税等税收从 433.2 亿元上升到 696.3 亿元，农民人均上缴税金由 48.7 元上升到 76.3 元，年均增长 16.1%，同期，全国农民向集体交纳的提留统筹从 365.8 亿元上升到 645.5 亿元，农民人均上缴集体的提留统筹由 41.4 元上升至 70.1 元，年均增长 19.5%。而 1994 年至 1997 年，农民人均纯收入的增长速度为年均6%。② 由于农户负担加重，稻村从这一时期开始出现部分农户不卖粮食、欠村里税费的现象。

在这样的背景之下，本节从功能分割、税费缴纳的行为意义分割、行政事务间一体性的分割等与前述机制相对应的三个侧面，讨论促使税费征收事务成为"天下第一难事"的原因。

一　陷入困境的税费征收

20 世纪 90 年代初，沙洋县政府规定乡村必须完成税费征收任务，并且只要不造成恶性事件、群体事件或市级以上的媒体曝光的案件，乡村行政主体可以使用任何手段达到完成税费征收的目的。稻村村干部和 M 镇政府及其办事人员的功能统合，给予了村干部和乡镇干部

---

① 赵晓峰：《"行政消解自治"：理解税改前后乡村治理性危机的一个视角》，《长白学刊》2011 年第 1 期。

② 赵新社：《农村税费制度为何要改》，《中国经济时报》1998 年 12 月 3 日。

充分的治理资源和策略的选择空间。

其实，乡镇政府在村干部的配合下进入村庄，引发与村民的暴力冲突的概率，在全国范围来可能只有10%甚至1%。[1] M镇干部和稻村村干部在采取强制性措施之前，通常必须做大量艰苦细致的说服解释工作，并不是简单粗暴的"通不通三分钟，再不通龙卷风"、动辄扒粮牵猪。当这些措施仍然没有发挥作用时，即便要采取强制措施，M镇干部和稻村村干部也要对当时的具体情境进行分析和权衡，尽量选择适当的方法，还要做好善后工作。

但到了20世纪90年代末，状况发生了改变。M镇干部和稻村村干部在完成税费征收和计划生育任务的最后期限之前，往往需要花费半年时间，反复到一些不愿意缴纳税费和引产或结扎的农户家里做说服工作。

虽然一些农户也会在这种不厌其烦的说服工作下缴纳税费，但村干部和M镇"工作队"的协作关系大幅减少。其结果就是，M镇政府的力量变得分散且弱小，无法在上级政府规定的时间内完成任务。

如果只靠分管财税的乡镇干部，到拒绝缴纳税费的农户家做工作，在农户强大的阻力面前，税费征收必然要耗费大量的行政成本，并且工作效率低下。因为在政策宣传与劝告说服之外，他们找不到其他的应对方式。原本村干部和M镇干部可以对那些拒不缴纳税费的农户采取法律措施，但是法不责众。当作为后盾的暴力强制手段被政策所禁止之后，不配合乡镇干部工作的农家，就开始处于比乡镇干部更加主动且优越的地位。这是因为行政组织的暴力使用受到了严控，但农户的暴力使用却没有受到任何限制。

乡镇干部为了完成税费征收的行政目标，而不得不来回奔波与所辖村庄之间。乡镇干部的时间和摩托车的燃料被税费征收事务大量消耗，而镇政府本身的日常事务却往往被搁置在一边。然而，消耗的巨

---

① 贺雪峰：《行政体制中的责权利层级不对称问题》，《云南行政学院学报》2015年第4期。

大行政成本却也没能换来理想的行政效率。相当一部分农户在上缴农业税费的行为上表现消极，极大提升了行政执行成本，同时使行政效率降到低谷。在与行政组织的暴力相伴而生的强制力及其角色，与生活逻辑中行政人员的其他角色割裂开来的时候，其他角色的功能就丧失了强制力的后盾，使其他角色的功能有效性大幅度弱化。正因为如此，对于稻村村干部和 M 镇的行政办事人员而言，20 世纪 90 年代末的农业税费征收成为"天下第一难事"。

20 世纪 90 年代后期状况发生改变的关键原因可归结为试图将税费征收工作规范化的国家意志及其所引起的分割效应。20 世纪 90 年代以降，强制性的农业税费征收工作在中国部分地区引起了农民与村镇干部的激烈对抗和冲突。中央政府将这类事件称作"恶性事件"，并表示出高度的关心。[1] 对于中央政府而言，"恶性事件"的同时多发正是社会与行政机关间的对立进入白热化阶段的体现，因此维护社会稳定成为当务之急。

但是事实上，以稻村为代表的全国大部分村庄，都并没有发生那样的"恶性事件"。尽管如此，由于大众传媒的报道纷纷聚焦并不算普遍的"恶性事件"，中央政府还是产生了将"恶性事件"解读为一般现象的"不稳定的幻象"[2]，并采取了相关措施。中央政府对乡镇和农村行政组织的不信任感激增，于是下发了一系列有关限制税费征收工作中的干部行政权限和减轻农民负担的文件，催生出农业税费征收中的种种"分割"（见图 3 - 1）。以下具体考察由对农业税费征收的"规范化"所造成的诸种"分割"。

---

① 20 世纪 90 年代初，由于农民负担过重所引发的恶性事件相继被媒体报道。比如，1992 年 3 月，湖北省枝江县农民樊哲富由于负担过重而向省政府上访，但由于没有得到满足其预期的回应，该农民在省委机关所在地附近服毒自杀。同年 5 月，湖南省湘乡市农民潘群英由于没有缴纳教育集资的能力，被乡干部牵走一头猪，于是投河自杀。根据全国农民负担监督管理部门提供的数据，1992 年全年共发生农民负担过重而逼死农民的恶性事件17 起，分布于吉林、湖北、四川、河北、华南、江苏、安徽与甘肃。1993 年，全国又发生因农民负担问题引起的逼死农民事件、斗殴致残事件和大规模干群冲突事件等共计 30 余起恶性事件。1994 年，农民负担问题又引起 9 起农民自杀事件。参见李茂岚编《中国农民负担问题研究》，山西经济出版社 1996 年版，第 127 页。

② 孙立平：《消除"不稳定幻象"》，《经济观察报》2008 年 1 月 7 日。

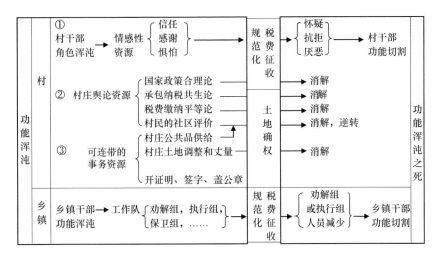

图 3 - 1　稻村税费征收中的行政功能统合与分割

二　功能的分割

（一）村干部功能的分割

1993 年 1 月，农业部根据国务院授权就农民负担问题提出了"十个不准"。① 同年 3 月 19 日，中共中央办公厅、国务院办公厅又向全国发出《关于切实减轻农民负担的紧急通知》。该通知将减轻农民负担的问题定性为"一项紧急的政治任务"，并明确指出，"要严肃查处因农民负担过重而引起的恶性案件，发现一件，查处一件，一件也不能放过。对造成恶性事件的当事人，要依法惩处；对酿成恶性事件的官僚主义者，要撤职查办；处理结果要广播登报，同群众见面，进行民主、法制的教育"。②

---

① 这"十个不准"的内容包括：不准把村提留、乡统筹费等集体资金平调、挪用到乡、村集体经济组织以外使用；不准强制农民以资代劳和平调以资代劳金；不准把向农民收费、罚款、集资等与各级干部利益挂钩；不准向农民摊派报刊、保险、有价证券和电影费等；不准搞农民收费的达标升级评比活动；不准以服务为名强行向农民收费；不准在农民交售农副产品和发放预购定金时强制扣款，不得以任何理由预收提留、统筹款；不准把非法负担项目签订在农民的承包合同内；不准滥用司法手段强行向农民收款收物；不准对检举、揭发、控告和抵制向农民乱收费、乱集资、乱罚款和各种摊派的单位和人员打击报复。见《人民日报》1993 年 1 月 18 日第 1 版。

② 《关于切实减轻农民负担的紧急通知》，《人民日报》1993 年 3 月 23 日第 4 版。

国家计划生育委员会于 1995 年 5 月 19 日下发了《国家计划生育委员会关于印发在计划生育行政执法中坚持"七个不准"的通知》①，也起到了间接影响基层干部税费征收行为的作用。从 1996 年《中共中央国务院关于切实做好减轻农民负担工作的决定》的实施开始，中央政府每年都对农民负担状况进行检查，把关涉农民负担的恶性案件通过《新闻联播》等新闻媒体公之于众。中央政府为实现政策的真正落地每次推广新的关于减轻农民负担的政策措施时，都要求做到"家喻户晓"。于是在报纸和电视上，"中央政府推行了惠民政策"这一点被不断报道，与之形成鲜明对比的基层政权的"恶"被不断曝光。

在这种情况下，从 20 世纪 90 年代中后期开始，稻村就有农民认为"中央政策当然是好的，就是下面给做歪了"，而 M 镇的基层干部则认为"中央就知道做好人，是中央引诱得农民找乡村干部麻烦"。由于村干部是生活在村庄里的干部，是村民经常能接触到的基层政权的代表者，稻村村民对基层政权的看法，也就反映出他们对村干部的评价。

在稻村村民眼中，村干部原本是处在说理者、动员者、随礼者、惩罚者、中央政策的执行者等多重角色混杂在一起的统合状态之中。这种角色的统合状态本身，原本可以作为一种治理资源，对村庄的情感性资源进行调用。而在包括稻村在内的许多村庄，其实 20 世纪 90 年代初期农民的税费负担问题并没有中央政府所认为的那么紧张。换句话说，稻村村干部角色的统合状态原本可以继续维持下去。

但是，中央政策对"防止恶性案件发生"进行规定，并曝光基层政权之"恶"的过程，其实就是对税费征收中"干部角色的边界"

---

① "七不准"包括：一、不准非法关押、殴打、侮辱违反计划生育规定的人员及其家属；二、不准毁坏违反计划生育规定人员家庭的财产、庄稼、房屋；三、不准不经法定程序将违反计划生育规定人员的财物抵缴计划外生育费用；四、不准滥设收费项目、乱罚款；五、不准因当事人违反计划生育规定而株连其亲友、邻居及其他群众；不准对揭发、举报的群众打击报复；六、不准以完成人口计划为由而不允许合法的生育；七、不准组织对未婚女青年进行孕检。

进行强调的过程，使得村干部角色功能中的"惩罚者"部分从本是相互支撑而为一个统合整体的其他角色功能中分割出来。村干部的强制性工作方式受到限制，稻村的村支书就无法名正言顺地调用带有暴力强制色彩的社会关系，而像稻村的邻村村支书那样的"性情暴躁、身高体壮"也难以再作为治理资源运用于税费征收。

一旦"惩罚者"的角色功能与其他角色功能之间产生了边界，"惩罚者"角色的性质就发生了根本变化，转化为一种不按中央政府的政策办事的"恶人"角色。村干部角色功能的切割所导致的角色功能单一化和污名化，使中央政府"公"的形象与村干部"私"的形象对立起来，村民对村干部的信任、惧怕、感谢等人际关系中的情感性资源逐渐被怀疑、抗拒、厌恶等情感所替代。到 20 世纪 90 年代后期，稻村村支书参与村民婚礼宴席的次数有所减少。村干部角色功能的切割也使村干部丧失了将村庄情感性资源作为税费征收工作的资源而被调用的可能性。

小结一下，由于实施惩罚的角色受到限制，赠答的角色只能招致反感，村干部的动员功能无法发动。嵌入有机统合体中的机能遭遇局部损害，其负面影响就会向着整体扩散。当惩罚实施者、赠答者和动员者等角色都无法发挥其功能时，单靠仅存的说服者这一种角色来完成税费征收这样的国家政策，势必会难上加难。村干部以强硬角色为后盾统合多种角色并灵活运用其功能的税费征收工作机制，彻底解体了。

（二）乡镇政府部门与办事人员的角色分割

原本 M 镇干部以"功能'浑沌'"的方式组成"工作队"，是为了在临近规定时间而计划生育或税费征缴任务未完成时，在短时期内迅速完成任务。

国家计划生育委员会于 1995 年 5 月 19 日下发了《国家计划生育委员会关于印发在计划生育行政执法中坚持"七个不准"的通知》之后，乡镇的"工作队"被禁止强制执行流产，而只能上门做劝说工作。如果农户还是计划外怀孕了，就要交不超过 5000 元的"终止妊娠费"，若是引产了就把这笔费用退回，若超生了就不退还了，并进一步缴纳"计划外生育费"①。对"工作队"这种工作方式的限制，也突破了计生工作的范畴，被运用到税费征收工作中。在全国多地的省级政府都下达通知，规定无论何种情况，都禁止组织"工作队"上门强征、强要、强搬实物，违者要追究当事人的法律责任。

在中央政府对"防止恶性案件发生"的规定成为乡镇干部进村工作的前提的情况下，原本使 M 镇政府部门和人员功能形成统合状态的"工作队"成为只能"带着感情做说服工作"的行动单位。所有可能引发恶性案件的强制性工作手段，如果不是万不得已，一般都不再安排。"工作队"的功能被划定了边界，无法灵活根据实际情况而"软硬兼施"。参与"工作队"的人员功能也被划定了边界，单一化为"说服者"。

在乡镇政府部门功能和人员功能被切割的同时，20 世纪 90 年代后期的乡镇机构改革使 M 镇干部大幅减少。1996 年《中共中央国务院关于切实做好减轻农民负担工作的决定》的第十一条规定"减轻乡镇机构和人员的开支。'九五'期间，各地不再增加乡镇机构和人员编制，坚决裁减超编人员。有关部门要抓紧研究适应社会主义市场经济体制的乡镇机构改革问题"。从 1998 年开始，中央政府着手进行以"撤并乡镇、精简机构、分流人员"为主要标志的乡镇机构改革。

而县级政府的机构改革要早于乡镇机构改革。以 M 镇所在的沙洋县为例，自 1987 年以来根据上下工作对口原则，机构越建越多，人员有增无减，财政负担居高不下，到 1993 年年底已形成财政赤字 1765 万元。从 1993 年县级机构改革操作的情况来看，沙洋先后撤、并、转 18 个党政机关，行政事业单位总数减少 11 个，分流机关富余人员 45 人。针对精减人员后造成的某些部门工作难以开展的问题，沙洋县政府开始对乡镇站所的编制进行统筹使用，从乡镇政府抽调人员。因此，M 镇政府的人员力量已经经过了一次弱化。而 1996 年和 1998 年的乡镇改革，无疑使 M 镇政府的力量进一步弱化。

----

① "超生罚款"在 1994 年改称为"计划外生育费"。1996 年《行政处罚法》出台后，进一步明确对于超计划生育的不得给予罚款，但可以征收"计划外生育费"。2000 年，财政部、国家计生委联合下发文件，要求各地将"计划外生育费"改称为"社会抚养费"。但本质上，其性质仍然属于行政罚款。

多数省政府都纷纷发出通知，规定绝对禁止"工作队"侵入农家强制征收农业税费，禁止他们搬运农民的家具等私人财物。若违反规定，行政当事人将会被追究法律责任。比如2003年，M镇所在的湖北省就颁布了《湖北省人民政府关于积极稳妥化解村级债务的通知》。该通知强调"化解农户税费尾欠，无论哪种情况，都不能采取强制手段逼债，更不能组织小分队上门强征、强要、强搬实物，违者要追究当事人的法律责任"，对"工作队"这种形式的行政手段及其功能发挥做出了明确限制。

实行乡镇机构改革的直接动因在于减少乡镇的财政开支，但这并没有触及乡镇财政紧张的根源。事实上，占据乡镇财政支出绝大多数的，是乡村两级办学以及经济建设达标升级的任务，而不是乡镇机构的行政开支。因此，通过乡镇机构改革，财政压力并没有缓解多少。

三　税费缴纳行为的意义分割

作为村民的一员，村干部是熟知村庄社会的规则和以此为基础的村庄舆论环境的。因此村干部可以利用缴纳税费行为意义的"浑沌"所形成的村庄舆论资源，对不缴纳税费的农户施加压力。在稻村村民的意识中，拖欠税费的农户，迟早是要被强制缴清欠款，或者丧失土地承包经营权的。这样，缴纳了税费的村民就能够获得一种"公平感"。即使不缴纳税费的农户确实是个贫困户，上门征缴实际也收不上粮食，但强制措施的实行也会让其他缴纳税费的农户感到"公平"，毕竟缴纳税费与不缴纳税费得到的待遇是不一样的。

然而在20世纪90年代末，国家对基层政权的"私"与"恶"的宣传，使稻村越来越多的村民开始怀疑所缴税费的合理性。虽然稻村的村庄舆论支持"国家政策合理论""承包—纳税共生论"，但当村民们通过电视或街谈巷议得知乡镇干部和村干部所执行的是被歪曲的政策，他们其实缴纳了比中央政策规定的应该承担的税费任务多的税费负担时，村民的抵触情绪在村庄舆论中迅速扩散。20世纪90年代中期持续增加的税费负担必然进一步强化这种舆论。再加上乡镇企业大批倒闭，大量劳动力密集型企业落户在中国沿海地区，造成许多收入高于务农的就业机会，其结果就是怀揣致富梦想的稻村村民纷纷离开家乡，外出务工人数不断增加，土地抛荒面积不断扩大。

此外，自 21 世纪初开始，全国各省下达的有关土地确权确证的一系列文件，又冲击了村庄舆论所坚持的"税费缴纳平等论"，并再次冲击"承包—纳税共生论"。因为文件规定"土地确权确证"与"尾欠追缴"不再具有连带关系，原先没有履行交粮纳税义务的农民，就仍然保有了承包土地的权利。

在缴纳了税费的村民看来，原来因为不愿意承担税费负担而放弃土地承包权的村民不仅没有受到必要的惩罚，反而获得了和自己一样的受到政策保护的土地承包权。[①] 只强调保护与纳税义务无关的农民"法定"权利的中央政策，冲击了主张权利与义务对等的村庄舆论，也冲击了村民既有的"公平观"。甚至原先"以不交税费为无能表现"的村庄舆论，也掉转风向，认为"缴纳税费才是无能的表现"。

国家对基层政权"私"与"恶"的宣传和土地确权确证的实施，消解了稻村的村庄舆论。这就意味着缴纳税费的行为意义与国家认同、村庄伦理、社区评价之间形成了一道对立的边界，不再是相互连带且价值取向一致的"浑沌"状态。在稻村就有村民这样说："感觉好像受骗了一样，搞了半天原来不履行缴税义务也可以继续承包土地。我知道这种情况之后，不管什么村干部再让我出钱、出劳，我也不出了，一肚子气。怎么这么不公平？如果我出了，那我就是无能。别人可以欠着那么多税费不交，我为什么不能也欠着？"[②] 显然，"缴纳税费"的行为意义与稻村舆论的价值取向之间出现了深深的断裂，"缴纳税费"甚至走向了村庄舆论所持价值取向的反面。

四　行政事务间一体性的分割

缴纳税费作为一个事件，其是否得以顺利进行，原本与其他事件

---

① 赵晓峰：《"被束缚的村庄"：单向度的国家基础权力发展困境》，《学习与实践》2011 年第 11 期。

② 湖北省沙洋县 M 镇稻村访谈笔记，2015 年 5 月 4 日。

有无完成可能形成紧密的连带关系，从而处于一种共生的"浑沌"状态。在这种"浑沌"状态下，调整和丈量土地等才有可能成为乡村干部向欠缴税费的农户施加压力的契机。

20世纪80年代，M镇管辖的大部分村社集体按照"五年一大动，三年一小动"原则调整土地分配关系。20世纪90年代以后，很少再调整具体土地分配关系，而是按照"增人必增地，减人必减地"的原则从机动地①中抽调土地分配给新增人口。虽然外出务工离农者增多，但对于大多数村民而言，土地仍是一种生活保障和退路。如果因为欠缴税费而不能"增人增地"，通常农户都会考虑一下是否合算。而由于调地的范围减少、频度降低，土地调整不再能用于解决农民迟交税费的问题，将土地调整用以控制村民税费缴纳行为的手段越来越难以被直接使用。

到了21世纪，M镇各地展开土地确权确证工作，并下发了一系列有关土地确权确地的文件，农村土地具体的承包关系顺延30年。由于土地承包权的长期化和规范化，定期调整土地的可能性被正式否定。同时，从稻村的状况来看，一直以来由村集体经济组织支配的机动地也随着"增人增地"而急剧缩小，"减人减地"不再有实施的条件。其结果是，稻村的集体经济组织所能实际支配的土地不断减少，集体土地所有权被架空，缴纳税费与调地事务之间的一体性关系断裂。这对农业税费征收这一行政工作的开展构成了相当大的阻碍，因为村干部通过调整土地承包关系催促农户缴纳税费的前提条件已然完全丧失。

2003年，由于农村债权债务锁定政策的实施，M镇的税费征收工作正式转入追缴尾欠的阶段。然而，全国各省下达的文件都规定，土地确权确证这一行政工作不得与尾欠税费的追缴事务结成一体性关系。在"任何组织和个人不能以欠缴税费和土地撂荒为由收回农户的承包地""严格把追缴税费与确权确地分开""不得以任何理由与清

---

① 1981年前后推行家庭联产承包责任制。M镇的多数村社集体所有的土地被分为一大一小两部分。"一大"是承包地（田），"一小"是机动地（田）。前者依照农家人口数分配，后者由集体负责统一耕种或由集体负责发包给农户耕种并收取承包费。

欠挂钩"① 这些文件的表述中，我们看到缴纳税费这一行政事务与其他行政事务之间正式划清了边界。

因此，对于稻村村干部与村民来说，履行税费或尾欠的缴纳义务与土地调整、土地产权确定等其他事务之间都变得毫无关联。税费缴纳与其他行政事务间的一体性宣告解体。直到 2006 年全国全面取消农业税为止，与土地相关的行政事务已经与农业税征收这一行政工作不再发生关联。与农业税征收工作仍然保持一体性关系的主要行政事务只剩下为村民开具证明、签名盖章等事项。

第四节　税费征收事务开展的应对之策

自分税制改革实施以来，国家财政的转移支付数额增加，不过增加的部分主要被输送到西部地区，中部地区所获得的中央财政转移支付处于最低水平。对于以沙洋县 M 镇为代表的中部地区的地方行政主体而言，"九年义务教育达标""农田水利建设"等各种具有"一票否决"地位的达标升级任务通过国家目标操控体系而被层层下压。另外，嵌入"委托—代理"的发包结构之中的这些地方行政主体不得不自筹经费。分税制导致县乡财政收入陷入窘境，而又只能获得少量的中央财政转移支付。在这种情况下，为了确保达标升级目标的完成，农业税费的征收就成了沙洋县和 M 镇政府的"中心工作"。因

---

① 综合湖北省等多个省人民政府的文件表述，参考文件包括：《关于积极稳妥解决当前农村土地承包纠纷的意见》（2004）、《关于依法完善农村土地二轮延包工作的若干意见》（2004）、《关于当前农村土地二轮延包工作中需要注意的几个政策性问题的紧急通知》（2005）等。2004 年 9 月 2 日，湖北省人民政府下发的《关于积极稳妥解决当前农村土地承包纠纷的意见》指出，任何组织和个人不能以欠缴税费和土地撂荒为由收回农户的承包地，已收回的要予以退还。2004 年 10 月 31 日，中共湖北省委办公厅、湖北省人民政府办公厅下发《关于依法完善农村土地二轮延包工作的若干意见》规定：对其中的"逃税户""历年税费尾欠户"等群众意见大的，也要确权确地，严格把追缴税费与确权确地分开。2005 年 3 月 5 日，湖北省人民政府办公厅下发《关于当前农村土地二轮延包工作中需要注意的几个政策性问题的紧急通知》，又一次明确要求确权确证工作必须以二轮延包为基础，不能推倒重来。"不得以任何理由与清欠挂钩，化债工作只能在政策允许范围内，在充分协商的基础上，采取群众接受的办法稳妥进行。必须确保长年外出务工人员的合法权益，既要确权，又要确地"。

此，本章第二节所论述的农业税费征收机制应运而生。

　　然而进入20世纪90年代后半期之后，村干部的功能统合、乡镇政府及其办事人员的功能统合、税费上缴行为的意义连带、税费上缴与其他行政事务的一体性等内部无边界状态，因国家基层治理方式日益注重"规范化"而陆续出现分割并陷入崩解。在乡镇企业纷纷破产的20世纪90年代中后期，M镇税费征收方面出现的种种"分割"更使沙洋县和M镇政府的财政雪上加霜。

　　为了应对行政压力与财政困难之间的紧张关系所导致的基层困局，M镇政府与稻村又重新开始谋求功能统合状态的复生。然而，当村干部在村庄内的角色功能统合被打破，村干部越来越难从村民那里获取财政资源。

　　在之前的村镇关系中，稻村的村干部仅仅作为一个行政责任主体而存在。按照中国现行的行政制度安排，乡镇政府是垂直行政链条的末端。也就是说，乡镇政府与村庄之间并不存在制度上的行政联结。故此，乡镇行政力量并没有足够的制度依据和组织依托以进入村民自治的村庄。在这种情况下，第二章所言及的目标管理责任制，就作为一种"责任链条"，使村镇关系成为一个"责任共同体"。

　　相应于这种局面，与其指望通过从村民那里大量征收"三提五统"以充实财政资源，对于M镇政府而言，将村干部放到行政利益主体的位置上，采用各种间接手段获得财政资源，毋宁说是更具现实意义的操作方式。因此，村干部不再是纯粹的行政责任主体，更与乡镇政府结成"利益共同体"。

　　在考察村干部与乡镇政府结成的"利益共同体"之前，我们不妨稍稍回溯历史，简单梳理一下人民公社时期村干部的报酬制度。

　　在人民公社时期，不论是在生产大队还是在生产队，干部一般都是不脱产或者半脱产的，他们的报酬与生产队的壮劳力相比多不了太多。其实，与干部的工作量相比，他们的报酬并不算多。那么，为什么还是有人愿意当干部？首先是政治氛围使然。在革命的政治氛围下，老干部一般会得到经济上的照顾，而在政治上也会获得殊荣。老干部在经济和政治上获得的待遇，使人们对干部的前途拥有稳定预期。其次，干部毕竟握有对生产和分配的决定权力，还能在未来获得提拔，自己的子女在入学或参军时也能获得优先安排。20 世纪 80 年代人民公社虽然解体，但当村干部仍有提升为国家干部的机会，甚至迟至 1996 年还有村干部被招聘为国家干部。由于 20 世纪 80 年代以来征收税费工作的难度并不是很大，村干部又能够获得比普通村民高出很多的收入，且还有得到政治地位提升的机会，村干部因此成为村民羡慕的职业。当然，如果村干部工作不积极，也会面临被乡镇政府直接撤换的风险。

然而到了 1996 年之后，村干部不再有可能沿着行政阶梯上升为国家干部。① 当成为村干部不再能够换来荣誉和政治前途时，经济利益就成了吸引有能力的人来担任村干部、调动村干部工作积极性的唯一筹码。

因此，20 世纪 90 年代中后期的 M 镇政府，迫切需要将在税费征收方面的财政利益与村级组织统合起来。其中，让村干部获得更多工资报酬，也成为了乡镇政府征收税费的目标，因为村干部的报酬最终还是来源于乡镇财政所得到的税费。具体而言，在 20 世纪 90 年代末，M 镇政府提高了村干部的工资，并默许稻村村干部在税费征收中获得"灰色收入"、默许村干部对稻村的村集体财产进行私人处置。M 镇政府通过给予村干部更多经济利益的方式，激发村干部为 M 镇贡献财政收入的积极性。

M 镇政府提高村干部报酬的方式有两种。一种是 M 镇政府直接提高村干部的公开报酬。在该地农民的收入并无实质增长的情况下，20 世纪 90 年代中后期，村干部的报酬普遍上涨了一倍有余。在稻村，村支书 1990 年一年报酬为 1600 多元，而到 1999 年已升至 5000 多元。即使是沙洋县一个村办企业规模都很小的村庄，村支书 1991 年的年报酬为 1900 元，而 1998 年一年报酬也已达到 8000 多元，这些报酬几乎全部来自向农民征收的税费。为了调动村干部征收税费的积极性，M 镇的镇委书记在大会上讲，要将村主职干部的报酬提到乡镇科级干部的待遇。②

① 贺雪峰、王习明：《村组干部的更替与报酬——湖北 J 市调查》，《北京行政学院学报》2002 年第 2 期。

② 贺雪峰、王习明：《村组干部的更替与报酬——湖北 J 市调查》，《北京行政学院学报》2002 年第 2 期。

一直以来，村干部的报酬都是以普通农民的收入水平为基准加以确定。一旦将村干部报酬的确定基准上升为国家公务员的水平，势必使得乡镇政府增加返还给村干部的税费量。在乡镇政府依然要应对不断增多的财政需求的前提下，乡镇政府在给予村干部更多报酬的同时，必然需要村干部征收更多的税费量。为了继续维持村干部征税的积极性，乡镇政府开始调整村干部的工资方案，缩小基本工资的比重，扩大与征收税费相关的考评工资的比重。

以 M 镇 2000 年度、2001 年度的村干部工资方案为例。M 镇 2000 年度，村干部的工资包括基本工资和工作考评工资，基本工资与工作考评工资基本呈现"三七开"的比例关系。收粮派款在后者中所占比重迅速升高。到了 2001 年，村干部完成各项税费征收任务所获得的分数，将影响其将近一半的报酬发放。

另一种方式，是乡镇政府提高村干部的"灰色收入"，默许村干部私自加增下达到户的农业税费征收指标。以屠宰税的征收为例，对于当时全国的所有农村而言，能够据实征收屠宰税的农村几乎不存在。根据中央政府的规定，没有杀猪的农民是不应该缴纳屠宰税的，屠宰税应该按宰猪的头数计算。然而，全国大部分农村仍然按户或田亩数平摊屠宰税，并且屠宰税征收的数额本身是经过村干部"加码"过的。据当时在湖北农村的调查资料，有的农村每户都被平摊了屠宰税 90 多元，不管有没有杀猪。[1] 而据当时在江西农村的调查资料，如果杀了猪，原本只要交 8—12 元，但却被征收了 40 多元的屠宰税。在"户卖村结"的征收过程中，这些额外征收的税费，都成了村干部截留私用的对象。

另外，为了让村干部获得更多的经济利益，乡镇政府还默许村干部拥有处置集体资产的私人权力。村干部将村集体财产拍卖变现，能获得不少经济利益。在 20 世纪 90 年代中后期的稻村，村干部做大量组织工作拍卖四荒地，明面上的目的是化解村级债务、平衡村级收支。而对于邻镇 Y 镇而言，四荒地的拍卖则与农业产业结构的调整相

---

① 贺雪峰、王习明：《论消极行政——兼论减轻农民负担的治本之策》，《浙江学刊》2002 年第 6 期。

捆绑，成为村干部谋利甚至与镇干部分享不当得利的利益黑洞。

　　然而，最棘手的情况是村集体信用的破产。一旦村集体资产被村干部全部掏空，村干部的高息贷款无法得到清偿，摆在村干部面前的便是巨额的村级债务。1999年，全国各地农村广泛出现村级债务无法化解的问题。在M镇下辖的农村，有的村干部开始想到用自己垫资的方式交齐农业税费。这一做法得到了M镇政府的认可。比如在邻近稻村的路村，该村的村办企业被村书记卖给了自己的亲戚。属于集体所有的电影院、街面房被路村时任村支书出租给私交甚密的朋友，不少还是党员。M镇政府对路村时任村支书的行为是清楚的，不过为了摆脱财政困境，M镇政府只有默许村干部如此行为。

　　而在M镇的邻镇P镇，镇政府在向各村下达农业税费指标时，规定了一个最后期限。只要村集体能够在这个期限之内交齐农业税费，就能直接获得10%的奖励性资金返还。于是，许多村干部为了获得这笔资金返还，而纷纷垫资以求在期限内完成税费上缴任务。此外，还有乡镇政府甚至向村干部许诺，先完成税费上缴任务的村干部可以获得进入乡镇政府工作的人员指标。①

　　自1997年开始，中央政府为了减轻农民的税费负担，将"户卖村结"的税费征收方式变为"户卖户结"。此后，当农户去粮站卖粮时，粮站要当场以户为单位结算。村干部这时不但要去不卖粮食、欠缴税费的农户家，还要靠村民小组长挨家挨户征收税费，乡镇干部也经常到村里催促村干部完成征收任务。在税费征收最为困难的20世纪90年代后期，农户通过"户卖户结"这一税费征收方式的转换真正获得了纳粮纳税的主动权。而对于村干部而言，"户卖户结"加大了村干部征收税费的难度，耗费了村干部更多的时间和精力。当抗税人越来越多时，许多村干部为了得到乡镇政府的利益庇护，就以村集体的名义贷款、借钱，为乡镇财政提供支持。在M镇，高息甚至成为一些村干部的人情载体。他们多年不取自己的报酬，将这些报酬存在村集体以获得利息。通过高息借贷，村干部在为乡镇政府提供财政

<hr />

　　① 赵晓峰：《"行政消解自治"：理解税改前后乡村治理性危机的一个视角》，《长白学刊》2011年第1期。

收入的同时，还能够在乡镇政府的默许下获得自身的经济利益。

其次，由于确保用于经济建设的财政收入和确保社会稳定很难同时兼顾，乡镇干部和村干部只能比较两者的风险大小，并优先确保完成更紧急的目标。基于这种考虑，到20世纪90年代末，在村镇两级结成的"利益共同体"之下，村干部角色的功能整合以及乡镇政府部门和办事人员的功能统合，又在一定程度上得到复活。

经济建设所需要的财政支持是有时限规定的，因此税费的征收工作也是有任务完成的期限要求的。虽然税费征收成了"天下第一难事"，但如果到了最后期限还没有完成上级财政预定的税费征收任务，"带着感情做说服工作"的村干部或"工作队"就只有冒着引发恶性案件的风险，对拒绝缴纳农业税费的农户直接采取扒粮牵猪的强制手段。虽然"工作队"的组织形态和村干部作为惩罚者的角色并不被正式制度所认可，但在经济建设的目标控制之下，自上而下的对"功能切割"的规定实在无法禁绝"功能的统合"。

M镇政府对于"功能'浑沌'"的态度是"只能做不能说，更不能形成文件"。对于乡镇干部而言：采取强制性措施有可能无法达到维持社会稳定的目标而被处分；不采取强制性措施会导致收不到税费，完不成财政税收任务，不但有可能被免职，镇村两级的经济建设也要停止运转。M镇干部认为，与其选择后一种，也就是立即被免职，不如选择前一种，因为万一没有发生恶性治安事件，工作就还可以继续开展下去。而对于沙洋县政府来说，只要不造成群体性的恶性案件、不被媒体曝光进而搅动舆论、不对本县在全市的排名形成干扰，乡镇可以采用一切能想到的办法达到税费征收的目的。

据统计，在临近税费改革的2002年，全国农民负担的税费总额为1200亿—1500亿元，其中农业税收总额仅占接近1/3，可见税外之费何等之多。经过2003年的税费改革，乡统筹和各种集资被取消，乡镇财政缺口主要由农业税正税中的增加部分弥补，而村提留取消后的村级组织开支则由农业税附加部分弥补。之所以直到2006年农业税彻底取消为止，M镇的农业税征收仍然得以可能，其中的重要原因就是，在村镇"利益共同体"之下得以维持的村干部的功能统合，以及乡镇政府部门和办事人员的功能统合，仍在发挥作用。

第四章　土地利用：从柔性到刚性*

　　回顾中华人民共和国成立以来农村的土地利用情况，我们会发现在相当长的历史时期里，土地功能、土地及其附着物的价值、农作空间等形成土地使用秩序的诸要素，都透露出灵活变动的权宜性特征。然而在2000年以后，这些要素逐渐从柔性走向刚性。

　　本章围绕村庄土地利用状况，对曾经处于柔性状态的村民土地使用秩序及其构成要素的刚性化过程进行论述，分析这种刚性化所引发的秩序崩解和社会问题，并在最后讨论基层行政主体对这些土地问题的应对。

第一节　村民的土地使用秩序

　　本节主要从土地的功能统合、土地及其附着物价值的模糊性、农作空间的整体性这三个侧面，考察村民土地使用秩序的灵活性。

一　土地的功能统合

　　在农民对土地的传统认知中，土地的功能是多元且流动的：从状态上划分，同一块土地既可以用来耕作，也可以用来建房，还可以用来种树，因而土地的功能是多元的；从时间序列上看，同一块土地的功能可以在多种状态之间转换，因而土地的功能是流动的。也就是说，农民认知中的土地功能是不确定的、可变动的，并不存在一个固

　　* 本章部分内容修改为论文《中国农村土地使用现场的制度生成机制——基于隐性知识与形式知识的交汇》，发表在《北京工业大学学报》（社会科学版）2020年第4期。

定的功能边界。因此，对于农民而言，土地的功能处于不被分割的连续状态之中。

　　为了突出这种认知特征，这里以土地功能选择性较广的平原为例进行分析。在长江流域、华南和西南的平原地区，农村的耕地包括旱地和水田。水田可以种植水稻，产量一般比旱地要高。在稻村，农民在选择用来建房的土地时，一般会选择旱地或者不适于耕作的土地。当20世纪60年代"三级所有、队为基础"的土地所有制稳定之后，属于集体耕作的耕地范围相对清晰，而对于集体耕作的耕地范围之外的"自留地"①，村民仍然将其多元功能做统合性的理解和把握。在此我们将具体考察"自留地"的规定及其被灵活使用的状况。

　　第一，房屋周围的土地属于"自留地"，村民在那里栽种树木，并称其为"林盘地"。第二，闲置的宅基地有可能被村民复垦为"自留地"，这样建设用地就转化为耕地。第三，村民也可能在"自留地"上建房子，这样"自留地"的功能又向着建设用地转化。按照法律规定，农户对于包括"自留地"在内的集体所有土地并不具备法律上的处分权。生产队集体预留了机动地，并负责在农民申请宅基地时划拨其中的一部分作为其宅基地，不经审批则农户无法新增宅基地。而事实上，农户对于"自留地"功能的自由处分是广泛存在的。"自留地"可以用来建房、种树、种菜、种植粮食、建坟等，并且这些功能之间是可以相互转化的。

　　"自留地"功能的统合状态，造成稻村的村民无法形成"宅基地"这种规范概念，他们也无法指出宅基地的确切空间范围。在分田到户之后，特别是农业税费取消之后，"集体耕作的耕地"消失，农户对"耕地集体所有"的感受也渐渐降低。在农户的土地功能认

---

　　① 1955年《农业生产合作社示范章程草案》首次对自留地的法律性质作出规定：自留地是农村集体经济组织分配给成员长期使用的土地，是一项家庭副业，可以充分利用剩余劳动力和劳动时间，生产各种农副产品，是农村集体经济的必要补充。同时规定，每人自留地最多不得超过当地人均耕地的5%。1956年的《高级农业生产合作社示范章程》第16条、1957年《关于增加农业生产合作社社员自留地的决定》、1981年《关于积极发展农村多种经营的报告》分别扩大了自留地的规模，从最初的5%提高到15%。2006年全国人大通过废止《农业税条例》的决定之后，自留地和承包地在法律上没有任何区别。

知中，承包地也渐渐"自留地"化，承包地的功能事实上也变得"浑沌"，因此在稻村出现了利用承包的耕地建房、在基本农田上挖塘养鱼、发展林果业，或在坡度25度以下的耕地甚至基本农田上进行"退耕还林"的现象。由于稻村农户自主经营的"自留地"意识的扩散，在他们的土地功能认知中，发挥建房功能的土地与发挥农业功能的土地并无边界。农户可以根据土地的价值和自身需要，调整土地的功能。

　　当然，这种情况不仅仅在位于江汉平原的稻村存在。在华北平原，农户也将土地的多元功能做统合性的理解和把握。以安徽省北部的S村为例。① 在分田到户时，基于"平均主义"观念，S村除按照当时未成家的男丁数量来大体估计并预留一片机动的宅基地之外，将村民小组既有的耕地与宅基地的面积作为一个整体，按照"家里宅基地面积大的，就少分配耕地面积；宅基地面积小的，就多分配耕地面积"的原则进行分田。这种分田思路本身，就是以土地功能的统合性认知为基础的，即土地的建房功能和种植农作物的功能间不存在边界。由于在这种土地功能的统合性认知状态下，农户可以自主调整土地作为宅基地或耕地的面积，只要保证每户村民在宅基地和耕地的整体面积上是大体相等的，便能够满足农户基于平均主义的公平诉求。虽然分田到户后，建房仍需要向村集体经济组织申请，但在人民公社时代一直不存在的私人之间为扩大宅基地面积而与其他农户协商调换土地的现象，在分田到户后开始出现，房址的选择空间也更大。

　　而即使在村集体经济组织能够通过机动地为村民划拨宅基地的时期，"机动地"本身的功能也处于统合状态——既可以成为村民承包的耕地，也能够成为村民使用的宅基地。在华北农村，村民家中有多少儿子，村集体就会从其机动地中拿出相应份额，作为无偿分给这些儿子的宅基地。而在江汉平原的稻村，村集体也会无偿为刚成年的男性分配宅基地。村庄中的建房热潮往往就意味着村集体机动地的大量

———————

　　① 冯小：《宅基地权属观念的地方性建构——基于皖北S村宅基地制度实践的分析》，《西北农林科技大学学报》（社会科学版）2014年第5期。

使用。当农户家里由于新增人口而需要分得承包地时，村集体的机动地又会以耕地的形态分配给村民。

集体机动地是重要的土地资源，然而大量的集体机动地转变为村民的建房用地并没有得到县、乡两级政府的许可。稻村的建房用地、房屋四周的道路、晒谷场、水沟等所占土地的功能处于可相互转化的统合状态。在农民的观念中，宅基地有可能是包括建房用地、道路、晒谷场、水沟在内的整块区域。在稻村，宅基地最初的来源都是荒地、坡地和涝地，因为方便耕种的土地不会被作为宅基地使用。如果要问当地村民宅基地的范围，村民的答案中将包括建房用地、晒场、菜园、屋后林地和堰塘。村民不仅在宅基地上建房居住，而且利用宅基地晒谷打谷、摆放农机具、养猪养鸡，并使其成为休闲娱乐的场地。此外，这些土地与耕地也处于功能统合状态。一旦耕地产生的经济收益有所提升，农民就会自发将闲置的宅基地复垦为耕地，或者减少他们观念中"宅基地"的使用面积。

与稻村相似的情况在湖区面积广阔、农业开发较晚的长江中下游平原较为多见。农户在生产与生活中并不区分"建设用地"与"耕地"这两个概念，土地的多元状态始终潜藏在当下那个状态的背后。

二　土地及其附着物价值的模糊性

（一）农村集体所有的土地

对于土地价值的探讨，自从古典经济学时代便已开始。比如威廉·配第就认为，土地价值是土地耕种者收获量与投入成本之差。[1]而亚当·斯密则认为，土地价值的形成与土地所有者对土地所有权的垄断密切相关，同时还受到地力、区位、用途和土地供求关系的影响。[2]马克思则指出，土地价值的本质就是资本产生的剩余价值，这些剩余价值由工人的劳动所创造，故而工人劳动形塑土地价值。[3]马歇尔则在马克思的基础上进一步指出，土地价值其实是耕种者所得报

①　威廉·配第：《配第经济著作选集》，陈东野译，商务印书馆1981年版。

②　亚当·斯密：《国民财富的性质和原因的研究》（上），郭大力、王亚南译，商务印书馆1972年版。

③　马克思：《资本论》（第三卷），人民出版社2004年版。

酬与资本投入总额之差，来源于土地剩余生产物。① 然而，在农村社会的实际生活中，土地价值的衡量除了考虑可进行理性数字运算的经济因素之外，还应当将一些社会性的因素包括在内。

通过观察农民私人之间的土地流转②情况，可以了解农民如何对承包地的价值进行估计。所谓土地流转，也就是在将承包地价值化约为一定价值表示形式的基础上，让渡土地承包经营权。土地流转不同于征地的"一次性买断"，因为承包地价值的货币或物质表示不仅随着市场价格波动，具有时间维度，而且随着人际关系的亲疏远近而波动，具有"差序格局"的情感性空间维度。处于"浑沌"状态的承包地价值是流动的，更多带有象征性意味。

在稻村，当地的土地流转绝大多数发生在兄弟、亲戚以及邻居之间。由于土地流转双方有着较强的血缘、地缘关系，流转程序一般只需要"口头协议"。即使写有书面凭证，也只会局限在朋友和邻居之间。由于土地流转成了人情往来的载体，承包地的价值表示形式就具有明显的非货币化特征。比如稻村的"老陈"总共流转了10户农户的土地，以下是他所流转的承包地的价值表示（见表4-1）。

表4-1　　　　　　稻村"老陈"的土地流转费用

姓名	与"老陈"的关系	流转亩数（亩）	流转费用	流转时间
王长富	同组村民，邻居	3.2	380斤稻谷	2006
刘新安	同组村民，邻居	9	740斤稻谷	2008
陈友义	三叔	7.6	580斤稻谷	2008
陈其亮	大伯	4.8	430斤大米	2009
陈勇斌	堂哥	2.9	200斤稻谷	2010
张永贵	同组村民	1.6	给他种其余的田	2010
张楚泽	表哥	6.8	给他犁1.4亩地	2011

---

① 阿尔弗雷德·马歇尔：《经济学原理》（上、下卷），陈良璧译，商务印书馆2010年版。

② 按照《土地承包法》的规定，通过家庭承包取得的土地承包经营权可以依法采取转包、出租、互换、转让或者其他方式流转。

续表

姓名	与"老陈"的关系	流转亩数（亩）	流转费用	流转时间
林学瀚	同组村民，邻居	2.5	给他种其余的田	2013
江时坚	同组村民	4	230 斤大米	2013
李一平	同组村民	10.7	800 斤稻谷	2013

表 4 - 1 反映出的稻村村民对土地价值的计算方式，在中国农村广泛存在，因此具有代表性。从表 4 - 1 可以看出，劳务和实物是承包地价值表示的基本形式。如果将这些价值表示形式勉强折算为货币，则可以发现，上述每一例流转案件所对应的土地价值都并不一致，与土地面积也并不构成比例关系。究其原因，当事双方私人关系的亲密度、在村社内的名声和风评，都是影响土地价值形成的关键要素。而亲属之间的伦理关系则能够完全冲淡经济理性的计算，使土地流转变为完全的赠与逻辑。而从土地流入方的角度看，他在享有经营流入土地的权利、获取土地收入的同时，承担了为土地流出方照看土地、防止土地荒芜的义务，同时也存在以外出务工为代价的"机会成本"。因此，土地流入方对土地承包的需求曲线同样也难以通过边界明细的数值进行理性计算。在这种土地价值计算的模糊状态中，我们难以找到经济学中严格意义上的"理性人"，因为土地流转者并无意在流转市场上为土地寻求价值收益的最大化。

（二）地面附着物

地面附着物，是在土地上建造的一切房屋（如平房、楼房及附属房屋等）、构筑物（如水塔、水井、桥梁等）及地上定着物（如植物、铺设的电缆等）的总称。其中，村庄的房屋主要包括在法律规定中属于村民私有的自建住宅，以及村集体所有的厂房等。从村民私人间的房屋买卖中，能够看出村民对房屋价值的看法。

房屋本身价值的特征和土地价值一样，也具有连绵无分割的时间维度，并与其周围区域的经济发展水平有关。如果计算房屋价值的纯经济成本，除了房屋的建筑材料费用之外，还应包括宅基地的价值以及建造房屋的人工费用。然而在农民看来，宅基地本身由于是村集体分配的，或者是农户占有耕地而形成的，并非从市场购买，因此农民一般认为宅基地的价值很低，甚至认为没有价值。村民的房屋一般是集体时期由集体组织出工，或者是由自然村内的村民互助而建造的，人工费用很低，甚至不计人工费用。因此，反映在数值上的房屋价值一般只计算房屋的建筑材料费用。不过，一些地区的农户还认为房屋的价值与房屋的功能有关。比如在20世纪90年代，沙洋县农村就开始出现房屋买卖的现象。在农业税费负担沉重的背景下，村庄部分宅基地因农户的举家外出务工而闲置。这些房屋虽不值钱，但将其废弃、任其倒塌也着实可惜，因此一些农户就考虑将房屋转卖他人。但是宅基地并没有耕地值钱，如果不与耕地搭售，则农户根本找不到买家。当时正好有一些外来户因家乡偏远、人多地少而来此谋生。这些外来户千里迢迢来到沙洋县农村，首要目的是种地，买房也是为种地服务的。因此，卖房的同时搭售土地就成为当地的一种惯例。

在稻村，卖房的村民对房屋价值的判断来源于两个要素：第一，房屋材料具有一定的价值；第二，房屋买卖发生的可能性依附于耕地。如果没有地种，村民的房子是卖不出去的，因为房屋需要发挥为农业生产服务的附属功能。因此，最后买卖发生时的价格，就不单单是房屋本身的价值，还包括一定面积的耕地价值。

村庄的房屋买卖主要发生在近亲或熟人之间。这是因为，在村民看来，家族内的近亲具有"优先购买权"。稻村村民的房屋交易全部发生在村庄内部，而且交易价格均不算高。2014年，该村发生的四起宅基地交易均在兄弟之间展开。其中的一起交易，是长兄到沙洋县城定居后，将房屋转让给了自己的弟弟，转让价格仅5万元，而一栋2层房屋的建造成本价格为20万元左右。稻村村干部说："如果你要卖宅基地，可不是想卖就卖的。你得先和家里所有亲戚都说一遍，看看他们有没有人买。在确认没有人买之后，你才能开始考虑卖给外人。"虽然房屋的建造成本仍然是对其价值进行评估的参考，但最后买卖发生时的价格并不是对房屋建造的经济成本的反映。由于融合了交易双方所在社会关系的因素，房屋的成交价要低于其建造成本。

在M镇，对于靠近荆门市和沙洋县城的城郊村而言，村集体也可能将集体时期建造的旧村委会大楼和集体企业厂房等，出租给一些与村干部关系亲近的村民，村民也可能再次将房屋出租给企业或城镇市民。由于这些村民是村干部的亲戚或村支书发展的党员，村集体不会向这些村民收取房租。对于这些村民而言，出租村集体的厂房就不失为一种可以常年使用的食利手段。此外，地处城郊的村民则在选择务工经商之外，更可以选择将自己拥有的房屋改建为出租屋，进而摇身一变成为食利者阶层。[①]

也就是说，城郊村的农户在估计房屋价值时，会将通过房屋出租而带来的经济收益也一并计算进来。因此，房屋买卖如果发生在城郊村，房屋的定价一方面会以城市国有建设用地上的房屋为参照，另一方面也会带有提前变现未来出租获利的性质。

总的来看，农民对房屋价值的计算并不只包括房屋建筑材料的经济价值。从最后房屋买卖发生时的价值计算来看，房屋的价值中往往会融合耕地的价值、社会关系的价值，或未来出租获利的预期价值。在这种模糊状态中，如果要精确区分哪些部分属于房屋建筑材料的成本价格、哪些部分属于社会关系价值或其他价值，这些在价值数额上的还原是无法做到的。房屋价值计算的模糊所反映的，其实是村庄生产与生活的整体性：生活是以生产为中心而展开的，生活又嵌入在村庄社会关系网之中。

三 农作空间的整体性

以历史的视野来观察农户土地耕种的空间，我们会发现稻村各农户耕种的土地之间边界的存在是暂时的。从长时段的时间和整体的空间上把握，各农户耕种边界变动的频繁和剧烈正反映出农户耕种的地块空间的开放性和流动性，这种开放性和流动性是反边界的，并由此形成了农户土地耕种空间的"浑沌"。

在土地改革前的土地私有制度下，经营某块土地的农户或其继承人，被确认为这块土地的所有者。这种意见体现的是农户的"祖

---

① 按照有关农村宅基地使用的法律规定，农村的宅基地转让和房屋买卖禁止以城镇居民为对象。但是，许多城郊村农民利用国家法律监管不到位，使农村房屋进入房地产市场。由于此类房屋不仅没有向国家支付土地出让金、土地征用费、耕地占用税，而且没有缴纳与房地产开发相关的营业税、城镇土地使用税、契税等各项税费，其出售价格一般要比城市国有建设用地上的房屋价格低1/3—1/2。

业观"①。其实，"祖业"是一个广泛存在于中国传统社会的特殊现象。比如，根据科大卫对明代珠三角宗族控产现象的研究，具有宗教意味的"祖先"事实上成了具有法律意味的控产法人，进而实际控制了地权。②

解放战争时期，中国共产党在华北地区（旧解放区）以《土地法大纲》（1947 年 10 月 10 日公布，以下简称《大纲》）为实施基准进行了土地改革。《大纲》在土地分配方面，以施行彻底的均分主义为特征。基于 1950 年公布的《中华人民共和国土地改革法》（以下简称《土地改革法》），于同年冬开始开展了为期两年的土地改革。按照《土地改革法》的分配规定，基于保护富农经济的原则，原耕作地尽量不动，只进行必要的调整。具体而言，也就是"将全乡应该没收、征收的土地，以及应该被分配的农家原有地相加进行计算，在求得每人的分配基准之后，以各户的原耕作地为基准，抽多补少、抽肥补瘦"③。

就《大纲》与《土地改革法》的实施结果可知，华北地区的土改彻底打乱了原农地经营者与土地的对应关系，即促使农地经营者在土地的所有关系上发生了一次大规模的流动。而在华中和华南的大部分地区，包括稻村在内，这种流动并不明显。但"抽多补少、抽肥补瘦"的过程，也使部分土地脱离了与原农地经营者的对应关系，土地上的耕作者发生了一次大规模改替，"祖业"的耕种空间秩序不复存在。

经过 20 世纪 50 年代的农业合作化运动和人民公社化运动，农地的私有制逐渐转为集体所有制。在农地集体所有制下，农业生产的基本核算单位逐渐扩大到相当于乡镇规模的人民公社。1958 年 12 月的

---

① 在中国农村，"祖业"倾向于代指"祖产"，即从先祖继承而来的财产。"祖业"的说法在江西、福建等地的宗族性村落中最为明显，在鄂中地区调查时也有所发现。而日本的"家业"则偏重于代指从先祖继承而来的职业。

② 科大卫（D. Faure）：《国家与礼仪：宋至清中叶珠江三角洲地方社会的国家认同》，《中山大学学报》1999 年第 5 期。

③ 小林弘二：《20世紀の農民革命と共産主義運動：中国における農業集団化政策の生成と瓦解》，勁草書房 1997 年版，第 766 頁。

武昌决议指出了人民公社的缺点和所引发的混乱。1959 年 3 月的郑州会议则提出，在将公社的单一所有制改为"公社—管理区—生产队"的"三级所有制"的同时，将相当于旧高级生产合作社的生产队（有的地区为生产大队）作为基本核算单位。[①] 同年 8 月的庐山决议（《关于开展增产节约运动的决议》）则将人民公社的"三级所有制"确定下来，生产小队相当于原先高级生产合作社的生产队。人民公社的"三级所有制"于 1961 年 3 月以最初草案的形式下达给所有党员，并于 1962 年 9 月在作为最终草案公布的《农村人民公社条例》（略称《农业六十条》）中得到修正。此后，"公社—生产大队—生产队"的"三级所有制"确立。生产大队的规模一般等同于旧高级合作社的规模，生产队［原来的生产小队，在地理上基本与自然村（集落）重合］的规模在 20—30 户。[②] 也就是说，在从 1962 年到 20 世纪 80 年代初"分田到户"的 20 年间，农村的农业生产是以生产队为单位组织开展的。生产队的劳动力作为一个群体单位被调配，以户为单位的农地分隔被取消，农地的使用权和所有权都不是属于某一个特定农户的。因此，就地理空间上某一面积单位的农地而言，对其进行耕作的农地经营者流动性更大，也更具有不确定性。

总而言之，在 20 世纪 80 年代"分田到户"之前，从土地改革、合作化运动、人民公社化运动，直到"三级所有制"的最终确立，农地耕种者相对于地理空间上某一面积单位农地的流动性越来越大，不确定性也越来越大。换句话说，农户间并不存在土地耕种的空间边界。

另外，对于河滩地、荒地以及人民公社时期或者村（乡）办企业时征用的土地，农户的土地耕种空间与村集体的土地经营空间也不存在边界。荒地的经营权虽然在法律上归属于村集体，但在农民看来，荒地被开垦为耕地是农民劳动的结果。按照农民"自己劳动所得归自己支配"的观念，被开垦的荒地空间被认为应该属于开垦荒地的农民

---

① 小林弘二：《20 世紀の農民革命と共産主義運動：中国における農業集団化政策の生成と瓦解》，勁草書房 1997 年版，第 413 頁。
② 小林弘二：《20 世紀の農民革命と共産主義運動：中国における農業集団化政策の生成と瓦解》，勁草書房 1997 年版，第 473 頁。

来耕种。从这里我们可以看出，农户的耕作空间与村集体的耕作空间也并不存在清晰的边界。

1984 年 1 月 1 日，中共中央发出《关于一九八四年农村工作的通知》，即第三个"一号文件"。文件强调要继续稳定和完善联产承包责任制，规定土地承包期一般应在 15 年以上，生产周期长和开发性项目，承包期应当更长一些。不过，全国还是有很多地方的农村，为确保人地关系的平衡，仍进行 5 年一次的大调整。换句话说，这些村集体仍然将村庄的农作空间视为一个整体，遵循"增人增地，减人减地"的原则调整土地承包关系。

20 世纪 90 年代以后，打工经济兴起，稻村小农出现大量离农现象，村干部则将耕作放弃地的经营权再分配给拥有耕作意愿的农户。这些通过村集体的再分配而接受了耕作放弃土地经营权的农户，在担负农业税费缴纳责任的同时，与村民委员会签订了土地承包合同。由于土地经营权暂时流转所引发的土地的交换分合，单一农户耕种的土地规模逐渐扩大。于是，作为自立经营农家的中坚农民开始出现，抑制了村庄内土地的大量抛荒。

第二节　土地利用诸要素的刚性化

本节将以前节论述的村民土地使用秩序为基础，从土地功能、土地及其附着物的价值、农作空间三个方面的内在切割入手，考察土地利用诸要素的刚性化。

一　土地功能的切割

稻村的第 3、第 4 村民小组靠近省道，在省道扩建工程启动的 2012 年以后，被划入了规划区。而其余的村民小组由于远离省道，仍然属于农业型地区。在这些目前划入规划区的可能性较小的村民小组，土地功能的流动性更大，因此在农户的意识中，土地的功能更为"浑沌"。在这些村民小组内，有几个农户由于已经搬入县城居住，在稻村的老房子由于年久失修，就自然倒塌了，而其他农户就在这些房屋倒塌后的宅基地上种植树苗或农作物，宅基地服务于农业生产和农村生活的特点更加明显。这些宅基地的性质更接近于无法种田的荒地，宅基地与耕地之间的转换甚为容易。

相反，在稻村中靠近省道的第3、第4村民小组，或者其他靠近城镇的村庄，特别是那些位于沿海发达地区的村庄，宅基地就具有了城市建设用地的价值，其性质也更接近于城市建设用地的性质，宅基地与耕地之间的自主转换也基本不再可能。比如稻村第3、第4村民小组的村民已不再可能获批新的宅基地，因为那里的土地已处于预备征地状态，土地功能已被锁定。

城市扩张或交通道路建设所带来的建设规划，禁止农户新建住宅，就意味着在土地作为建设用地与作为耕地的功能之间设定了一条边界，为原本"浑沌"的土地功能贴上了"合法"与"非法"的标签。土地功能的切割，使农户不再有权力对土地功能进行私人性调整，反映出国家在现行土地管理制度下对农村土地规划所进行的垄断和主导。政府为了管理农民建房用地，在政策上把农村的土地功能切割后，区分出建设用地、耕地、林地、草地和未利用地等。这种区分是为强调"规划"的城镇化建设和交通网发展服务的。而对土地功能的限定，却打破了农民观念中土地功能的"浑沌"。

依照国家的总体城市和交通网建设规划中对土地用途的设定，减少房屋拆改成本的最便利方式，便是总体停建。政府"一刀切"的停建令，切割和定格了土地的功能，违建问题由此大量滋生。而多年停办新房建设许可手续的做法，更为违建问题火上浇油。

根据M镇的规定，农民在镇区建房一概属于违建行为。留给农民的选项，就只剩下以优惠价在镇区购置商品房。但农户对土地功能的自主调整，关系到农户的居住权乃至生存权问题。收入有限的村民因家庭人口增加、子女长大成人分家立户等原因而需要新房，可商品房的购置成本高于自主建房。如果农民不愿购买商品房，村民就一定要通过私自建房的方式生存。

在城镇和交通网建设规划形成之前，行政部门并没有对村级组织或农户自由处分集体所有土地的功能进行追究，因而维持了土地功能的"浑沌"状态，发挥了稳定农村社会的作用。然而，沙洋县和M镇政府的土地总体利用规划，对稻村第3、第4小组土地功能转化的限制，则危及农户的居住权（生存权）。从 2012 年左右开始，M 镇国土所不再承认稻村第 3、第 4 小组村民新建房屋的合法性，没有为这些房屋办理宅基地使用权证。这种将农户的参与协商排除在外的"有规划的现代化"，与农户生活的迫切需求之间存在很大张力，也更容易遭受无房可住者的激烈抵抗和社会舆论对政府的责难。征地拆迁之前所进行的土地确权，其实是对土地功能边界的再确认。以土地确权为契机，政府与村民往往围绕房屋的土地使用权证问题产生激烈冲突。

二　土地及其附着物价值的切割

所谓土地价值的切割，是土地价值的时间特定化和数值化的结果。时间特定化，即"时间点"化，意味着某个特定时间的土地价值与其他时间的土地价值间形成边界。而数值化，则意味着在能够用数值衡量的价值评估方式，与其他无法用数值表达价值的方式之间，划定了边界。

随着城市化的推进，更多农村土地资源进入土地资本市场以满足城市建设的用地需求成为必然。在稻村，第 3、第 4 村民小组的土地资源就进入了与城镇化配套的交通网建设规划所带来的土地资本市场。土地价值的时间特定化和数值化，就出现在对农村集体所有土地（包括农业用地、集体建设用地）和地面附着物①的补偿工作中。

《中华人民共和国宪法》第十条规定："城市的土地属于国家所有；农村和城市郊区的土地，除由法律规定属于国家所有的以外，属于集体所有；宅基地和自留地、自留山，也属于集体所有。"《土地管理法》第四十三条规定："任何单位和个人进行建设，需要使用土地的，必须依法申请使用国有土地。依法申请使用的国有土地包括国家所有的土地和国家征收的原属于农民集体所有的土地。"该法第六十三条规定："农民集体所有的土地的使用权不得出让、转让或者出租用于非农业建设。"由于以上规定，要使农村土地资源转变为城市建设用地，就必须通过征地，使农村土地的集体所有转化为国有。农村的土地包括农业用地和集体建设用地。政府的征地行为意味着让农

---

① 包括农业用地的地面附着物和集体建设用地的地面附着物。

民退出对耕地的经营和对宅基地的使用。而退出宅基地的使用这一过程，则又包括对属于农民私有的房屋所有权的退出。政府是通过各种征地补偿款，来换取农民对耕地经营、宅基地使用以及房屋所有权的退出的。

在对稻村第 3、第 4 小组进行征地拆迁之前，对每一个征地拆迁补偿的对象进行估价是必需的，即需要对补偿对象确定一个确切的补偿价格。与土地流转不同（土地永久流转的情况除外），对于被征地和被拆迁者而言，土地价值和地面附着物价值的确定是一次性的。一旦确定，土地价值就固定下来，不再具有随着时间而调整的可能。

同样，在拆迁之前由 M 镇政府部门对房屋价值进行的评估，也意味着对农村房屋价值的切割。在对房屋的拆迁补偿中，耕地价值、稻村农民的社会关系价值，以及未来出租获利的预期价值，都不会包含在内。作为计算依据的，仅仅包含房屋建筑材料的成本价或居住面积。

三　农作空间的切割

农作空间的切割，与"湄潭经验"的全国推广有极大关系。贵州省的湄潭是 1987 年全国首批农村改革试验区之一。"增人不增地，减人不减地"是造成农作空间切割的根本原因，而这一做法正是当时土地制度建设试验的核心主题。根据该项试验方针，土地承包期要稳定 20 年不变，土地承包权只要在承包期之内，就可被依法继承。1993 年的中央农村工作会议，将"增人不增地，减人不减地"作为湄潭试验的阶段性成果写入文件，并在全国推广。[1]

中共中央办公厅、国务院办公厅根据这一经验，在 1997 年公布的《关于进一步稳定和完善农村土地承包关系的通知》中指出，土地承包期再延长 30 年，是在第一轮土地承包的基础上进行的；开展延长土地承包期工作，要使绝大多数农户原有的承包土地继续保持稳

---

① 该政策的意图是通过"增人不增地，减人不减地"的土地实践，迫使农民从自身内部抑制人口生产的冲动，以达到不需国家干预农民也能计划生育的目的。见刘燕舞《反思湄潭土地试验经验——基于贵州鸣村的个案研究》，《学习与实践》2009 年第 6 期。

定；不能将原来的承包地打乱重新发包，更不能随意打破原生产队土地所有权的界限，在全村范围内平均承包；已经做了延长土地承包期工作的地方，承包期限不足 30 年的，要延长到 30 年。此后，稳定地权的做法被制度化，并被要求严格执行。

农业部曾在 1998 年对全国 6 省 824 户农户进行了一次调查。调查结果显示，有高达 91% 的被调查农户表示曾经调整过土地，调整次数有的多达 8 次。① 在 1997 年的中央文件下发之后，各地农村陆续停止了周期性的土地调整。

总体上说，1997 年是一个关键的分水岭。在 1997 年以前，中央政府提出延长土地承包期的理由，往往着眼于培养地力，鼓励农民投入土地以提高土地生产率。但到了 1997 年，中央发出了《关于进一步稳定和完善农村土地承包关系的通知》，该通知强调了村社集体不能借土地调整来增加农民负担，不能多留机动土地，不能搞强迫命令等。中央要求稳定农村土地承包关系，就已经不再是从生产力的角度，而是从防止村社集体侵犯农民土地承包权的角度来考虑。自 21世纪初期开始，为了规范农村的土地使用，各地纷纷展开"土地确权确证工作"。2002 年通过的《中华人民共和国农村土地承包法》，为了继续严格明确对土地承包经营权的保护，进一步以法律的形式规定耕地承包期限为 30 年。这一系列动作都预示着，延长土地承包期的理由，已从生产力层面转移到生产关系层面，稳定土地承包关系的基本目的是保护农民的承包经营权。该法第二十七条还明确规定，在承包期内，发包方不得收回承包地和调整承包地。2004 年《物权法》出台，规定发包人与承包人之间的关系，属于土地的用益物权关系。2008 年，中国共产党十七届三中全会指出，现有土地承包关系要保持稳定并长久不变。

地方政府将中央的政策理解为"增人不增地，减人不减地"，导致农村家庭出现"有人无地，人多地少"或"人少地多"的情况。根据李昌平等人的调查，在"湄潭经验"的发祥地贵州省，农村地区已有 25% 的在村农民因其为新增人口而无地可种，他们只有以佃

---

① 赵阳：《对农地再分配制度的重新认识》，《中国农村观察》2004 年第 4 期。

种为生；而另有 25% 的离村村民，虽然早已迁居城市，但仍保留着村庄土地承包经营主体的身份。[①] 一部分村民成为佃农，一部分村民却成为纯粹收租的不在村"地主"，社会主义制度之下竟然复刻了1949 年之前的农村图景，不免令人唏嘘。

概言之，30 年间农地制度变革的基本方向是不断确定农户作为农地经营和使用权的基本单位，并朝着长期性和物权性这两个方向汇聚。[②] 在稻村，农地经营者与单位面积土地的对应关系越来越固定，1997 年二轮延包之后，就再也没有进行常规性的土地调整，农地经营者的土地耕种空间被边界所分割和限制（见图 4 - 1）。M 镇的大多数农村，情况都与稻村相同。30 年来农地制度变革的过程，就是土地耕种空间不断切割的过程。

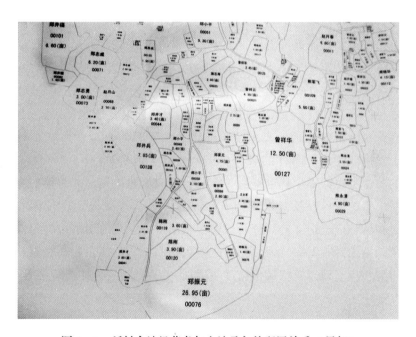

图 4 - 1　稻村农地经营者与土地承包的配置关系（局部）

---

① 贺雪峰、刘金志：《对农村土地承包期的思考》，《广东社会科学》2009 年第 4 期。
② 吕德文：《林权改革的历史与现实》，《调研世界》2009 年第 1 期。

第三节　土地激发社会问题

土地利用秩序的刚性化，激发出大量土地问题。本节围绕人地矛盾、经济差距的扩大以及土地纠纷，对土地问题的发生做一考察。

一　人地矛盾

土地耕种空间的切割，导致稻村土地上附着的经济利益与农地经营者的关系被逐渐固化。由于二轮延包和土地确权政策的实施，发生"减人"事件的农户所耕种的相应面积的土地也难以流动给发生"增人"事件的农户。

随着 2006 年农业税在全国范围内取消，粮食补贴[①]等惠农政策的实施，粮食价格也稳步增长[②]，更增加了农地的价值。再加上一些地区由于城市扩张而地价飞涨，土地所附着的经济利益越来越大，一些在 20 世纪 90 年代末税费负担最重的时期外出务工，并选择放弃土地经营的农户，也开始返回农村争夺土地承包资源。另外，在 2008 年下半年以及 2009 年上半年，因金融危机而失业返乡的农民工特别多。所有这些因素的叠加，使围绕生存权和经营权的人地矛盾在稻村上演。发生"增人"事件的农户要求恢复到土地耕种空间"浑沌"时期的状态，他们不承认土地耕种空间出现的长期边界，因为他们意图让新出生的人口以及新嫁入的人口成为发生了"减人"事件的农户所耕种的相应土地上的经营者。由于土地耕种空间的切割使村干部很难再调整土地，2005 年之后，在全国范围内，增加了人口的农户要求得到相应土地经营权的信访逐年增加。

---

① 2004 年以来，随着粮食"直补政策"的出台，农户直接依据土地的承包主体身份而享受到土地的受益。由于粮食直补款的发放是以土地承包人为依据进行发放，即使村民将农田转包给其他村民，他仍然能够享受到粮食补贴的收益；在资金发放方式上，每一户农民都有专门的"一卡通"，地方财政部门直接把资金下拨到每户，不需要村组干部操纵资金。土地的经营和收益已经彻底与村组集体无关，而成为村民个人的一项权利。

② 一方面，国家逐渐提高粮食收购的保护价；另一方面，粮食市场本身的价格在迅速增长。

当耕种空间"浑沌"状态下的土地调整成为一种村庄习惯时，突然的切割必然引起期待调田农户的不满。在他们看来，30年不变是指家庭承包责任的基本制度30年不变，而非指具体的承包地块不变。而还有一部分农户，虽然把30年不变理解为具体承包地块不变，但在他们的潜在意识中，强调承包地块30年内不变，就预示着30年后地块一定要变。据此而言，仅仅强调土地承包关系的30年不变，仍旧不能打消农户对土地调整的心理预期。为什么"增人不增地，减人不减地"的政策已然造成土地分配的不均，而无地可种的农户依然还能忍受？也许"30年"这个时间限定是理解问题的关键。如果这个时间限定被一而再再而三地拉长，不知这些无地可种的农户还能忍受多久。①

而土地耕种空间的切割，在稻村造就了一批即使发生"减人"事件，也不愿调动土地耕种空间的农户。这批农户虽然因为"减人"事件而呈现出"人少地多"的样态，但土地耕种空间的切割使他们的利益固定下来，他们为了维护既得利益而不愿让出土地经营权。比如，他们会以地面附着物（如种了树、挖了鱼塘）为理由，主张"没有办法退地"。带来经济收益的地面附着物，在土地耕种空间切割的荫庇之下，阻碍了退地进程，增加了调地的难度。

这种以地面附着物为理由拒绝退地的方式，也蔓延到稻村宅基地的调整上。前面我们说到，分田到户之后，稻村村集体预留了一部分"机动地"用于建房。"机动地"一般来自人民公社时期的稻场等。经过20多年村民的房屋建设，这些"机动地"基本被审批完毕，1997年二轮承包时，村组一般也很少再预留"宅基地"。2000年之后，随着农民经济收入不断提高，稻村村民家庭里子代结婚后与父母别居的情况变得越来越普遍，甚至出现"娶媳妇必须建新房"的婚姻规矩。建新房的农户越来越多，使得村民对宅基地的需求量不断上升。与国家固化农地和农地经营者间关系的政策意图相反，按照有关农村宅基地的法律规定，正是由于宅基地的所有权属于村集体，村委

---

① 郭亮：《被塑造的产权——兼论30年不变的土地承包政策》，《学习与探索》2010年第2期。

会有权将那些处于闲置状态的宅基地收回，然后重新通过审批，再分配给符合条件的村民建房。然而，当前不少农户在闲置的宅基地上种树，制造了生产经济价值的地面附着物，使得相应的宅基地也难以被村委会收回，于是出现了有的农户占用几处宅基地，而有的农户没有宅基地建房的现象。那些没有宅基地而又等着建新房娶媳妇的农民没有办法，无奈之余只好不断上访，求援于政府对实际困难的解决。

二 贫富分化

城镇化的推进带来了农村集体所有的土地向城市国有建设用地转化的过程，这一过程是通过地方政府的征地行为完成的。城镇化的发展规划禁止农户新建住宅，使土地在建设用地与耕地间的转换成为非法行为。

2012 年 3 月，省道扩建工程启动。稻村第 3、第 4 村民小组靠近省道，被划入规划区。同年 11 月 28 日，国务院通过了《土地管理法修正案（草案）》。第二天，"中国土地征收补偿标准或将提高 10 倍"的报道登上了全国几乎所有门户网站的头条。在得知拆迁规划之后，稻村不少第 3、第 4 村民小组的村民在省道边建了类似旅馆的楼房，并围绕拆迁补偿问题与 M 镇国土所产生激烈争论。

对稻村第 3、第 4 村民小组的征地行为意味着土地的性质从村集体用地转化为国有建设用地，此外，还使那里相应的土地价值固定为一个确定的数值，造成了土地价值计算的切割，继而导致土地在"征地"范围内的农户都希望在与地方政府的一次性博弈中获得较高的征地补偿数额。

在土地政策的约束下，同一块土地的性质在属于农村集体土地状态下的价值水平，要低于其在转化为城市国有建设用地后的价值水平。土地价值计算的切割，造成了以下结果。

第一，土地价值在"一次性征地补偿"中固定为一个确定的数值，使未来数年的土地价值提前变现，并强迫农户放弃了未来数年之后的土地收益。农户能否运用补偿款为自身确立一套能够代替土地的生计保障机制，值得担忧。土地被征收后，稻村的失地农民一旦无法在充满风险和挑战的城市稳定扎根，获得能够安身的就业机会，仅仅靠补偿款是绝对难以维持全家长远生活的。特别是对于一些原先以种植经济作物为生的村民而言，土地征收给他们所带来的生活水平下降将更为明显。

在耕地的征收方面，耕地在被征收之前某个特定时间的产值是一个评估耕地价值的依据。《土地管理法》第四十七条的规定："征用耕地的补偿费用包括土地补偿费、安置补助费以及地上附着物①和青苗补偿费。"对于这些补偿费的确定，《土地管理法》都是以被征土地在征用前三年的平均年产值为参照的②。比如，该法规定"土地补偿费和安置补助费的总和不得超过土地被征收前三年平均年产值的30倍"。还规定"征收土地的，按照被征收土地的原有用途给予补偿"。"前三年"和"30倍"这些规定，都有很强的人为设计色彩。这一规定以一段历史时期的土地产值为样本，并可放大到30倍，这可以被理解为对未来最多30年的土地收益的提前兑现。

由于征地中农户能够一次性得到的补偿费高于永久流转费，一些农户被他们自身急切的消费欲望所驱使，迫不及待要把土地变现。长远利益根本不在他们的考虑范围之内，他们所追求的仅仅是当下的享受。一些农户急于迁居城市，因此他们热切地企盼着征地。关于农民对一次性补偿款的使用，稻村的村支书表达了他的担忧："我们村有相当的一部分村民，文化水平既不高，又没有什么一技之长。我当然也承认，有一部分人会把这一笔钱拿去投资，而且把生意做得很成功。但是据我对我们村的了解，我敢肯定大部分的人都没有那么精明的头脑，具备企业家一样的生意智慧。你一下把钱拿出来一次性分给他们了，分完就完了，他们会用来消费，而不会来发展。"③

① 这里的"地上附着物"不包括宅基地（集体建设用地）上建造的房屋。
② 按照《土地管理法》第四十七条关于征地补偿价格的规定，"征收土地的，按照被征收土地的原有用途给予补偿。……征用耕地的土地补偿费，为该耕地被征用前三年平均年产值的6至10倍。……每一个需要安置的农业人口的安置补助费标准，为该耕地被征用前三年平均年产值的4至6倍。但是每公顷被征用耕地的安置补助费，最高不得超过被征用前三年平均年产值的15倍。……土地补偿费和安置补助费的总和不得超过土地被征收前三年平均年产值的30倍。"
③ 湖北省沙洋县 M 镇稻村访谈笔记，2015 年 4 月 11 日。

"一次性补偿款"让很多处于政府主动、农户被动的征地场景下的稻村村民，都将他们毕生的欲求和幻想投注在那片尚未被纳入开发范围的土地上。在那些尚未列入征地拆迁规划的村民小组，村民们同样蠢蠢欲动："只要征地，我们就可以卖地，卖地之后我们就有了钱，然后我们就可以到县城或者大城市里买房住去了。"①"征地"行为带来了土地价值的确定化，土地价值的时间维度被剔除。这种不可变动的切割状态，使得任何数额的征地补偿款在交给农民之后，都成为纯粹的消耗品。

第二，中国征地实践一般都是按照地方政府的项目规划来进行，而不太可能照顾的村庄的完整性而将整个村庄一次性征掉，很多村庄都是在较长的时间段内被多次征地的。征地中的土地价值仅仅是一个确定的结果，而非可变动的"浑沌"状态，利益各方无法在时间的维度下流动地调整和平衡利益。由于土地价值本身的"浑沌"为切割后确定的价值数额提供多个选项，"一次性征地补偿款"并不表现为统一的数额。

为了减少土地价值的谈判成本，在 M 镇政府的征地过程中，谈判对象一般被简化为村干部，并声称村两委就是村民的代表，因此尽量不开村民大会或村民代表大会。只要村主任签了字，土地征收就能完成。这样一来，政府的谈判对象就大幅度聚焦于村两委成员，需要村民参与的环节就基本只剩下对地面附着物的补偿工作。排除村庄民主政治的运行空间，无疑降低了征地难度。《土地管理法》只是规定了补偿的上限，因此征地补偿中土地价值的确定化，还意味着土地经营者围绕如何确定具体的补偿标准和补偿数额产生激烈的利益博弈。拥有足够关系资本和资金的农户，就有可能通过村干部的私人关系、对征地人员的贿赂、与村干部的利益交换和上访等方式，争取更高的补偿数额。

稻村第 3 村民小组有村民反映，最初征地补偿价格都定好之后，他们发现他们的征地补偿价格是先于第 4 村民小组接近一年而确定的。同样是 10 亩土地，第 3 村民小组得到的是 13 万多元的补偿，而

---

① 湖北省沙洋县 M 镇稻村访谈笔记，2015 年 4 月 19 日。

第 4 村民小组却得到了 20 万多元的补偿，这使他们的心里非常不平衡。而第 4 村民小组内又有村民反映，小组内有几户村民因为和村干部有亲戚关系，得到的补偿要远高于 20 万元。① 虽然笔者并不能证实这一信息是否属实，但可以得出的结论是，征地补偿标准的议定时间和与村干部的私人关系，有可能激化村庄内的经济分化，进而加深部分村民内心的相对剥削感。

第三，征地补偿数值的确定，可以通过三种方式，达成城市国有建设用地的价值水平：一是打破地方政府对土地一级市场的垄断，以使农民获得土地从集体所有土地转变为国有建设用地后产生的土地增值收益；二是使按照土地的集体所有属性确定的价值倍增，以趋近国有建设用地价值水平；三是将集体建设用地与国有建设用地纳入统一的城乡建设用地市场。这三种方式都将造成靠近交通线的农户或城郊农民因获得了由城镇和交通网发展带来的巨额土地增值收益而暴富、地方政府由于丧失土地财政收入而延缓城市基础设施建设、城郊农民或靠近交通线的农户与非城郊或远离交通线的农户的经济收益差距进一步拉大的后果。②

第四，"违建"问题是"规划"所导致的土地功能切割制造成出来的，而"规划"又意味着带来土地价值计算边界的征地拆迁补偿，也意味着该区域靠近经济发展水平较高的城镇地区或交通线。稻村第 3、第 4 村民小组的部分村民基于农村住房被列入"规划区"后所带来的获利预期而违法建设房屋，这种违法建设的目的并非一定出于维护基本生存，而有可能是出于以下两种考虑。其一，收取出租房屋的租金。目前的法律规定，禁止将在农村集体所有的土地上建造的房屋卖给城镇居民，即禁止参与城市国有建设用地上所建房屋的市场交易，因为法律使地方政府垄断了土地一级市场，只有地方政府能够获取充当财政收入的土地增值收益。当然，有论者对此提出反对意见，农民自主开发和利用土地的权利不应被抹杀，应当赋予农民在土地上

① 湖北省沙洋县 M 镇稻村访谈笔记，2015 年 4 月 28 日。
② 贺雪峰：《城市化的中国道路》，东方出版社 2014 年版。

建筑的自由空间，使其借此获取更多土地增值收益。① 事实上，第3、第4村民小组已经有农户在省道边建了类似旅馆的楼房，并出租给城镇居民。其二，获取更多拆迁补偿。为了获取因城镇和交通网发展规划而产生的土地增值收益，农民在短时间内抢建违法房屋的现象，在城中村、城郊村和靠近交通线的农村中非常普遍。据稻村村主任介绍，省道边的不少房屋都是第3、第4小组村民在得知拆迁规划后，才一下子建起来的。②

　　"列入规划"就意味着打破土地功能的"浑沌"，将土地的功能锁定于一种边界划定的固定状态。基于拆迁成本的考虑，地方政府意图将农村土地锁定于建房用地尽可能少的状态；然而，基于获取土地增值收益的预期，城中村、城郊村和交通线旁的农民倾向于将农村土地锁定于建房用地尽可能多的状态。此外，基于"生存伦理"的诉求而违法建房的行为，可以视为农民对政府通过"规划"打破土地功能的"浑沌"状态的一种反抗。比如稻村村主任说："省道边被划为违建的房屋，也不全是村民为了获得拆迁补偿而建。有的村民确实要结婚，需要新的宅基地建房，但因为省道的扩建规划禁止新批宅基地，又没有提供相应的批地方案，我们也只有默许这些村民先把房子建在那里，等结了婚再说。"③ 在稻村，如果家里没有新房子，男性村民一般很难找到结婚对象。不过，基于农户的这种"生存伦理"诉求而形成的违建，很容易转化为向地方政府"谋利"的违建。当初为了结婚而建的房屋，往往后来就成了村民谋取更多拆迁补偿款的重要工具。然而，即使是以向地方政府"谋利"为目标的违建，村民也通常会利用对土地功能认知所处的"浑沌"状态作为其违建行为的合理性依据。村民在土地日益物权化的过程中，越来越倾向于认为土地功能可以私人调整，并且这种土地功能的"浑沌"状态直接关系到村民的基本生存权（居住权），"谋利"仅仅是农户调整土地功能、维持基本生存的意外后果。"规划"带来的拆迁补偿，也可以

① 周其仁：《城乡中国》（下册），中信出版社2014年版，第160—165页。
② 湖北省沙洋县M镇稻村访谈笔记，2015年4月28日。
③ 湖北省沙洋县M镇稻村访谈笔记，2015年4月19日。

说是农村土地功能切割所付出的代价。

在稻村，由于村民早已预期房屋会被拆迁，他们对拆迁补偿的预期往往包含了房屋未来出租获利的价值，即使这一价值的属性是违法的。由于现行拆迁补偿标准不会考虑这一部分属于违法的房屋价值，而只是主要计算房屋的重建成本，因此不但不能实现村民的预期，而且也让村民感受到与按照市场价进行补偿的城市房屋拆迁相比形成的强烈反差。按照《国有土地上房屋征收与补偿条例》第十九条的规定："对被征收房屋价值的补偿，不得低于房屋征收决定公告之日被征收房屋类似房地产的市场价格。被征收房屋的价值，由具有相应资质的房地产价格评估机构按照房屋征收评估办法评估确定。"但在城郊村与城中村，其房屋本身就与城市国有建设用地上的房屋难以区分。拆迁补偿上的显著落差，驱使村民抵触法定的征地补偿标准。

在拆迁补偿数额确定前，地方政府会请人测量房屋的面积，并对房屋的建筑成本进行估价。既然房屋价值的"浑沌"状态在拆迁的估价中已被打破，拆迁补偿只以房屋建筑材料的成本或居住面积为计算依据。对于居住在省道沿线的稻村村民而言，为了使自己房屋的拆迁补偿逼近城市国有建设用地上的房屋，就只有在房屋的居住面积上想办法。

在稻村，拆迁补偿一般以 2400 元/㎡为标准，按照原房屋面积 1∶1 进行补偿，低于城市国有建设用地的补偿价格，因此不少村民在拆迁前偷偷扩大房屋面积，以争取获得更多拆迁补偿，甚至出现"种房子"的现象①。沙洋县国土局没有执法权，只能对试图扩大居住面积的农户下达"停建通知"，不能抓人、不能强拆，而"停建通知"

---

① 这种情况在城郊村更为常见。参见冯川《E 市 D 村调研报告》中"对国土局局长的访谈"，2012 年 10 月 15 日。E 市国土局局长在调查中向笔者讲述了这样一个案例：2011 年，城郊村的一户农家，我们为了不让他增建房子，除夕夜我们一直守到 11 点半。第二天初一，我们再去看，他就请人建了好几层。只用一个春节的时间，就盖起了个 3 万平方米的房子。他做房子都是包给这些请来的人做，他从来不出面，不在现场，你去找人，那里只有做工的人。随便把砌砖的人工停了，砌砖的人说不吉利，那要跟你打架。做工的 500 元一天，一天做 4 个小时，除夕夜 1000 元。今天晚上建，他就把人通知起来建，我们去了，他们说"好好好，我们不做了不做了，走走走"，全部走了，他们走到哪里去了呢，他们到旁边一个宾馆开几个房间就在那里玩。我们一走，他一个电话过来，房子呼呼呼又起来了。

又不能发挥实质性的作用。因此，稻村农户扩大居住面积的行为往往都能成功。对于来不及"种房子"的农户而言，他们需要通过私人间的物质利益交换，获得更高的拆迁补偿。比如稻村第 4 村民小组就有农户给负责测量房屋面积的工作人员送高价香烟，以让工作人员在数据登记时扩大房屋面积的数字、提高建筑成本。[①]

　　总之，当土地价值计算被切割之后，卷入征地拆迁事件的村民与地方政府围绕土地价值的确定而展开的博弈，加剧了拥有私人关系且性格强硬的村民与其他村民的贫富分化程度。这意味着村庄内部经济分化程度的加深，也意味着城镇和交通线周边与偏远地带的农村、沿海经济发达地区周边与中西部地区农村经济分化程度的加深。

三　土地纠纷

　　1997 年以来，农地经营者的不特定性逐渐消失。但由于 20 世纪 90 年代末农业税费负担过重，农地经营者不特定性的消失并没有激发土地纠纷。毕竟，为了躲避农业税费，对土地的经营成了影响家庭生计的消极因素。

　　在稻村，农民在农业税费相对沉重的 20 世纪 90 年代中后期纷纷外出务工，一些农户将劣地全部抛荒，而在村老年人则耕种优质土地。在这种情况下，村组干部将劣质抛荒地集中流转，并改造为鱼塘。愿意养育的农户，都可以从村集体那里以极低的价格承包到鱼塘。

　　到了 2006 年取消农业税之后，粮食直补等惠农政策开始实施，粮食价格稳步增长[②]，再加上一些地区由于城市扩张而地价飞涨，土地所附着的经济利益越来越大，原先选择放弃土地经营的农户又重新意识到土地的价值，企图重新在村庄的土地中确认自身的土地经营权。2008 年后，返乡的农民工陡然增多，他们极力希望找回那块属于自己承包经营权范围的土地。于是，围绕土地的承包经营权问题，

---

① 湖北省沙洋县 M 镇稻村访谈笔记，2015 年 4 月 28 日。
② 一方面，国家逐渐提高粮食收购的保护价；另一方面，粮食市场本身的价格在迅速增长。

村民之间产生土地纠纷的越来越多。

　　土地耕种空间被切割之后，缴纳税费的稻村村民认为，自己应该是某块空间边界范围内土地的经营者，进而索要承包经营权。而早已承接了这块土地的经营权，并且在税费时期缴纳了不少税费的村民当然不会轻易同意。也有一些农村的农业税费，一直以来都是以"人四地六"的分成比例征收。比如在湖南南部的廖村，"在农业税费负担大幅上涨、村庄内开始出现农户抛荒或是农民通过土地流转而外出寻找新的出路时，这些抛荒或是将土地流转出去的农户还必须得承担'人四'分成而来的相应份额的农业税费，其'地六'的部分则由愿意接受抛荒地或是流转地的农户来承当。否则，在下一轮的土地调整中，那些没有承担'人四'分成农业税费额度的农户就会彻底丧失对土地的承包经营权利"。① 在这种情况下，抛荒或流转土地的农户并没有完全逃离税费征缴义务，如果按照是否缴纳税费来确定土地耕种空间的边界，就会出现抛荒或流转前的原农地经营者与抛荒或流转后的农地经营者应该同时被确认为该土地的经营者的现象，继而导致原农地经营者和流转后的农地经营者间的土地纠纷。当然，这种情况并没有在稻村发生。

　　不过，一些省份的正式文件仍然判定抛荒弃耕或流转发生前的原农地经营者应该是所属特定耕地空间的经营者。以湖北省为例。2004年，湖北省人民政府办公厅下发的《关于依法完善农村土地二轮延包工作的若干意见》（下称"意见一"）规定："对前些年因负担过重、种田效益低等原因自行弃田抛荒，现在又回来要田种的农户，应按原承包面积确权确地；举家已迁到城镇（设区的市除外）落户的，本人有要求，应保留其承包地，并通过协商，依法做好承包经营权流转工作；户口没有外迁但长期在外的，应按原承包面积确权确地。"同年，湖北省人民政府下发的《关于积极稳妥解决当前农村土地承包纠纷的意见》（下称"意见二"）指出："（1）外出务工农民回乡务农，只要在土地二轮延包中获得了承包权且没有明确放弃的，就必须承认

---

　　① 赵晓峰、刘涛：《农民公平观念与乡村治理性危机的关联》，《调研世界》2009 年第 7 期。

其承包权；（2）村、组未经外出务工农民同意将承包地发包给别的
农户耕种的，如果是短期合同，应将交村、组的发包收益支付给拥有
土地承包权的农户，合同到期后，将土地还给原承包农户耕作；（3）
如果是长期合同，要在协商一致的基础上通过给予原承包农户合理补
偿的方式解决。"①

　　"意见一"还只是规定恢复原农地经营者的承包面积，没有明确
指出此面积需要对应原承包地块。而"意见二"中则明确指出"将
土地还给原承包农户耕作"以及将已收回的农户承包地块"予以退
还"，即将该地块的农地经营者确认为原先的农地经营者。根据这项
政策规定，一些迁入城镇居住的离农户，仍然被确认为农地承包者。
虽然他们没有实际耕作土地，没有履行交粮纳税义务，但依然得到地
租和国家粮食补贴。在一些村民的眼中，这些农户是逃避纳税义务的
人，是因为不愿意承担税费负担而放弃土地经营权的人，但他们不仅
没有受到必要的惩罚，相反还获得了受到政策保护的土地经营权。

　　在稻村拥有"村落成员权"的农户，在土地耕种空间切割之后，
也来参与土地纠纷。他们认为，"村落成员权"是对成员身份的族权
性质的强调，在村里"土生土长"是获取"村落成员权"的必要条
件。如果不是在稻村"土生土长"的，即使该农户拥有该村户籍，
也会因为其他村民认为他不具有"村落成员权"而不被确认为该村
的农地经营者。相反，在"买卖户口"的情况中，如果村民花钱买
了城镇户口，却一直没有正式工作，还是在家里务农，虽然该村民已
经将其农村户口迁出，但由于他是"土生土长"的，稻村村民仍然
承认其"村落成员权"，他也仍然被确认为村内的农地经营者。然而
对于出嫁女，按照农村的传统认知，虽然是在出生地农村"土生土
长"的，也一般不再认为其具有出生地的"村落成员权"，因此不应
被确认为出生地的农地经营者。

　　拥有稻村户籍却并在稻村"土生土长"的农户，就会与拥有
"村落成员权"的农户发生土地纠纷。他们争取土地承包经营权的理

---

① 赵晓峰：《"被束缚的村庄"：单向度的国家基础权力发展困境》，《学习与实践》
2011 年第 11 期。

由是，《土地承包法》第十五条规定，家庭承包的承包方是"本集体经济组织的农户"，以户籍为判断标准，有该村户籍者即为该村集体经济组织的成员。这种规定是对成员身份的法权性质的强调。在不少农村，由于20世纪90年代末期出现大量土地抛荒现象，地方政府就将本村抛荒农户的土地经营权转让给了通过买卖房屋而迁入村庄的外来农户。离开本村的农户户籍被注销，而迁入的外来农户则获得了新注册的本地户籍。[①] 按照《土地承包法》，这批外来农户也确实有理由发起土地纠纷。

"祖业权"也被一些村民提出来，作为他们争取土地承包经营权的理由。稻村的历史虽然不长，但定居超过100年的姓氏集团也会提出"祖业"这一概念。虽然经过了土改、合作化、公社化等"革命性"的冲击，作为祖业的土地早已成为农户的社区记忆和想象。但在土地所附着的经济利益提高时，农户的社区记忆和想象又被激活，"祖业权"仍然是土地经营权的合理性来源。"祖业权"与农民的土地继承观念密切相关。在"祖业权"的控制下，祖业并非为现今在世的土地经营者所独有，或者说现今在世的土地经营者并不能完全控制土地产权。因为土地既为"祖业"，就意味着这片土地被过去、现在、未来的三世一切家庭成员所共同支配。其中暗含的农地经营者"土生土长"的判断标准也就超越了一代人的界限，而扩展到历史性回溯的几代人。

稻村中需要土地作为最低生活保障的人，则以"生存权"为理由，要求被分得土地耕作的空间。土地最基本的功能，就是作为农民的最低生活保障。这种"口粮田"观念是中国传统社会"耕者有其田"的表达。在人均农地资源存量较小的小农经济中，农民表现出生存理性，追求较低的风险分配与较高的生存保障，"道义经济"的核心在于强调穷人的生存权利。[②] 在其他地区推行的"两田制"就是"主要着眼于使农民的负担按人平均的平等原则，而不是注重提高土

---

① 赵晓峰：《农村土地流转中出现的问题》，《改革内参》2008年第32期。

② Scott, James C. , *The Moral Economy of the Peasant*: *Rebellion and Subsistence in Southeast Asia*, Yale University Press, 1977.

地生产率和劳动生产率的效率原则"。① 其中，"口粮田"几乎就是农地制度中"生存权"的同义词。只要农户需要的是"口粮田"，在确认其为农地经营者方面，似乎就变得无可非议。

此外，土地纠纷还发生在农户与村集体之间。比如稻村村集体将四荒地的经营权登记为集体用地，却由村民来开垦，并获取这片开垦地上的粮食，但他们不享受这块开垦地上的地力补贴。在为土地耕种空间划定长久边界的土地确权颁证过程中，耕种过这片荒地的农户就凭借"开荒"这一事实索要对该块土地的承包经营权。而村集体如果坚持认为四荒地的经营权是村集体，就会与特定农户发生土地纠纷。

可见土地耕种空间的长久切割，必定会激发村庄内土地纠纷的大量产生。农户会根据自身的立场，从税费义务的承担情况、村庄生活史、户籍和生存权中搜寻充分的理据，来争取对某一空间范围内长久的土地承包经营权。这些理由大体上可以归纳为三类（见表4-2）。②

表4-2　　土地耕种空间长久切割后农户索要土地承包经营权的理由

影响土地确权的理由	土地确权的多重标准
农地公有的理由 （国家政治权力、意识形态）	①发生"减人"事件的农户所耕种的相应面积的土地，其承包经营者应是发生"增人"事件的农户。 ②拥有该村户籍的农户应被确认为农地承包经营者。 ③需要土地作为最低生活保障的人应该被确认为农地承包经营者。
农地私有的理由 （经济投入、契约）	①即使发生了"减人"事件，该农户也同样拥有对减少的该个体农民所承包土地的经营权。 ②缴纳税费的农户应被确认为农地承包经营者。 ③抛荒弃耕或土地流转发生前的农地承包者应被确认为农地承包经营者。 ④开垦荒地的农户应该被确认为农地承包经营者。

<hr />

①　张晓山、国鲁来：《改革以来中国农村经济集体所有制有效实现形式探析》，《管理世界》1998年第3期。

②　黄鹏进：《农村土地产权认知的三重维度及其内在冲突——理解当前农村地权冲突的一个中层视角》，《中国农村观察》2014年第6期。

续表

影响土地确权的理由	土地确权的多重标准
农地继承的理由 （文化认同）	①拥有村落成员权（土生土长）的农户应被确认为农地承包经营者。 ②在土地改革前的土地私有制度下经营某块土地的农户或其继承人，应该被确认为这块土地的承包经营者。

第一类，属于归结为农地公有的理由。这一类理由符合《中华人民共和国宪法》中有关"农村集体土地制度在所有权性质上是一种生产资料公有制"的规定，表明农村的土地从原则上是一种社会性资源，需要以保障村社群众在生存权方面的平等为优先目标。同时，《土地管理法》也规定，"农村和城市郊区的土地，除由法律规定属于国家所有的以外，属于农民集体所有"；"农民集体所有的土地依法属于村农民集体所有的，由村农业生产合作社、村农业集体经济组织或者村民委员会经营、管理"。这一规定，赋予了农地经营权由社区成员共有的公共性，但对社区之外的人员具有排他性。

第二类，属于归结为农地私有的理由。20世纪80年代以来，中国的农村土地政策向着一个日益明晰的方向逐渐演化，表现为农地经营者与单位面积土地的对应关系越来越固定，单位面积土地上的经营者丧失了流动性。虽然20世纪80年代初推行的家庭联产承包责任制仅仅是对农业经营体制的改革，并没有根本撼动农村集体土地公有制的制度秩序，但它导向的"共有与私用"的实践格局，却使政策逐渐呈现滑向"土地使用权私有化"的端倪。[①] 近十余年来，国家政策多次提出"土地承包关系长久不变"的表述，明示"农民的土地使用权是一种用益物权"，同时大力推进农村土地征收补偿制度改革。国家政策的逻辑明显具有相辅相成的两个方面：一方面，土地制度层面要渐进改革，方向是农村土地承包关系的固定化、明晰化和长期化；另一方面，农民权利层面要逐渐赋能，方向是拥有更多更完整的

---

① 赵阳：《共有与私用：中国农地产权制度的经济学分析》，生活·读书·新知三联书店2007年版。

土地使用权权能。① 其结果便造成农民的土地经营权具有了排他性。而将"是否缴纳税费"作为判定是否属于土地经营者的标准，则是把"税费"视为"土地承包关系"的象征性契约。

第三类，属于归结为农地继承的理由。这一规则具体表现在通过对土地经营进行超越一代人的历史性回溯，或者判断具体的个人是否在村庄中"土生土长"，以认定某块土地属于在家族绵延中被继承的"祖产"，或认定某具体个人具有经营村庄土地的权利。"土生土长"的"老户"之所以被认为具有经营村庄土地的权利，是因为"土生土长"意味着对超越一代人的村庄成员身份的延续。

第四节　基层治理对土地问题的回应

土地利用诸要素的刚性化，扰乱了一直以来的柔性土地使用秩序，导致人地矛盾、经济差距扩大和土地纠纷的相继爆发。在抑制种种土地问题的发生方面，违法建设的应对和补偿金的分配方式，以及土地空间问题，都变得非常重要。

一　违建的应对方式

"违建行为"这个标签是土地功能切割之后的产物。纵容这种行为，即允许统合性土地功能的存在，有可能与国家有关经济建设的目标相冲突；而严厉禁止这种行为，又有可能与国家有关社会稳定的目标相冲突。违建治理陷入了困境。

不过，在20世纪90年代中后期，国家和地方的经济建设和财政收入来源还没有转向土地开发和建筑业。带有"违建行为"标签的土地功能统合，不但没有与国家有关经济建设的目标相冲突，反而由于乡镇的财政收入有一部分来自对宅基地的审批，还有助于乡镇财政收入的增加。在税费征收作为村镇主要财政收入的20世纪90年代中后期，由于税费征收成为"天下第一难事"而国家下达的经济建设

---

① 蒋省三、刘守英、李青：《中国土地政策改革：政策演进与地方实施》，上海三联书店2010年版。

目标丝毫不减，村镇行政主体之间不得不重新找回"浑沌"，形成了"利益共同体"。而村镇对违建行为的纵容姿态，恰好有利于稳固村镇之间的"利益共同体"。

在 M 镇，由于县道沿线的许多村民都积极参与了违建，大部分村民并不会积极主动地举报违建。即使有少数村民向政府举报违建行为，由于不愿在村庄社会中被边缘化，他们也并不会在明面上与执法者站在一边。M 镇基于财政收入的考量，一直默许村民自主调整土地功能；而不少村民相信"先批后建"的手续对建房行为是具有制约作用的，因此为了提高获得宅基地审批的可能性，他们就会私下里靠人情或者利益输送拉拢村干部，请村干部替他们在镇里上下打点。结果是，乡镇一方面并不倾向于严格执法，没有真正禁止违建，另一方面又通过宅基地审批，使村干部能够从这种名义上的"违建监控"过程中获得利益，甚至村组干部本身就是乡镇政府默许的违建带头人。村干部自身的违建行为，向普通村民发出的政治信号，就是"违建"这个概念在生活逻辑中并不适用。如果在乡镇政府有熟人或亲戚，村民就可以堂而皇之地违法建房，而没有熟人关系的村民通过村干部向乡镇部门"偷偷塞点钱"也可以违建。执法者若网开一面，就会成为违建者对执法者的人情亏欠，人情的清偿方式自然便是违建者向执法者的私人利益输送。[①]

违建行为屡禁不止的另一方面原因，与地方财政税源的倚重对象发生变化有关。从 2002 年起，中央推行所得税分享改革。此后，企业所得税和个人所得税都不再由地方政府所独享。于是，地方财政的税源重心逐渐从企业增值税移向发展建筑业和第三产业带来的营业税。为了获得更多的营业税，地方政府自然更加热衷于开发土地、扩大基础设施建设[②]，"违建行为"则成为阻碍地方经济建设的一个因素。

建设项目的开展进程会对地方经济的发展产生重要影响，而地

①　于龙刚：《乡村社会警察执法"合作与冲突"二元格局及其解释》，《环球法律评论》2015 年第 5 期。

②　周飞舟：《分税制十年：制度及其影响》，《中国社会科学》2006 年第 6 期。

方政府的利益实现又必须以社会稳定这一目标的确保为前提。根据当时的考核规定，各级党委、政府和各主管部门既要督促、开展违建查处工作，同时还必须注意不因违建查处引发社会稳定问题。为了配合地方政府保持"社会稳定"和"经济发展"这两个目标的平衡，土地管理部门和执法组织一方面要治理违建，但另一方面又不可能完全无视民众的利益要求而独断专行，尽管这种利益未必在法律上具有正当性。如果违建治理有助于加快项目的建设进度，那么，土地管理部门和执法组织就会要求执法人员不能以太弱的力度管理或执法；同时管理或执法力度也不能太强，因为需要避免产生和激化社会矛盾，其结果是地方政府的其他政策考量替代了国家所意图的规范化治理。

事实上，在违建执法方面，国家已出台了多方面、多层次的法律法规，其中《城乡规划法》《土地管理法》是最权威的法律依据。各地还出台了不少规章制度，如荆门市就出台了《控制和查处违法建设办法》。这些法律法规和规章制度对违建执法的职责分工、巡查处置、执法程序、管辖争议、考评机制、责任追究等做了详尽的规定，至少表明违建执法是有法可依的。但在经济建设和社会稳定的双重目标控制下，乡镇行政主体的日常监管难以有效控制违法建设的蔓延，只有重新寻找恢复功能统合状态的可能。

首先，乡镇土地管理部门或一线执法人员在对农村违建者的角色功能上重新找回了统合状态，根据情境而在"使用暴力者""试图使用暴力者"与"非暴力者"之间调整自己的角色。

传统政策认为，解决一个政策问题，最好的方式是设计一套顺序性的线型过程。这套过程通常从理解和界定问题开始，包括聚集和分析数据及其他证据，并与利益相关者展开协商。当问题被指明，证据和利益相关者的观点得到分析，选项和一个优先项才能被决定，继而设计实施计划、规定执行目标。通常认为，问题越复杂，遵循依次进行的步骤就越重要。然而，由于土地功能"浑沌"的观念，对于建筑物的"违建"属性本身就存在争议，违建治理的过程实际上成了利益调节的过程。对于基于农户"生存伦理"诉求的违建，执法部门也知道这些农户自身收入不高，轻易拆除他们的违建，将很容易招致他们的拼死一搏以及社会舆论对他们的道义支持，这些都会不利于执法部门接受上级考核。因此，执法部门对他们的行动原则往往以社会稳定为最优先考虑，只要违建不触发一些诸如举报和上访之类的政治性行为，执法部门一般都会默许，甚至也会对违建者抱有同情。

而支持农民拥有土地开发权的意见，也可视作对土地功能的统合状态、农民自主调整土地功能的权利的维护。也就是说，既然农业收益大时，农民会自主将宅基地复垦为耕地，那么当房屋收益大时，农民也当然会自主在土地上建房。

M镇的执法人员并不会在执行中生硬地照搬法律规则，而是相机权宜行事，以各方都能接受为前提，避免造成硬碰硬的冲突，权衡和确定最终的执法方案。在维护社会稳定的国家目标下，一旦拆迁触发暴力冲突，拆迁就迅速上升为政治事件，地方党委政府的行为将遭受政治伦理层面的质疑。因此，与群众反复协商和谈判，最后达成相互之间适当的妥协让步，是同时落实经济建设的国家目标与社会稳控目标的必要步骤。不断的利益调整和策略试错，让违建治理工作的具体方式具有了流动性。具体方式的情景化、应激性，使违建治理具有了无法正式化和规范化的权宜性特征。

面对违建者提高房屋拆迁补偿价格的具体情境，执法者首先扮演"非暴力者"的角色。拆迁补偿价格的最终确定，也是在执法者与拆迁户相互试探、讨价还价的动态过程中达成的。对违建者支付拆迁补偿本身，就意味着执法者在某种意义上认为违建房屋是具有正当性和合理性的。这种具有灵活性和韧性的执法方式，其实也对执法者构成了一种保护，使其免予遭受违建者的暴力反抗，也不至于因触发暴力而受到上级主管部门的问责。

当然，如果无法与农村违建者在补偿价格上达成一致，M镇执法者就以断水、停电的方式，或者声称使用暴力手段的方式，让违建者主动退出博弈。如果"试图使用暴力"的方式还不能使违建者接受执法者提出的条件，在面临"集中整治行动"的工作压力的情况下，执法人员就会暗中指使当地的民间暴力组织，用强制力量将违建房屋拆除。一旦违建者的态度有所软化，执法人员又会重新回到"非暴力者"的行为轨道上来。

其次，在税费征收中曾经发挥作用的乡镇角色功能的"浑沌"及其载体"工作队"，又以"集中整治行动"中"拆迁队"的面目出现在对"违章建筑"的整治中。不过，由于涉及的部门层级和权力中心太多，牵扯的部门利益太大，也不可能像 M 镇政府组织"工作队"那样真正形成各自角色功能的统合。

"违建"是地方政府的发展意志打破土地功能的统合状态而产生的现象，违建的治理因此是地方政府将发展意志推行下去的重要环节。违建执法的实际过程往往会涉及多个部门或机构，因此"集中整治行动"成为地方政府在治理违建时常常采用的方式。"集中整治行动"需要地方政府调动城管执法局、公安、消防等多个部门的大量人力和资源参与其中，这就涉及各行政部门间的合作如何达成的问题。处于职责分工体系中的不同机构要达成合作，就一定需要模糊它们之间的职能边界，使得各治理主体达成功能高度统合的状态，相互以对方功能的发挥为自己功能发挥的前提。然而，"拆迁队"中功能统合的形成却处处受阻。

第一，城管执法局与乡镇党委政府，在行政级别上是平级关系，因此不存在权威性的统合力量。尽管县政府发文要求乡镇政府发挥主要作用，但在违建执法的实际工作中发挥主要作用的行政主体仍然是城管执法局。

城管执法局主要是"块块"的职能部门之一，只设立在一些地方的市、区两级而缺乏"条条"的上下级机构。从中央到地方的各级政府中，职能部门的设置具有上下对应、上下同构的特征，这种纵向结构即为"条"。城管执法局、国土局、规划局、城乡建设局、水务局、交通运输局、园林局等部门，都是违建执法中的"条线部门"，更强调政令传达的统一和效率。在行政指令和考核压力下，条线垂管的部门之间更易达成合作。而由不同职能部门组成的各级政府，更具有综合统筹取向的属地管理性质，这种横向结构即为"块"。市、县、乡镇三级政府，都是违建执法中的"块"。"块"的属地管理性质决定一级政府更加强调职能的完整和统筹权的独立。然而，以功能为单位划分的"条"往往对"块"进行权力切割，造成"块"中维护部门利益的"烟囱"林立，难以形成整合状态的共通利益。①

第二，治理主体目标间重要性的权重不一。城管执法局毕竟是一个专业性的行政职能部门，日常工作中的法律执行也基本按照常规方式进行。违建执法是城管执法局的一项重要职能。但乡镇政府不但行政目标多元多重、行政事务综合杂糅，同时也并不掌握行政执法权。乡镇在工作中不仅要考虑房屋建设是否违法，还需要考虑拆迁所可能导致的社会矛盾及其化解方式。与城管执法局合作开展违建治理，只是乡镇多重目标构成的整体结构中的一项，其重要性并不特别突出。

第三，治理主体之间的相互协助本身，可能是高成本、高动员、低收益的。尤其在城郊村和城中村，利益密集催生违建热情。为了抢占先机，群众往往不惜成本代价，"一夜起高楼"。乡镇与群众之间存在信息不对称，巡查和控违成本极高。受制于自身资源的限制和常规工作安排，治理主体间的相互协作不易达成。此外，一旦强行拆除违建房屋，上访、自杀等破坏社会稳定的事件都会超出乡镇的控制能力。依照"属地管理"原则，乡镇都将承担巨大的政治风险和治理责任。因此，只要上级党委政府没有通过"集中治理行动"向乡镇施加行政压力，将"违建"治理提升为"中心工作"②，乡镇是不会主动发力与城管执法局展开合作的。

第四，在制度规定上，政府以及部门之间在信息、行动目标、政策执行内容和压力等方面并不重合，以致执行力失焦，甚至彼此掣肘。比如对于城中村的违建开店行为，工商部门只关注"开店"是否合法而不管其经营场所是否违建，城管执法局则只关注"违建"

---

① 弗朗西斯·福山：《国家构建：21世纪的国家治理与世界秩序》，黄胜强、许铭原译，中国社会科学出版社2007年版，第53—54页。

② 乡镇工作有中心工作和其他日常性工作之分。中心工作是一种常规性的行政机制（欧阳静：《论基层运动型治理——兼与周雪光等商榷》，《开放时代》2014年第6期），需要调动乡镇层面非常多的人力和资源参与其中，与乡镇干部的行政绩效考核、政治晋升之间存在非常紧密的关系。违建治理工作一旦成为"中心工作"，就转化为"政治任务"，这一过程被称为"泛政治化"（杨雪冬：《近30年中国地方政府的改革与变化：治理的视角》，《社会科学》2008年第12期）。"中心工作"往往有配套的"一票否决"考评制度，这有利于突出政府在特定时期的中心工作，是一种强政治动员的手段（樊红敏：《政治行政化：县域治理的结构化逻辑——一把手日常行为的视角》，《经济社会体制比较》2013年第1期）。

而不管店铺经营是否合法，而街道办以解决居民就业为考量，则既不关心其是否违建，也对其是否合法经营不闻不问。一旦城管执法局与街道办政策目标不一致，受城管执法局和街道办双重领导的城管执法中队，就会在执法行为的选择上莫衷一是。

第五，政府职能部门的职责划分过于清晰，导致处理违建案件时部门单位间的相互推诿。比如，水务局负责对河道周边违建的执法。然而，水务局不仅有市级与区级的级别之差，其内部还进一步析分出河道管理、水域管理等多个二级单位。这些不同的单位之间都有可能以违建案件的处理权责超出本单位职能范围为由，推脱执法责任。

第六，政府职能部门存在执法权与管理责任不匹配的情况，导致执法程序的拖延，使违建拆除的工作更难进行。比如，M 镇的国土资源所除了贯彻执行国家及省政府出台的与国土资源管理相关联的法律法规和方针，还承担着农地保护、土地开发与整理、土地资源调查、农地转用、集体所有土地的征收、为建设项目提供土地的职能。然而，土地管理制度没有赋予乡镇一级国土资源所强制执行权，因此国土资源所并没有执法的主体资格。国土资源所能够行使的权力仅仅包括巡视、制止、报告。国土资源所的事务员在巡视时，一旦发现了未经国土部门相关人员许可而将农地转用为宅地的行为，就要暂时中断这项行为。在行使其制止权后，国土资源所的事务员需要报告上级部门，协助执法机构（执法大队或法院）将该行为提起诉讼。由于手续周期长，等一系列行政程序走完时，违规建设的家宅已经在转用的农地上建造起来了。基于执法成本以及用务工积蓄新盖家宅的农民的经济境遇，相关职能部门往往并不会强制拆除违规建筑，而是想方设法使农民家宅的合法性得到追认。

因此可以认为，"拆迁队"难以作为一个功能统合的整体发挥作用，恰好为乡镇土地管理部门或一线执法人员在对农村违建者的角色功能上重新找回统合状态，创造了前提条件。

二 征地拆迁补偿的分配

征地或拆迁补偿对土地价值计算的分割，是指人为截取了变动的土地价值中的一个时间点或一个时间段，并以此为依据计算土地的价值。然而对于具体截取哪一个时间点或时间段这一问题，土地价值本身的"浑沌"就提供了两种不同类型的可能。之所以类型不同，是因为土地价值在时间维度上的变动包含着一次"质变"的可能，即一旦土地从集体所有的性质转变为国有建设用地的性质，土地的价值就升高为每亩数十万元甚至数百万元。如图 4 - 2 所示，在 T 这一时间点上，随着土地性质从集体所有土地转变为国有建设用地，土地价值也骤然提升。《土地管理法》就表现为截取土地价值发生"质变"前的时间点或时间段，即图 4 - 2 中的时间点 t，或从 t 到 T 的时间段，以土地的原有用途中外显的土地价值 p 为参照，并将其倍增（= n），将原有土地属性的土地价值投射到未来的时间轴延长线上，即图 4 - 2 中的 $B'C'$，而征地补偿款则相当于 $B'C'$ 中每个点所对应的土地价值轴上的取值之和（阴影面积 S）。

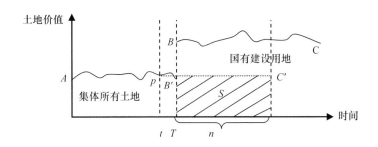

图 4 - 2 "浑沌"的土地价值

在目前的政策限定下，土地价值的"质变"是由地方政府完成的，即地方政府垄断城市国有建设用地的一级市场[①]，地方政府是国有建设用地的唯一供给者。地方政府向农民征收的土地，一般用于三个方面：（1）基础设施建设等公益性用途；（2）工业用地；（3）商业服务业包括房地产在内的经营性用途。公益性用途的建设用地不会为地方政府带来任何收益，而地方政府为了招商引资，也一般会廉价出让土地作为工业用地。对于经营性用途的土地，地方政府将这类土

---

① 《土地管理法》规定，由国家垄断土地一级市场，任何农地转为非农地，必须先经政府征用，商业、房地产等经营性用地须从土地二级市场中取得。

地的经营权按城市建设用地的市值进行出让，形成土地财政收入（即图 4-2 的 BC 中每个点所对应的土地价值轴上的取值之和），以用于城市基础设施建设。

据统计，从 2006 年至 2010 年，全国共批准新增建设用地 3300 多万亩，获得土地出让收入 7 万多亿元。而 2010 年这一年，全国土地出让成交总价款就达到了 2.7 万亿元，同比增加了 70.4%。① 很明显，土地征收和土地出让过程中蕴藏着相当大的利益。因此，地方政府瞄准土地开发，以求获得更多土地财政。2010 年土地出让金占地方财政收入的比例达到 76.6%，这反映了地方政府对"土地财政"的极度依赖。②

一般说来，导致土地价值从 AB′ 的水平跃升到 BC 的水平的原因主要有两个：一是投资辐射，即城市化和工业化产生的资源聚集提升土地价值；二是供求关系，即国家保持偏紧的建设用地供给，导致的建设用地市场供不应求引发土地升值。即使是在四线城市，城市国有建设用地每亩也至少达到数十万元。③ 很显然，土地价值的质变是由国家发展战略带来的，与城市规划以及城市扩张导致的土地非农使用密切相关。因此，土地价值的提升，是全社会成员共同努力的结果，并非单家独户的小农所能使然。按照"谁投资，谁受益"原则，土地增值收益理应归全社会所有，而不应由单个农户独占。美国、法国、日本等国的民法都不允许让处于特定规划区的地权主体独享土地增值收益④。由国家占有土地增值收益，然后进行再分配以实现"开发利益还原"后的"地利共享"是世界的通则⑤。

然而，希望获得更高征地补偿款的农户，以及呼吁修改地方政府垄断土地一级市场的学者，赞成土地价值由 AB′ 变为 BC 的过程由农

---

① 吴鹏：《去年全国卖地 2.7 万亿元》，《新京报》2011 年 1 月 8 日第 A04 版。
② 南方周末编辑部：《2010 年土地出让金占地方财政收入的比例高达 76.6%》，转引自耿羽《从征地看当前农民的土地变现观念——基于广东崖口村"卖地"事件的考察》，《南京农业大学学报》（社会科学版）2011 年第 4 期。
③ 贺雪峰：《论土地资源与土地价值——当前土地制度改革的几个重大问题》，《国家行政学院学报》2015 年第 3 期。
④ 陈柏峰：《土地发展权的理论基础与制度前景》，《法学研究》2012 年第 4 期。
⑤ 贺雪峰：《地利共享是中国土地制度的核心》，《学习与实践》2012 年第 6 期。

户自己来完成。他们认为，用作商业经营和工业建设的土地征收补偿标准，应该让农民与经营性或工业用地的建设者协商达成，让农民直接参与土地的市场交易；用作公益性建设的土地，也应该按照所在位置土地的市场价值给予农民补偿。按照国有建设用地的市场价格（*BC* 水平的土地价值）对农户进行补偿[①]的理由，是农民拥有从土地承包经营权中派生出来的土地发展权[②]。

与以上意见方向相同，但意图在不突破目前地方政府垄断土地一级市场的政策前提下接近以上目标的做法，就是进一步提高按照原集体所有土地的价值水平计算的补偿数额。媒体一般认为，征地补偿太少，既损害农民的利益，又造成严重的征地冲突。如果征地补偿提高10 倍，就是使图 4-2 中 *B'C'* 的土地价值水平提升到相当于城市国有建设用地价值水平的 *BC*。如此一来，地方政府就将通过垄断土地一级市场所取得的财政收入都通过征地补偿的形式还给了处于特定地块的农民，这些农民就获取了土地增值收益的全部或大部分，成功攫取了由社会全体成员共同努力所取得的成果。

不论是改变现有土地政策使农户参与土地一级市场的获利，还是在现有制度的框架下通过提升征地补偿的价格水平，按照城市国有建设用地的价值水平（*BC* 水平）确定土地价值，其结果都将使地方政府不仅不能通过低价征地、高价卖地而从经营性用地上获得土地财政收入，还要高价征收用于公益性建设的土地。在这样的情况下，地方政府用于城市基础设施建设的财政资金将大大减少。城市基础设施建设将可能没有充足的资金来源，城市化的速率将放缓，这将违背国家经济建设的目标。

另外，虽然土地价值有从集体所有土地的价值水平 *AB'* 跃升为城市国有建设用地的价值水平 *BC* 的"质变"可能性，但由于这种"质变"是由国家发展战略、城市规划、城市化扩张、土地非农使用带来的，因此一般只能发生在城郊村，并非全国所有地区的农村土地都有

---

① 刘俊：《土地所有权权利结构重构》，《现代法学》2006 年第 3 期；胡兰玲：《土地发展权论》，《河北法学》2002 年第 2 期。

② 陈柏峰：《土地发展权的理论基础与制度前景》，《法学研究》2012 年第 4 期。

机会出现土地价值的"质变"。这就意味着，如果是由地方政府垄断"质变"带来的土地价值收益，地方政府还有可能通过对土地价值收益的再分配，使非城郊区的农村获益。① 虽然理论上可以让所有农民都拥有获得"质变"带来的土地价值收益的权利，但在实际的征地过程中，只有城郊农民拥有获得"质变"带来的土地价值收益的机会。将土地补偿标准提高 10 倍的方案，在非城郊村看来就相当于人为使土地价值发生"质变"，而由于地方政府并不一定能从成为国有建设用地的土地出让中获得高于土地补偿标准 10 倍的土地财政，在非城郊村和非交通干线周边的农村，这样的补偿方案并没有实施的条件。因此，理论上让所有农民都获得"质变"带来的土地价值，就必然在事实上使城郊农户获得巨额收益，从而进一步拉大城郊农户和非城郊农户的收入差距，加大地区发展的不平衡，这将违背国家消除贫富差距的目标。

以属于农村集体所有土地的集体建设用地为例。2008 年中共十七届三中全会通过的《中共中央关于推进农村发展若干重大问题的决定》提出："逐步建立城乡统一的建设用地市场，对依法取得的农村集体经营性建设用地，必须通过统一有形的土地市场，以公开规范的方式转让土地使用权，在符合规划的前提下与国有土地享有平等权益。"如果就图4－2来说明这一政策的内容，中央是试图将"质变"前的土地价值水平（AB'水平）提升到城市国有建设用地的价值水平（BC水平），即实现城乡建设用地的"同权同价"。不过中央对适用于这种价值提升的土地附加了严格的限定，只有"农村集体经营性建

---

① 虽然在地方政府垄断土地一级市场的情况下，没有被征地机会的非城郊农民有可能分享土地增值收益，但在实际的土地财政分配方式中，非城郊农民仍然处于劣势。国家规定的需要从土地出让收入中直接返还"农口"的比例极低（仅水利基金、农田保护基金两项）。据国研中心课题组调查，在目前城市商品房开发带来的土地增值收益中，农民只分享其中的 5%—10%，地方政府拿走 20%—30%，开发商拿走 40%—50%。（参见齐介仑《农地权属的交锋》，《财经文摘》2008 年第 7 期）而且就是这一极低的比例，在实践中也根本没有落到实处。由于巨大的财政支出压力和城市建设压力，地方政府将所有土地收入投入城市建设之中仍然背负了巨额债务，就更无法保障"农口"的相关收益份额了。因此，目前中国土地制度中的"涨价归公"安排，更确切地说应该是"涨价归城"。（参见焦长权《土地财政不等于"涨价归公"——从贺雪峰〈地权的逻辑Ⅱ〉出发》，《文化纵横》2014 年第 5 期）

设用地"在"符合规划"的前提下才适用。所谓"农村集体经营性建设用地"大都是在《土地管理法》实施前或土地管理不规范的时期，因地方政府发展乡镇企业，而直接从农村耕地转化而来。由于20世纪90年代以来，全国的乡镇企业陆续倒闭，如何处理乡镇企业厂房所占用的土地就成了问题。上述政策的目标，就是通过建立城乡统一的建设用地市场，为这些土地的处置寻找出路。这类土地主要集中在沿海发达地区，总体上只有大约2000万亩，不超过农村集体建设用地的10%，在一些西部省区则大约只有2%。[①] 在沿海发达地区，尤其是长三角和珠三角地区，由于区域经济发展比较快，城乡一体化程度很高，城市带已经形成，作为农村集体所有土地的价值水平（AB'水平）就已经接近了城市国有建设用地市场的土地价值水平（BC水平）。在这样的城市带中，通过建立城乡统一的建设用地市场，使农村集体的经营性建设用地资源得到有效利用，确实是有必要的。

然而到了中共十八届三中全会时，讨论的重点变成了是否要将城乡建设用地同权同价的适用对象，从"农村集体经营性建设用地"扩展到"农村集体建设用地"。赞同扩展适用对象的政策部门和学者认为，"同权同价"有助于形成城乡统一的建设用地市场，一方面可以为城市供给大量建设用地，另一方面又能为农民带来土地收益。可事实是，发达地区城郊村的农民可以因此而获得相当于城市国有建设用地的土地价值收益，而非城郊农村的村民则因为那里的建设用地根本没有开发商愿意使用而无法获得任何土地价值。对于非城郊的农业地区而言，虽然集体建设用地资源丰富，但由于没有城市化发展带来的区位优势，并不具备投资潜力。即使这一地区的集体建设用地与城市国有建设土地处在统一的建设用地市场，也会在市场竞争中处于边缘地位。

因此，在征地使土地价值计算的边界化不可避免的情况下，既防止失地农民独享土地发展增益，又确保土地发展增益确实能够被社会共享，做到土地"涨价归公"而非"涨价归城"，就成了必要。然

---

① 贺雪峰：《论土地资源与土地价值——当前土地制度改革的几个重大问题》，《国家行政学院学报》2015年第3期。

而，如何确定一个让政府和村民双方都满意的征地和拆迁补偿价格，特别是在确保社会稳定的国家目标下，如何应对要价没有底线的"钉子户"，使农村基层治理陷入了困境。

为了应对耕地定价产生的种种纠纷，不少农村和乡镇政府采取了动态补偿的土地流转方式，恢复土地价值流动性，使租金随着时间而发生调整，取消时间和数字上的被切割状态。比如在安徽省 S 市 T 镇 G 村①：

> 2009 年启动了土地大规模流转，其中村级组织发挥了积极的行政作用，集中体现为村级组织确定了一个能够保护农民利益的土地价值。G 村根据当时粮食市场的价格并综合考虑农户的要求，将地租标准确定为 650 元/亩·年。在村里跟农户签订的土地流转合同中还规定，土地价值随着粮食价格的上涨而上调；如果粮食价格下跌，则土地价值维持原水平不变。

这一规定是违背经济规律的，然而却因稳定了转出土地农户的收益预期，使土地发挥了作为社会保障的功能，这样有利于土地流转工作的顺利开展。2010 年，G 村的土地价值上涨至 850 元/亩·年，2012 年则上涨为 1000 元/亩·年，且有部分土地的地租已达 1100 元/亩·年。调查表明，G 村所在地的区位优势并不突出，这样的土地价值水平已经大大超出民间自发土地流转市场的土地价值水平，这一结果与村级组织和地方政府的积极推动密不可分。此外，G 村的土地价值还受到相邻地区土地价值水平的影响②，它反映的是人们的土地价值心理预期。在 G 村：

> 2009 年土地大规模流转启动时，地租水平为 650 元/亩·年，2010 年为 850 元/亩·年。最先流转土地的村民眼见后来流转土

---

① 本案例来源于田先红、陈玲《地租怎样确定——土地流转价格形成机制的社会学分析》，《中国农村观察》2013 年第 6 期。

② 申云、朱述斌、邓莹、腾琳艳、赵嵘嵘：《农地使用权流转价格的影响因素分析》，《中国农村观察》2012 年第 3 期。

地的村民得到更高的地租水平，因而提出地租上涨到同样水平的要求。村党支部书记也只得满足他们的要求。这一 850 元/亩·年的地租标准维持了近两年时间。至 2012 年，一些村民认为，850 元/亩·年的地租水平太低。在他们看来，同村王家组的地租水平高达 1000 元/亩·年，有的甚至高达 1400 元/亩·年，都远高于他们当前的地租水平。村民非常不满，就要求村党支书提高土地价值水平。最后党支书不得不满足村民们的要求，将土地价值提高到 1000 元/亩·年。[1]

从以上案例可以看出，在村民土地集体流转的过程中，土地价值的确定是可以谈判和协商的，内含时间维度，是流动的、非标准化的，因而处于权宜性的模糊状态。正是因为这种"浑沌"状态的存在，利益主体各方才可以根据不同情况调整土地价值水平，平衡各自的利益。土地价值所反映的并非理想的土地资源市场化配置状态。所有相关利益主体的互动、妥协和共同作用，以及不同利益主体谈判能力的差异，都会形塑不同水平的土地价值。而由于存在时间的维度，谈判并非一次性博弈，对于各方来说都拥有暂时让步的空间。

然而，对于房屋价值和其他地面附着物的价值，又有不同于土地价值的特殊之处。由于无法找到更好的办法将不能量化的价值和时间轴纳入价值计算，房屋及其他地面附着物的价值无法回复到模糊状态。

在拆迁补偿中，由于房屋价值不再"浑沌"，一致以房屋建筑材料的成本或住房面积为计算标准，城郊村、城中村以及交通干线周边的村民便通过扩大房屋居住面积或与房屋价值的评估人员进行利益交换，最后获得巨额的拆迁补偿。通过拆迁，城郊村、城中村以及交通干线周边的村民与位于农业种植区并远离交通干线的村民，在居住条件和对城市开发带来的经济收益的分享上，差距将进一步扩大。

为了避免村民通过扩大房屋居住面积的方式增加拆迁补偿的收

---

① 田先红、陈玲：《地租怎样确定——土地流转价格形成机制的社会学分析》，《中国农村观察》2013 年第 6 期。

益，沙洋县规定的拆迁补偿方法是，只要村民的房屋被列为拆迁对象，该户村民都可免费获得安置房。如果村民的住房面积超过了规定面积，则超过部分将以建筑成本价折算的方式补偿给村民。通过这种补偿方式，村民的基本住房权和财产权得以保全，而城郊村、城中村和交通干线周边的村民也不至于因拆迁而独享巨额利益。然而，这种规定并不能消除城郊村、城中村和交通干线村民在将自己的房屋补偿与城市国有建设用地进行比较时产生的心理落差。

拆迁补偿，不仅仅使房屋价值不再"浑沌"。与此类似，晒谷场可能是土地平整而来，也可能经过了水泥硬化。而由于晒谷场有可能是通过村内邻里间互助建成的，人工费用无法精确计算，使得晒谷场的价值在征地补偿的确定过程中也成为了农户与村镇干部难以达成一致的争议对象。于是，在稻村靠近县道的第3、第4小组，几乎每户农家都会抢在征地协议拟定之前投资5000多元，将房屋前的晒谷场用水泥硬化。据村民们说，将晒谷场用水泥硬化，可以在征地时至少赚回2300多元。

同样，坟地可能是用田地的土壤堆积成坟丘后立碑而成，土壤的价值无法估算，加上坟地本身承载了无法量化的精神性价值，因此坟地的价值也处于模糊状态。这种模糊状态，也为迁坟补偿的争议和农民的讨价还价提供了可能空间。这里借用河南省周口市郊李楼村的案例来说明这一点。根据周口市已出台的文件规定，迁坟费用已打包计算在地上附着物共8000元补偿里面，地方政府不再额外支付迁坟费用。为了做好迁坟工作，地方政府另外按每坟300元补贴给坟主迁坟。有的农户祖坟未迁，向地方政府要求10000元迁坟费，村干部和亲属都无法说服其降低要求。①

在周口的案例中，出现的8000元、300元、10000元这些精确的价格数字，没有一个能够明白解释出其计算的方式或明确说明费用的组成要素。由于所谓"规定"并没有明确说明所规定的补偿价格之所以确定为这一特定数值的理由，因此在村民看来就显得随意。既然政府的定价是随意而无标准的，村民也可以随意定价，并没有任何人

---

① 贺雪峰：《论利益密集型农村地区的治理——以河南周口市郊农村调研为讨论基础》，《政治学研究》2011年第6期。

有足够的理由说服其降低定价，这是因为坟地价值本身的模糊状态，本身是与打破这种状态的"定价"不相容的。在这种尴尬的状态中，地方政府为了社会稳定的国家目标而不能亲自采取强制措施，只有暂时满足村民的定价，否则就只能用利益诱导"黑恶势力"对付抗拒迁坟的村民了。

三 有关土地空间的分配

农户的土地耕种空间原本是作为一个整体而存在的。然而，分田到户以来，特别是 2000 年以来，由于对稳定土地经营者与土地关系的追求，土地经营者的固着性被强调，土地经营者的固化就带来了土地经营边界的固化。当边界打破土地的整体状态，原先土地经营者和土地经营边界的流动性消失。当某块土地空间上长久且唯一的承包经营者需要被确认时，原先的"浑沌"就为农户索要土地承包经营权提供了各种理由。当土地耕种整体性空间被政策切割，随之而起的就是难以妥当处理的土地经营权纠纷。政策虽然整齐划一，而政策实施的后果却千差万别。或许土地确权政策的推行者原本只考虑如何保护农民土地承包权，却不曾料想该政策竟会触发这样的意图外后果。

土地纠纷无法通过统一的规则得到平息，而只能在纠纷发生后，通过村委会的人民调解委员会用调解的方式，尽量平衡双方利益，"个案化"地处理问题。比如，让试图要回农地经营权的回村农户，将某一历史时期由现农地经营者代缴的税费补给现农地经营者。如果现农地经营者同意补齐税费后就将农地经营权还给原承包户，纠纷就算解决了。如果现农地经营者不同意这一交还农地经营权的条件，还拿出二轮延包时与村委会签订的土地承包合同，这份合同有可能是在原承包户不在村时，在原承包户不知情的情况下签订的，那么纠纷的解决就必须另外再找方案。当然也有可能是外出打工的农地承包者一直在负担税费的上交，而将土地经营权让给了现农地经营者。比如稻村的村民杨有原由于从 1996 年开始外出经商，因此将一部分土地让给村民赵旭谦耕种。到 1998 年为止，这部分土地的税费皆由村民杨有原负担。在 1998 年土地二轮延包时，杨有原并未回村。此时，稻村村委会在未征得杨有原同意的情况下，根据赵旭谦实际耕种的土地面积，报请沙洋县人民政府为赵旭谦颁发了《农村土地承包经营权证》，该证写明村民赵旭谦承包的土地总面积中包括了杨有原的那部分土地。2007 年，杨有原向稻村村委会提出申请，要求收回那部分土地。稻村调解委员会做出如下调解意见：赵旭谦在与稻村村委会签订农村土地承包合同后，取得的土地承包经营权合法有效，赵旭谦按1995 年至 1998 年的国家税费征收标准，以现金方式向杨有原补齐杨有原从 1995 年到 1998 年所有负担的全部税费。①

在以上案例中，现土地经营者对于补偿原土地承包者缴纳的税费没有异议。但由于土地承包经营权也在未经得原土地承包者同意的情况下，转移给了现土地经营者，原土地承包者对此是无法理解的。这一结果，显示了土地的所有权性质终归还是属于村集体所有，村集体根据"土地承包权与经营权相一致"的判断而调整了土地承包经营权的归属。原土地承包者村民杨有原由于不满这一结果，多次向 M 镇农村土地承包纠纷仲裁委员会申请仲裁，并向沙洋县人民法院提起诉讼。但仲裁委员会和人民法院，以村民杨有原的申请超过了"如不同意接受，应 15 天内申请或提起诉讼，否则将视为同意调解意见书意见"规定的 15 日期限为由，驳回了村民杨有原的申请和起诉。当然，法律程序上对村民杨有原申诉的驳回，并不能说服和化解村民杨有原的不满情绪。在许多类似的土地纠纷中，村委会已经走向了申诉者利益的反面。在民间调解无效，法律程序又缺乏化解申诉者情绪的能力的情况下，大量的土地纠纷就被推入了信访的道路。

此外，"增人不增地，减人不减地"导致的人地矛盾如何解决，成为 M 镇许多村干部共同关心的话题。而形成悖论的是，以耕地面积和土地投入的长期化为理论预设的确权确地政策，非但没有带来农作物稳产，反而由于无法形成与水系相应的土地空间利益集群，使大中型水利无法与细碎分散的土地利益相对接，而造成了粮食减产的结果。面对日益尖锐的人地矛盾，在社会稳定和农作物稳产的国家目标下，在物权化和越来越逼近私有化的土地空间分配方面，各行政主体却尚未找到一条摆脱困境的根本道路。

---

① 湖北省沙洋县 M 镇稻村访谈笔记，2015 年 3 月 28 日。

第五章　纠纷解决：从调解到审判[*]

在以现代法律为依据的治理成为主流的现在，考察作为自上而下与自下而上政治过程联结点的农村社会中，现代法律被基层社会所吸纳的程度及有关政策的限度，对重新反思现代法律的角色及其功能至关重要。本章以"调解"和"审判"的关系为主轴，论述农村社会的纠纷解决机制及其变迁。

第一节　村庄的纠纷解决机制

在人情浓厚的熟人社会中，纠纷解决往往遵循"优先调解，重视调解"的原则。本节将循着熟人社会得以成立的各种要素，通过分析纠纷行为的意义连带、纠纷事件与其他事件的一体性，揭示村庄纠纷解决的一般机制。

一　"优先调解、重视调解"的熟人社会

如果要对中国的法制化发展过程进行分析，一定都不能忽略对基层社会本身的考察。毕竟，基层社会的底层逻辑极大影响着现代法制话语下渗的具体展现方式。在中国农村，"乡土社会"就是对基层社会底层逻辑的精准概括。在费孝通的论述中，所谓"乡土"，表层的意义是农业生产这种特定的社会生产内容，而更深层次的意涵，则是指一种被"乡土性"所裹挟的社会结构特征。

---

　　* 本章部分内容修改为论文《中国农村基层治理的"浑沌"及其实践形态研究——反思治理方式规范化的一个视角》，发表于《社会科学》2021 年第 2 期。

乡土社会的“乡土性”具有以下三个特征。一是“扎根性”，即居住于乡土社会的人安土重迁，很少流动。二是“地方性”，即乡土空间中的人们聚村而居，社会生活内外有别，活动范围有地域上的限制，区域间接触少、生活隔离，各自保持孤立的社会圈子。三是“熟悉性”，即乡土社会中没有陌生人，信任来源于彼此的熟悉。①在费孝通写作《乡土中国》的20世纪40年代，中国乡土社会虽然正经历着变迁，新式的法律已经开始延伸到中国社会的基层，但在总体上由于国家对农村社会的渗透和影响力还相当稀薄，中国的乡土社会仍然保留着其核心特征。

在20世纪90年代中期以前，稻村的农家还是以农业的家庭经营为其主要的收入来源。乡土社会的生活缺少流动性，因此村民间日常交往频繁，并且这种交往几乎是从村民的童年期开始，一直持续到其生命结束。而乡土社会的纠纷，一般就产生于村民的日常交往。纠纷之所起，概非因一次特定的矛盾冲突所致，因此纠纷的标的也往往并不聚焦，被复杂的前因后果和社会背景所缠绕。乡土社会的每一个纠纷事件都不能孤立看待。在每个村民的人生时间维度上所附着的，是在村民的生活中绵延的伦理秩序、社会关系网络、内外有别的原则。因此，对于发生于血缘集团内部的纠纷、地缘集团内部的纠纷、“本地人”与“外来户”间的纠纷（通常发生于主姓村），纠纷的解决目的是不一样的。

发生于血缘集团内部的纠纷，往往是嵌入血缘身份的伦理秩序之中的。因此，纠纷解决者会对子代强调家庭利益的统一性和以伦理秩序为前提的情感共同体观念，以维护具有长幼尊卑之分的家庭伦理秩序。

发生于地缘集团内部的纠纷，则往往嵌入村民的社会关系网络之中。因此，纠纷的解决目的不在于执行国家制定的法律，而是维持村民的社会关系网络，修复当事人受损的“人情”和“面子”，使当事人能够继续在其社会关系网络中生活下去。对双方“各打五十大板”以中止双方在“面子”上对输赢的争夺，或者以调和折中的劝解方

---

① 费孝通：《乡土中国　生育制度》，北京大学出版社1998年版，第2—3页。

式促成双方相互退让，是通常采用的纠纷调解方式。

发生在"本地人"与"外来户"之间的纠纷，以及发生于村民与"地方性共识"的越轨者之间的纠纷，则是嵌入村庄社会的地方性共识之中的。因此，通过偏袒"本地人"、漠视"外来户"利益，或者偏袒遵从"地方性共识"者、漠视越轨者的利益，以使"外来户"或"地方性共识"的越轨者保持对"本地人"或"地方性共识"的顺服，就成为纠纷解决的目的。这种目的，通常是以暴力威胁或报复的施与为手段达成的。此类纠纷通常无须第三者的"调解"就能自然止息。

以乡土社会的地方惯习和社会秩序为基础，在新中国成立前，中国共产党在陕甘宁边区根据地采用"马锡五审判方式"处理民间社会纠纷。这种方式需要法官亲自深入现场，进入群众当中进行调查研究，在裁判时综合群众的发言、倾听群众的意见，尽可能通过说服教育的方式形成合意，而只在无论如何也无法形成合意的情况下才做出判决。① 在"马锡五审判方式"下，司法活动不被限定为专业法官，一般群众也有参与裁判的可能性。因此，诉讼与调解被有效结合起来。调解虽然在实践中有可能偏离一些法律原则，但法律却通过调解，作为一种有效手段而渗透进乡土社会的治理之中，不但为法律问题的解决，也为社会问题的解决提供了备选方案。

1963 年发布的《关于最高人民法院民事审判工作若干问题的意见》围绕民事裁判提出了"调查研究，调解为主，就地解决"的 12 字工作方针。翌年的《最高人民法院工作报告》将这 12 字工作方针修改为"依靠群众，调查研究，调解为主，就地解决"的 16 字工作方针。此后直到 1991 年制定现行的民事诉讼法为止，"优先调解，重视调解"的民事裁判原则一直没有发生变更。②

在 20 世纪 90 年代中期以前，"优先调解，重视调解"也是稻村村干部处理村民纠纷时利用的主要原则。因为生活互动频繁、人际距

---

① 田中信行：《裁判制度》，载中国研究所编《中国基本法令集》，日本評論社 1988 年版，第 505 页。

② 胡光輝：《中国における裁判所調停》，《比較法学》2010 年第 2 期。

离紧密，村庄里茶余饭后都会上演矛盾纠纷，这些纠纷不是婆媳矛盾就是邻里不和，拌嘴吵架甚至打作一团都并不是稀罕事。特别是进入农忙时节，为了争得优先灌溉权，一些村民更是打得不可开交。不过大部分的矛盾纠纷，并不会被推到村干部和乡镇干部的面前，除非矛盾已经激化得无法在村民内部由小组长自行化解。小组长是村民在遭遇矛盾纠纷时求援的第一人，因此他们日积月累积攒了丰富的纠纷调解经验和群众威望，即使卸任之后也仍会继续扮演纠纷调解员的角色。

在熟人社会的纠纷调解中，纠纷解决者可以综合利用村庄的社会资源。这些社会资源包括法律之外的社会关系网络及附着其上的情感性资源，特别是"人情""面子"等乡土性资源。作为纠纷解决者的村干部和乡镇干部，通常会将社会资源与行政性权威资源相结合，而他们对纠纷当事人的身份、性格的把握程度成了调解的关键。

纠纷在处理过程中还必须将纠纷双方的历史性处境、社会关系网络和未来的生活处境都考虑在内，其目的不仅是协调纠纷双方的利益关系，更在于协助双方达成符合村庄日常情感性诉求的"和解"，使他们的生活能够重新融入既有的伦理秩序或心理认同的价值系统。由于村庄纠纷可能发生在血缘集团内部、地缘集团内部，以及"本地人"与"外来户"之间，在村民的意识中，纠纷本身就嵌入家庭的伦理秩序、社会关系网络中"人情""面子"以及"内外有别"的心理认同之中。因此，村庄社会对纠纷的看法和评价不是"就事论事"地仅仅以事件本身的发展过程作为判断依据，而是会将纠纷双方的身份以及在日常生活中当事人所展露的性格作为更重要的判断依据。这些知识具有地方性、个人性，却不一定具有同质性，无法批量或文本化生产[①]，也是外来的法官难以短时间内把握的信息，而作为村民一员的村干部在对这些知识的把握上具有天然优势。

20 世纪 90 年代以来，国家大力提倡"送法下乡"。1991 年颁布并实施的现行《民事诉讼法》规定，"人民法院审理民事案件，应当

---

① 苏力：《送法下乡——中国基层司法制度研究》，北京大学出版社 2015 年版，第44—45 页。

根据自愿和合法的原则进行调解；调解不成的，应当及时判决"，
"人民法院审理民事案件，根据当事人自愿的原则，在事实清楚的基
础上，分清是非，进行调解"（第9条、第85条）。基于此，法院调
解逐渐从"调解前置，调解优先"转向以"选择性调解"即当事人
的自愿为原则的调解。此外，不少持有"法制论"观点的政策制定
者和学者，希望现代法律的使用能够取代乡镇干部或村干部对村庄社
会资源的综合调用，成为解决纠纷的至上原则。

正如《法律年鉴》中的统计数据（见表5-1）所显示的那样，
在1991年施行的现行《民事诉讼法》承认了调解中的自愿原则之后，
法院调解似乎越来越被当事人敬而远之，同时诉诸现代法律判决的当
事人数量持续上升。

表5-1　　　　　　　　**法院调解统计**（1991—2003）

年份	受理件数及 增加率		终结件数及 增加率		通过调解而终结 的件数及比例		通过判决而终结 的件数及比例	
1991	1880635	1.55%	1910013	3.26%	1128456	59.08%	456000	23.87%
1992	1948786	3.62%	1948949	2.04%	1136970	58.34%	490932	25.19%
1993	2089257	7.21%	2091651	7.32%	1124060	53.74%	487005	23.28%
1994	2383764	14.10%	2382174	13.89%	1392114	58.44%	547878	23.00%
1995	2718533	14.04%	2714665	13.96%	1544261	56.89%	658784	24.27%
1996	3093995	13.81%	3084464	13.62%	1672892	54.24%	815741	26.45%
1997	3277572	5.93%	3242202	5.11%	1651996	50.95%	955530	29.47%
1998	3375069	2.97%	3360028	3.63%	1540369	45.84%	1115849	33.21%
1999	3519244	4.27%	3517324	4.68%	1500269	42.65%	1257467	35.75%
2000	3412259	-3.04%	3418481	-2.81%	1336002	39.08%	1328510	38.86%
2001	3459025	1.37%	3457770	1.15%	1270556	36.74%	1417625	41.00%
2002	4420123	27.79%	4393306	27.06%	1331978	30.32%	1909284	43.46%
2003	4410236	-0.22%	4416168	0.52%	1322220	29.94%	1876871	42.50%

　　资料来源：《法律年鉴》和《最高人民法院公报》。《法律年鉴》的统计数据中，2001
年前的数据为民事与经济相关案件分别统计，这里表示的2001年前的数据仅限民事案件。
自2002年以后的统计，统一为民事案件的数据。胡光辉：《中国における裁判所调停》，
《比较法学》2010年第2期。

从 20 世纪 90 年代后期开始，稻村就开始有少数村民尝试着绕过乡村传统的调解方式，直接求援于现代法律来解决纠纷。尽管如此，通过村干部的调解定分止争仍然占据主流。

二　意义的连带

在稻村的村庄社会中，纠纷调解的行为意义不仅仅是在一件件的矛盾纠纷中"即事性"地协调纠纷各方的利益关系，而是与维护村庄的伦理秩序和社会关系网络、为当事人创造在未来继续生活下去的条件等超越具体矛盾调解的更具时间跨度的社会意义联系在一起，形成纠纷调解行为意义的连带。换句话说，调解行为的意义不仅在于协调纠纷双方的利益关系，更在于协助双方达成符合村庄日常情感性诉求的"和解"，使他们的生活能够重新融入既有的伦理秩序或心理认同的意义系统。

对于发生于血缘集团内部的纠纷，纠纷调解行为的意义往往与嵌入血缘身份的伦理意义无法分割。根据具有长幼尊卑之分的家庭伦理秩序，纠纷双方在等级序列中所处的位置是有差异的。出现在代际间或兄弟、堂兄弟间的纠纷，一般不是由财产和其他权利侵害所造成的，而是在交往中由于不公平感等因素造成的。在由村干部出面解决纠纷时，调解行为的意义必定与维护"父慈子孝、兄友弟恭"的伦理秩序是融合为一体的。比如对于赡养老人的任务分配不均而引起的兄弟间纠纷，纠纷解决的意义就不仅仅在于使老人被儿子们赡养，更要使兄弟间的感情能够恢复"和睦"的状态。调解行为的意义"浑沌"，直接影响到调解的方式。由于稻村的血缘集团规模较小，这一点体现得不是特别明显。但在姓氏血缘集团规模较大的华北和华南农村，当父子间发生纠纷时，父亲是等级序列较高的当事人，因此即使父亲在引起纠纷发生的事件中承担主要过错，村庄社会的舆论氛围也倾向于谅解其过错，以维护与其等级序列相应的尊严感。在稻村，特别是在华北和华南的村庄中，舆论通常认为："你作为晚辈，作为儿子，你在自己父亲面前吃点亏算什么呢，都是一家人要分那么清吗？"[1] 相应于

---

[1]　刘燕舞、桂华：《论自己人纠纷与外人纠纷》，《周口师范学院学报》2011 年第 1 期。

村庄舆论，这类纠纷的解决手段就并非清晰界分双方谁对谁错，同时也需要避免以"各打五十大板"的方式使父子共同分担过错。纠纷处理者要做的是对子代强调家庭利益的统一性和以伦理秩序为前提的情感共同体观念，放大双方的共同点，使引发纠纷的事件本身的过错及责任归属模糊化。

对于发生于地缘集团内部的纠纷，调解行为的意义则往往是嵌入村民的社会关系网络之中的。通过村民的日常交往或仪式性往来，村民们最关心的"人情""面子"就在他们各自的社会关系网络中流动着。相应地，处理村庄社会地缘集团内部纠纷的民间调解，通常是以求得双方的相互妥协为主。调解行为的意义不在于执行国家制定的法律，而是维持村民的社会关系网络，修复当事人受损的"人情"和"面子"，使当事人能够继续在其社会关系网络中生活下去。村干部调解纠纷的意义已经不局限于纠纷的事件本身，而是将纠纷事件与村社关系的长久维系和村庄内生秩序维持的意义融合在一起。因此，对于发生在地缘集团内部的纠纷，对双方"各打五十大板"以中止双方在"面子"上对输赢的争夺，或者以调和折中的劝解方式促成双方相互退让，是基层纠纷调解者经常采用的手段。这种纠纷解决手段不是严格按照法律条文执行的，但却不会使纠纷的解决成为新一轮纠纷的开始。

比如在稻村，村民杨初山跟村民张来顺争吵，张来顺把杨初山推倒了。但是在医院，村民杨初山说张来顺把他打伤了，要求张来顺支付医药费。但张来顺说杨初山骂了他，他就推了一下而已。杨初山说，他们为一点小事争吵，张来顺就打他。[①] 由于引起纠纷的事件本身已经难以确证，在"面子"的输赢对双方的未来村庄生活影响极大的情况下，不管客观事实究竟如何而"各打五十大板"让双人都承担责任，反而是更公平的方法。在这场纠纷中，村民杨初山伤得不重，到医疗站包扎花费了 4 元，村干部就要求村民张来顺全部赔偿。据村干部的调解意见，如果村民杨初山伤得厉害，就得双方都负责任。

---

① 湖北省沙洋县 M 镇稻村访谈笔记，2015 年 4 月 17 日。

又如20世纪90年代在稻村发生的一起纠纷事件。村民李伟的一头猪在村民王建国的田里吃菜，村民王建国投了一个石头打猪，猪发疯了，栽到旁边的沟里，鼻梁骨断了，就死了。他们找到村干部那里。村干部对村民李伟说："猪你没有牵好，村民王建国不是故意打死你的猪，是过失性的。你这个猪估计一下有多重，能抵多少价，生猪和死猪的差价你俩根据责任共担。你没有牵好猪，负担40%的责任。"又对村民王建国说："人家猪死了，你多出一点钱，平息一下人家的心情，负担60%的责任。不要搞得你也气、他也气，以后大家还要见面。"①

　　由双方共同承担责任的纠纷解决方式，就意味着纠纷双方在"面子"上谁也没有全赢、谁也没有全输，因此将能够维护纠纷各方在未来生活中的交往关系。

　　而对于发生在"本地人"与"外来户"之间的纠纷来说，纠纷调解的意义则与村民对"本地人"与"外来户"的认同差异的意义融合在一起。虽然稻村的历史不长，只有100余年，但最早的一批迁居者与最近20多年迁入该村的村民之间，还是形成了"本地人"与"外来户"的分别意识。因此稻村的纠纷调解，也必须要利用村民意识中"内外有别"的原则。在"本地"村民的心理认同上，"本地人"的地位必须优越于"外来户"，而"外来户"必须顺服"本地人"。因此，纠纷调解的意义就是使"本地人"保持优越地位，使"外来户"保持顺服地位。以暴力威胁或报复的施与作为解决纠纷的方式，能够符合大多数"本地"村民的心理期待。一个"外来户"要想在主姓村过安稳的生活，必须在社会关系网的经营上小心谨慎，避免介入村落中任何家庭和亲族的矛盾中。因为"外来户"在村落或本地半熟人圈内没有稳定的社会关系，在同"本地人"交往的过程中往往会受到歧视和区别对待。纠纷的解决方式也需要与这种村庄社会的情感性共识相统一，其表现为无须"调解"就能使纠纷自然止息。

　　总而言之，不论是发生在血缘集团内部的纠纷、地缘集团内部的

---

① 湖北省沙洋县M镇稻村访谈笔记，2016年6月14日。

纠纷，还是发生在"本地人"与"外来户"之间的纠纷，纠纷调解行为的意义与伦理秩序的意义、社会关系网络中"人情"和"面子"的意义，以及本地村民心理认同的意义，形成相互连带的关系。这种纠纷调解行为意义的连带，促使纠纷被村庄的生活系统所吸纳，也使纠纷调解指向当事人未来的村庄生活。

三　与其他事件的一体性

由于村庄纠纷事件发生在血缘集团和地缘集团内部，以及"本地人"与"外来户"之间，在稻村的村民意识中，纠纷事件本身就嵌入家庭的伦理秩序和社会关系网络中。因此，纠纷事件本身并不是孤立的，其起因往往不是由一次矛盾冲突、一个明确的因素所导致，而是与纠纷事件前发生的诸多日常生活中的事件连带在一起，形成了相互牵扯、相互之间无边界的一体性。

在多数情况下，纠纷事件是由致使"人情""面子"等情感性因素在历史性的村庄生活中不断受损的一系列事件而激发的。而纠纷事件本身常常以"骂街"的方式表现出来。"骂街"本身是发泄自己的不满，并在村庄社会中宣示对方的过错，甚至通过丑化对方等损害对方"面子"的方式，达到赢回自己"面子"的目的。当然"面子"受损的一方也会以相同的方式挽回自己的"面子"，但也是以损害对方"面子"为手段的。之所以"骂街"的双方都有自我辩驳的理由，是因为引发纠纷事件的原因本身，其真实性已经很难还原。纠纷各方的争执甚至"骂街"，其目的并不在于将引发纠纷事件的原因揭示出来。在地缘集团内部的纠纷中，人们所关注的并不是引发纠纷事件的真相，而是"面子"的输赢。主动终止争执，就意味着输掉"面子"。"沉默"是主动终止争执的一种方式。这种"沉默"有可能是被强迫的，对方的暴力行为导致了这种强迫的发生，并为对方赢得了"面子"。"面子"的输赢决定了村民对引发纠纷的事件本身所进行的认知判断。输掉"面子"，就意味着该村民在未来的村庄生活中需要面对来自舆论对自己做出的消极评价的压力，而这种压力将成为该村民在村庄中生活的情感性障碍。

比如 20 世纪 90 年代，在稻村发生了这样一起纠纷。村民张克成在稻村里的霸道是出了名的，村民刘海涛与张克成是邻居。长期以来，刘海涛与张克成就经常因为一些生活琐事而争执。每次下暴雨的时候，张克成为了不让自己家门口淹水，总把水往刘海涛的家门口方向扫。刘海涛试图制止时，张克成就说："干什么？你也可以把水往其他地方扫啊！"周围邻居都说，张克成总是不会好好说话，不会跟别人商量问题，总是一副要吵架的架势。一次，刘海涛家的水牛磨掉了张克成所种的果树的树皮。张克成知道后找来刘海涛说："我种的果树皮全被你家牛磨掉了。树已经活不了了，你说怎么办？赔礼也解决不了问题。"刘海涛说："你这不是耍无赖吗？"张克成听后很生气，甩手打了刘海涛一巴掌。刘海涛觉得受到了侮辱，扬言要和张克成拼命。两人扭打在一起，被旁边路过的村民劝开。回家后，刘海涛对妻子说："我要跟他家拼了，我受不了这口气。"①

在这一纠纷案例中，刘海涛被张克成当着众围观村民的面打了一巴掌。刘海涛感觉遭受了莫大的屈辱，因此声称要"宰了那个姓张的"。若依照法律法规，"被打一巴掌"虽算人身攻击，但却很难构成独立标的。在该案的语境下，调解的难点并不是被打而造成的身体损伤，而在于挨打者心中所生成的"气"。这个"气"也并非因水牛磨掉果树皮这个单一的事情而起，而是由他们成为邻居之后在生活中产生的种种摩擦积累而起，最后以水牛磨掉果树皮这个事件为导火线而爆发出来。受"气"会使村民在未来的生活中丧失尊严，没有"面子"。为了"面子"，为了赢回在村庄中做人的资格，当事人会认为将命拼了也值得。

从这一典型案例中我们可以发现，"水牛磨破树皮事件"与"被打事件"紧密关联在一起，并且还与村民张克成在过去做过的一系列"霸道事件"相互牵扯。只要该村民不愿输掉"面子"，纠纷事件就将持续下去。这是因为纠纷事件已经在发展的过程中，与发生在过去的"面子输赢"事件和正在发生的"面子输赢"事件嵌套在一起，形成了事件"浑沌"。

因此，在稻村做纠纷调解的村干部们不仅仅需要对引起纠纷的最

---

① 湖北省沙洋县 M 镇稻村访谈笔记，2015 年 4 月 25 日。

近一次事件的信息进行全盘了解，不仅仅需要将眼光聚焦于最近的纠纷事件本身，更需要将参与纠纷的各方当事人在过去如何相处、性格如何、社会评价如何等因素考虑在内。换句话说，纠纷的调解者还需要以纠纷的各方当事人为单位，考察一系列发生过的其他事件。只有基于纠纷事件与其他事件相连带的"浑沌"，才能深入平息纠纷各方多年累积的情绪，深层次地化解矛盾。

在上述案例中，纠纷的调解者找来受过村民张克成的委屈的村民，和村民刘海涛一起来到村民张克成家中，将所有能够想得到的积怨事件都和盘托出。在众多的村民面前，村民张克成虽然也有辩驳，但也已经没有了不与人商量的蛮横口气。最后张克成向刘海涛道了歉，刘海涛也对张克成的果树进行了经济上的适当赔偿。此后，刘海涛与张克成就很少闹矛盾了。

在有待调解的纠纷事件与当事人日常生活中发生的其他事件之间建立起连带关系，具有非规范化、非程式化的特点，调解人他们需要根据纠纷当事人的生活处境、性格、村庄评价等而灵活调整对作为历史资源的其他事件的调用方式。比如，稻村的张某某和王某某发生纠纷。作为调解人的村主任，从他在村庄生活中长期以来观察到的有关王某某的其他事件中判断，王某某的性格是喜欢听别人表扬他。于是，在纠纷调解的过程中，村主任首先到张某某家，先告诉张某某，这件事王某某一定愿意道歉，叫张某某不要着急。随后，村主任来到王某某家，从与纠纷这件事毫不相关的其他事件入手，与王某某交谈起来。村主任知道王某某是一个建筑队的包工头，就称兄道弟地关心起王某某最近的工作："老弟最近工程做得怎么样啊？"在王某某介绍了自己的工作之后，村主任说："老弟啊，你真是有本事的人！有好烟就拿出来抽！"于是两人一边抽烟一边聊。通过聊这些与纠纷无关的其他事件以及村主任的倾听和不时的赞扬，王某某就获得了足够的面子。在聊得很尽兴了之后，王某某主动说："今晚就在小弟我家吃饭，咱们喝酒！"借着这个话头，村主任说："要是我留下来喝酒，那还有几个村干部也要过来喝酒。"在王某某询问原因之后，村主任仍然以对王某某非常了解的口气说："你是个明白人啊，也是个有面子的人。有些事情不用我说，你也想得到的。"于是王某某想起了与张某某的纠纷一事。由于在兴头上，那些纠纷已经不算什么事了，王某某答应向张某某怎样赔礼道歉都可以。

在上述纠纷调解过程中，将纠纷事件置于与其他事件的一体性关系之中，将其他事件作为给予对方面子、拉近调解人与当事人距离的生活史沉淀资源，并作为引出纠纷调解的铺垫，成为民间纠纷调解的策略之一。村干部对当事人的身份、性格的把握程度成了调解的关键。“烟”“酒”背后所象征的当事人的社会关系网络，以及“你是有本事的人”“你是明白人”“你是有面子的人”等诱导性话语背后所暗示的他人对当事人生活中其他事件的评价，都转化为调解人所利用的资源。由于其他事件的选择要基于村干部的长期观察和对当事人的了解，具体的调解方案因而无法制度化、规范化、文本化，需要调解人在对话中根据当事人的具体情况和现场情绪反馈而不断创造和调整。因此，每一个纠纷调整过程所展现的具体方式都是“个案性”的，用村干部的话说就是“一把钥匙开一把锁”。

村庄社会发生的不少纠纷争议，就仅仅是日常琐事累积起来的情感性诉求的投射。调解人与当事人的私人关系以及“知根知底”的言语表现，在将其他事件与纠纷事件进行关联的同时，也就成为化解当事人情绪而需要被调用的关键资源。相反，法律资源并不是重要资源，恰好是法律之外的社会关系网络及附着其上的历史事件群，成为纠纷调解的法宝。

第二节　现代法意识的渗透

20世纪90年代以后，现代法意识向村庄社会的渗透，造成了纠纷意义的切割及纠纷与其他事件一体性的切割。本节在讨论现代法意识对农村社会的渗透过程的基础上，着重考察纠纷意义的切割以及纠纷与其他事件一体性的切割。

一　意义的切割

1991年，中国的《民事诉讼法》参考海外的诉讼制度而做出了修正（见表5-2），调解原则从“重视调解”变更为“自愿与合法"。同时在调解程序的主导权方面，如果没有当事人的同意，法院不能直接进行调解。此后的 10 年，中国的民事诉讼解决方式进入了"重判决而轻调解的阶段"。①

表 5 - 2　　　　　　　关于《民事诉讼法》的修正

1982 年 民事诉讼法	第 97 条：人民法院受理的民事案件，能够调解的，应当在查明事实、分清是非的基础上进行调解，促使当事人互相谅解，达成协议
1991 年 民事诉讼法	第 9 条：人民法院审理民事案件，应当根据自愿和合法的原则进行调解；调解不成的，应当及时判决。 第 64 条：当事人对自己提出的主张，有责任提供证据（"谁主张，谁举证"原则）
1992 年 《最高人民法院关于适用〈中华人民共和国民事诉讼法〉若干问题的意见》	第 91 条：人民法院受理案件后，经审查，认为法律关系明确、事实清楚，在征得当事人双方同意后，可以径行调解 第 92 条：当事人一方或双方坚持不愿调解的，人民法院应当及时判决

此外，从1991 年《民事诉讼法》第 64 条确立的"谁主张，谁举证"原则来看，程序主义逐渐对司法实务产生影响，程序的公正与效率得到强调。② 对于受过高等教育的年轻法官而言，他们如果要胜任调解则必须掌握许多专业法律知识以外的社会能力。与调解相比，单就当事人提供的证据而依据法律规定作出判决，毋宁说更加容易。因此，放弃调解而倾向于选择法律审判的年轻法官不在少数。③

而与此同时，对于诉讼调解，许多政策制定者和学者主张政府应通过国家强制能力，尽快制定和完善现代成文法的法律，尽快借鉴引入一些发达国家的法律制度。法学界指出，调解偏离了法治目标，进

① 徐文海：《訴訟と調停の連携（1）—日中比較を通じて—》，《立命館法学》2013年第 4 期。

② 吴英资：《法院调停的"复兴"与未来》，《法制与社会发展》2007 年第 3 期。

③ 范愉：《调解的重构（上）——以法院调解的改革为重点》，《法制与社会发展》2004 年第 2 期。

而主张按照现代法律程序解决村庄社会日常生活中发生的纠纷。① 在这样的思维方式下，现代法律的纠纷处理方式，应当让纠纷调解行为从社会关系网中脱离出来而成为一个独立的存在。

然而，虽然民事诉讼解决进入了"重判决而轻调解的阶段"，在20世纪90年代的农村，依靠村干部调解纠纷仍旧是一种主流方式。这是因为与法律知识相比，利用地方性知识调解纠纷对于村干部来说更加得心应手。而且在村庄社会，纠纷解决与纠纷当事人将来的生活一直以来都是密切相关的。换句话说，纠纷解决这一行为的意义，高度嵌入村庄伦理秩序、村民的社会关系网以及村庄认同之中，与这些要素形成了连带关系。纠纷解决的目的，并非追究和查明脱离村庄文化网络的孤立事实证据，而是在依存于当事者认同的伦理秩序和社会关系网的框架内求得和解。

现代法律成为解决村庄纠纷的主流方式，发生于村民大量外出务工、村民小组长被取消、乡村干部脱离村民日常生产生活等情况纷纷出现的21世纪初中期。2006年以后，求助于M镇派出所或法院而非村干部的稻村村民急剧增加。

现代司法机关解决纠纷意味着纠纷调解行为的意义与纠纷当事人未来的生活之间形成了一道清晰的边界，这道边界使在当事人之间清晰厘定他们在引发纠纷的事件中各自所承担的责任、调整当事人之间的现实利益成为调解纠纷的首要目标。纠纷不再被放入拥有未来的时间维度的村庄生活整体中进行理解，而仅仅被认为是由利益冲突而引发的社会事实，因此通过证据链尽量还原事件本身变得重要。纠纷解决的最终依据是国家法，而非民间法。村庄社会对纠纷的看法、纠纷过程所蕴含的当事人的情感性因素，皆不被纳入考察范围。纠纷解决的过程于是就成为基于个人利益最大化原则的村民表达利益和争夺利益的过程。在没有情感共识和伦理秩序牵制下的纠纷解决中，法律所能裁定的仅仅是"利益"这一能够被清晰计算的要素。

此外，纠纷调解行为意义的边界化也意味着当事人在纠纷解决的

---

① 张晋红：《法院调解的立法价值探究——兼评法院调解的两种改良观点》，《法学研究》1998年第5期；姚玲：《法院调解应予摈弃》，《中国司法》2000年第4期。

过程中脱离村庄社会关系网络、历史积累的情感因素以及对未来的情感期待，成为较为个体化的个人。原本每个生活在村庄中的个人都不是个体化的，因为个人身上汇聚着浓厚的社会关系，并凝结着家庭认同和村庄认同带来的情感。然而，个体化的个人卸除了笼罩在他身上的诸多关系网和情感因素，卸除了作为家庭成员角色或朋友角色所应承担的责任和身份认同，仅仅还原为一个利益的争夺者或守卫者，与其个人利益的得与失紧密联系在一起。这种"单一身份认同"所激起的利益争夺或守卫，压缩了通过促成相互退让而达成和解的纠纷解决空间，而只能生产并增加纠纷双方的对立。而现代法律却成为服务于纠纷双方进行"现时点"利益争夺或利益维护的工具。

二　纠纷处理与其他事件一体性的切割

在村庄社会的纠纷解决中，经常被使用的资源是"情"和"理"。所谓"情"和"理"，其实表达的就是该纠纷事件与其他事件的关联，意味着该纠纷事件与其他事件中产生的日常情感性诉求和伦理秩序形成了一个整体。有能力使用"情"和"理"这种地方性知识的纠纷调解人，必然已经熟谙纠纷当事人的个性化信息，对当事人的脾气、性格、品性和家庭情况都了如指掌。这些信息具有充分的异质性，因而是高度"属人化"的，是一个生命对另一个生命所处状态的深层感知。这种体悟性的经验和觉知难以轻易传授他人，更难以被他人在短时间内所掌握。只有充分了解围绕纠纷事件的其他事件，并将纠纷事件视为嵌入其他事件中的一部分，纠纷调解者才能准确找到具有针对性的调解突破口。

对于稻村而言，原先乡镇干部和村干部往往成为能够运用"情"和"理"解决纠纷的调节者。自20世纪90年代中期打工经济兴起以来，稻村人口的流动性变大。以农民日常生活中的互助合作为基础而自发形成的社会圈子，渐渐由于打工经济的兴起和农业劳动在家庭经济中地位的下降，而陆续出现因不能兑现"人情"的回馈而解散的状况。至于不能兑现回馈的原因，一则是由于主要精力转入务工，在农业上的时间投入减少，二则农业种植由于抛秧等技术的推广而变得相对粗放，一般也不需要请人帮忙。打工经济带来的经济应对能力提高、生活节奏变化和空间的开放，使得小农家庭不再具有合作生产的诉求和可能。

自 2006 年农业税取消之后，一些地方政府认为不需要村民小组长协助收税了，因此撤销了村民小组长。在稻村，村民小组长的撤销不仅意味着村民小组丧失了作为农村最底层行政建制的基础，同时还意味着作为农民生产生活基本单位的村民小组也失去了"当家人"。而农民的纠纷毕竟主要发生在村民小组内部，"当家人"的丧失就导致村民小组内部的矛盾不能就地化解。M 镇的干部除了完成上级部门要求的工作、给村委会布置工作任务之外，很少进村了解民情民意。即使进村，乡镇干部也一般只跟村干部接触。稻村村民的大量外出务工，以及乡镇干部对村民日常生产生活的退出，使得能够运用"情"和"理"进行纠纷调解的人越来越少。有稻村的村民反映，他们现在连一个 M 镇的干部也不认识了。

另外，从 2000 年左右开始，"合村并组"的政策也在全国范围内推行，村干部被精减到 5 人以下，同时不少行政村的辖区规模却扩张了数倍。

比如，与稻村相邻的一个 900 多人的行政村，与另一个 1800 多人的行政村进行了合并，合并后的行政村内部包含 22 个村民小组，拥有 2700 多人的人口规模。这客观上使村干部难以处理从 22 个村民小组和 2700 多人的村庄社会中产生的纠纷，而只能忙于自上而下的行政任务。"合村并组"还将冲击原有的血缘与地缘相结合的村落社会结构，使村民在村庄共识方面产生情感性危机。村干部将难以对合并后村庄的各种信息和舆论进行把握，因此在解决纠纷时，也难以将纠纷事件放在与其他事件相互关联的一体性中进行考虑。在纠纷调解中，纠纷事件与其他事件的无关联化，即是纠纷事件与其他事件的边界化。

在调解纠纷时，将纠纷事件与其他事件放入连带关系中考虑，灵活运用"情"与"理"来定分止争，就成为一件很难做到的事情。村干部逐渐放弃扮演纠纷调解者的角色，越来越倾向于将现代法律引入纠纷处理。而与此同时，由于打工经济使村民的道义观念愈益稀薄，稻村村民在纠纷中也越来越趋向于简单瞄准利益的争夺和利益的维护，自发自愿地诉诸援引现代法律的纠纷解决方式。

稻村村干部这样为笔者描述 2006 年以后变得稀薄的"干群关系"：

> 农业税取消以后，农民即使有事情也很少找我们了。如果想
> 要宅基地，就向土管所申请。如果要办户口，就向派出所申请。
> 如果要解决纠纷，就去镇里司法所。如果吵架打架了，就立马去
> 派出所。如果自己的利益受到侵害了，他们立刻去法院。现在村
> 民用不到村干部了，就算是遇到村干部，他们也不打招呼了。①

从上述村干部的话语中，我们可以看出现代法律逐渐成为村民的
某种信念，或者一种守护自己利益的工具。对于以现代法律为依据一
心争夺利益的村民而言，他们越来越难以服从村干部的调解。在现代
法律的标准占据优位的村庄，习惯于法律用语的村民就能获得压倒性
的优势，而村干部在纠纷交涉现场则处于越来越弱势的地位。

通过警察和法官走正式程序处理纠纷就意味着在当事人之间清晰
厘定他们在引发纠纷的事件中各自所承担的责任、调整当事人之间的
现实利益成为首要目标。纠纷解决的最终依据是国家法，而非民间
法。纠纷解决的过程，于是就成为基于个人利益最大化原则的村民表
达利益和争夺利益的过程。

派出所对于村庄社会来说属于外来力量，如果没有村干部和村民
小组长辅助执法，警察在村庄执法时将可能遇到暴力抗法，不但不能
解决纠纷，还有可能使自身陷入遭受村民攻击的危险境地。这是因为
在现代化的执法过程中，在简化数据关联性的基础上对变量进行整理
以及能够进行严密检证的信息十分重要。只有当信息经过充分类别化
了之后，警察才能灵活使用此前积累的经验，为当下的纠纷制订应对
方案。尽量避免人格化的情感等非理性因素的混入，将能够还原纠纷
事件本身发生经过的证据链视为至宝，是近代法律处理纠纷事件的原
则。因此，近代法律的执行会选择无视纠纷当事人的性格、对当事人
的村庄社会评价、当事人的情感诉求，以及与纠纷事件相关联的其他

---

① 湖北省沙洋县 M 镇稻村调查记录，2015 年 4 月 4 日。

事件。警察和法官所欲求的是逻辑自洽的事实叙述，并以此追究与纠纷事件发展相关的当事人行为的法律责任。

然而，可以类别化处理的问题往往是简单易处置的问题。村庄社会中的纠纷发展，有时信息高度混杂且稍纵即逝，难以进行分类整理，或在处理的过程中来不及归类。由于警察对纠纷当事人的性格、村庄社会对当事人的评价、情感性诉求等各方面信息都是陌生的，警察就更不可能将这些信息转化为村庄社会的资源用于纠纷调解。由于村干部与村民之间关系的"陌生化"，村干部也渐渐丧失了把握村庄社会混杂信息的能力，因此也没有能力将纠纷当事人的人际网络、家庭背景、脾气等可以构成警察处理纠纷的决策基础的信息提供给警察。再加上案多警少的现状，村民对警察的执法诉求与警察的执法能力之间就产生了落差。警察权威并不能孤立自存，其效用的发挥必然与执法空间和环境的形态相勾连，被与执法对象的互动过程所形塑，因此是一种区别于传统"法律权威"（legal authority）的"情境性权威"（situational authority）①。决定一个警察的执法行为能否获得成功的关键因素是参与执法互动的各个主体是否配合警察的执法意志，比如执法对象对控制的服从以及村干部对必要信息的积极提供。如果没有充分适当的情境作为支撑，警察的执法行为就毫无权威可言，必然影响到执法的实效性。当警察在纠纷的处理中只有"法律"可以作为被调用的资源时，由于"法律"只能裁定利益和责任归属，而无法应对当事人的脾气及其在纠纷现场表现出的情感性诉求，警察的"情境性权威"无法生成，也就不可能将"法律"执行下去。再加上纠纷事件很多而警力不足，村民对警察的纠纷解决诉求与警察的执行能力之间产生了巨大落差。

在土地承包经营和山林经营也逐渐走向物权化后，相关法律法规不断生产出围绕个人和家庭利益争夺而展开的民事纠纷。而法律不但无助于恢复村庄社会网络的活性和村民间利益的公平，相反助长了村民间的利益分化，成为一些村民谋取个人利益的工具。由于在法律规

---

① Black, Donald, *Police Encounters and Social Organization: an Observation Study*, A Dissertation for the Degree of PHD in the University of Michigan, 1968, p. 268.

范体系中，有很多实际上往往在村庄的生活情境中具有某种合法性的相关信息会被"过滤"，法律往往会做出与纠纷实际情况有较大差距的判决，使拥有较少法律认可的证据的纠纷一方产生"不公平感"以及对法律和对方的"怨恨"情绪。法律促发了这种负面情绪，却又无力综合村庄资源去化解这种负面情绪，这种负面情绪又反过来阻碍法律的执行，最后使"赢了官司"的一方也产生负面情绪。这种负面情绪往往通过报复性惩罚行为才能得到发泄，而这种报复又带来受惩罚者更多的负面情绪的积累，使受惩罚者再寻找新的出口发泄。于是，现代法律在村庄社会中不但没有带来"公平正义"，反而不断再生产出新的纠纷。地方习惯下的村庄社会当然不能说处于绝对公平、平等的社会状态，但每个成员都必须在表面上保持对传统规范的服从，进而使村庄良性秩序维持下去。而在现代法律的入侵之下，如地方习惯那样的抑制性权威结构却无以形成。

纠纷处理中对事件背景的轻视就是对纠纷事件与其他事件的切割。这种情况在2006年以后的稻村愈加明显，现代法律反而成为在村庄社会不断挑起新纠纷的关键原因。

第三节　无法平息的民事纠纷

以行为意义连带与事件一体性的切割为背景，现代法律对民事纠纷的处理只用注重接案、结案的法律程序本身以及证据链的完整性，而不用考虑当事人未来的生活以及纠纷发生之前所发生的其他事件，纠纷的处理意见也往往是将责任的承担向纠纷双方中的某一方倾斜。因此，法官也就不再愿意去考虑纠纷当事人背后的社会关系网络、性格和村庄对他的评价等。只要有村民到司法所寻求矛盾调解，司法助理员首先会对村民的诉求进行登记备案，然后择定开庭调解时间。司法助理员将全程保证笔录的详尽清晰，并在调解结束后形成完整卷宗。上级若到乡镇司法所检查，其关注重点将放在办公设备配置、案件卷宗摆放、表格数据填报等方面。为了完成迎检任务，司法所平时便会在卷宗整理、表格填报等规范化工作上下足功夫。① 此外，由于交通条件的改善和信息化水平的提高，法庭不再遍及每个乡镇，有时还会随着乡镇的合并而同步合并，日益远离村庄社会。

打工经济的兴起，使得稻村村民在纠纷中越来越只求对利益的争夺或维护。纠纷当事人对个人利益的重视，以及利益对村民间、村干部与村民间在地缘和血缘关系方面的侵蚀也为法律在乡村社会取得优势地位提供了社会基础。法律在纠纷调解中一旦取得优势的地位，就会成为拥有经济资源的村民争得个人利益的武器。纠纷双方中能够提供证据链并在法律裁决中占据有利位置的一方，如果属于村庄中的富裕阶层，他们往往为了个人利益，而不惜付出与另一方"撕破脸"的"面子"代价，并支付高出按照地方性共识调解纠纷的成本3—4倍的经济代价。但是，对于家庭经济条件并不富裕的村民而言，稻村村庄内并没有权威性主体为他们调解纠纷。即使他们掌握了充足的证据链，他们也几乎没有能力依靠现代法律维护自己的利益。

法律判决一向以"事实清楚、证据确凿"为基本原则。然而，事实是复杂且多面向的，证据是真伪夹杂难以分辨的。至于将何者确定为事实、将何者采信为证据，这些工作一定不能离开严密法律框架的指导。法律规则只认为人证、物证和有法律效力的文件等能够作为法律依据，而并不将纠纷纳入村庄生活的历史脉络中考察，并且也不将情感伤害纳入其处理范围。由于法律自身严谨和理性的特点，能够进入法律系统的信息一般都具有较高的清晰度，这些信息往往理性成分浓厚而情感成分寡淡。在法律规范体系中，有很多相关信息会被过滤。然而，这些被过滤的信息实际上往往在村庄的生活情境中又具有某种合法性。若不能在法律裁判中综合使用这些信息，则可能会做出与纠纷实际情况大相径庭的判决。

从现代法律的角度来看，当事人的情感性诉求并不构成独立标的，因此不构成诉讼的理由。同时，如果将现代法律引入纠纷事件的解决过程，则法律的清晰判决与纷繁复杂的现实之间的差距在所难

---

① 田先红：《乡镇司法所纠纷解决机制的变化及其原因探析》，《当代法学》2010年第5期。

免，并造成一方完全赢得"面子"，一方完全输掉"面子"。现代法律对纠纷解决的目的设定中，并不考虑纠纷处理本身与人们日常生活中流淌的信息带有模糊性和非理性的情感体验，也并不将纠纷处理与初级群体之间的互动所带有的非理性情感成分视为一个统一整体。这种无视"一体性"的做法，使双方的冲突仅仅还原为一桩有头有尾的具体纠纷。虽然这桩纠纷的背后涌动着激烈的历史恩怨与被时间解构得支离破碎的爱恨情仇，但这些复杂的暗流却往往被现代法律所忽略。对一桩具体纠纷的解决仅仅只是对一个系统问题的局部所做的修补。纠纷双方在情感上所存在的失衡感，相反会因为"面子"的绝对性输赢而加深。一方面，法律这套现代规则体系（如《物权法》《土地承包法》等）正是引发后税费时代村庄纠纷的重要导火线；另一方面，法律并不能处理纠纷背后的情感性因素，法律非但不能从源头上平息纠纷，相反会激发情感性因素的累积，加重了纠纷中一方的不满情绪，导致纠纷的延续，造成法律的失灵。

比如，稻村第 4 村民小组的赵某某有 3 个儿子，但由于更加偏爱长子，就偷偷立下遗嘱，让长子继承自己位于县道旁边的土地。不过在 2012 年第 4 村民小组的土地被列入规划范围之后，其他两个儿子也想争这块土地，因为可以自己建造楼房然后等待拆迁补偿，然后大赚一笔。为了阻止长子对这块土地的使用，次子故意在土地上种植了蔬菜。长子凭借遗嘱，不经过村干部的调解，2013 年 3 月直接向法院提起诉讼，前前后后花了近两万元。法院派警察拔掉了那块土地的蔬菜之后，激怒了次子。次子提着砍刀到长子的承包地上砍倒了长子种的树苗。长子报警，警察对次子的行为提出警告，说再有这样的行为，就将次子拘留。①

在以上案例中，赵某某的立遗嘱行为首先就突破了财产诸子均分的村庄一般规则。赵某某没有"一碗水端平"，导致了 3 个儿子对利益的争夺。在利益争夺的过程中，看不到长幼之序和兄弟伦理，只看到对利益的争夺和守卫。长子两次使用法律武器，第一次使用法律武器的结果（警察拔掉了田里的蔬菜），直接引发第二次冲突（次子砍

---

① 湖北省沙洋县 M 镇稻村访谈笔记，2015 年 4 月 22 日。

了长子的树苗）。而法律解决纠纷的目的，只是维护长子的利益而已。法律的视界中，没有家庭伦理和亲情的诉求，也不会考虑到纠纷解决后兄弟间如何相处的问题，纠纷中的两个人仅仅是两个孤立的个体。

再比如，2014 年秋，稻村第 2 村民小组的张某某将电动车停在坡道上，而李某某正好站在电动车旁边和朋友说话。由于电动车没有停好，张某某下车后不久，电动车突然翻倒并向坡下滑去，将站在一旁的李某某撞倒在地。李某某从地上爬起，除了手掌撑地出现轻微擦伤以外，身体没有任何异样。张某某赶来正想问问李某某是否有事，不料李某某照着张某某胸口就是一拳。于是二人扭打起来。次日，李某某感觉手臂疼痛，就约了自己的朋友找到张某某，要求张某某赔偿500 元。张某某不愿赔偿这么多钱，于是李某某与朋友直接去医院检查，查出李某某手臂肌腱严重拉伤。李某某的朋友告诉李某某，虽然这是轻伤，但有了医院的检查结果，就足以追究张某某的民事责任。后来，张某某被派出所带走拘留，而李某某则声称如果张某某不赔偿500 元外加医疗费，绝不会让张某某有好日子过。①

其实，张某某与李某某素有私人恩怨，不然李某某也不会直接照着张某某的胸口就来一拳。在传统的纠纷调解中，这场纠纷本应用"各打五十大板"的方式化解，因为双方都有过错。但在无法查证打架过程细节和私人恩怨的情况下，法律只能从打架所造成的后果判定责任的归属。李某某从始至终就没有考虑在未来的村庄生活中如何与张某某相处。他诉诸法律的目的，就是500 元赔偿金和获得更多住院费赔偿的利益。法律所讲求的证据，只有李某某能够提供，因此事件的过错判定对张某某是不利的。而李某某所声称的"手臂肌腱严重拉伤"的检查结果，也无法排除其在这次事故之前已然存在的可能性。纠纷调解行为意义以及与其他事件的连带边界化后，仅仅利用维护利益的法律，不但无助于恢复村庄社会网络的活性和村民间利益的公平，相反助长了村民间的利益分化，成为一些村民谋取个人利益的工具。

因此，纠纷就像村社机体内部各种慢性毒素逐渐淤积所形成的脓

---

① 湖北省沙洋县 M 镇稻村访谈笔记，2015 年 4 月 22 日。

包。法律对纠纷的介入以及司法判决对纠纷的解决方式就好比西医的外科手术治疗，只顾将脓包挖掉，却并不考虑脓包的形成与机体循环系统之间的关系。而外科手术所留下的疮疤并不会根治脓包，反而会引起炎症，成为酝酿新的矛盾纠纷的"温床"。仅仅在利益的层面进行裁判的法律，在维护纠纷中的一方利益的同时，必然完全损害另一方的既得利益。

在普遍的民事纠纷处理中，法律就是用来裁判谁输谁赢的令箭，裁判的治理场景中通常上演的是零和博弈。按照博登海默的说法，被裁判的对象如果不是完胜，就必然是完败，"胜者全得"是法庭审判的基本逻辑。① 本就拥有更多法律所需证据的一方就会占据压倒性优势，而只占有较少法律资源的一方，最后甚至连申诉的机会也被剥夺。在法律判决促成的利益调整过程中，利益受损的一方必然产生负面情绪。于是，贯彻程序主义原则的法律不但没有止息纠纷，反而"启动"了纠纷，并在失控的状态下使纠纷不断被再生产。现代法律下对行为意义和事件的边界化，结果反过来给法制建设带来了压力。经济条件较富裕的村民在一审后如果不服判决结果，就会再次上诉。如果判决结果始终不如意，他们就会怀疑法官本身的公正性，最终走上信访的道路。而经济条件较差的村民则由于上法院的成本太高，再加上"找领导好办事"的观念，一开始就会选择不用缴纳诉讼费的信访来达成自己的目的。

税费改革后，由于干群之间接触机会减少，关系也逐渐"陌生化"。这种"陌生化"在客观上降低了乡镇干部和村干部对农民权益进行侵害的可能性。同时，现代法制建设对农民个人权利的高度强调，以及舆论对行政干预的戒备，都对乡镇干部和村干部侵犯农民权益的行为形成了强有力的制约。因此，税费改革后，由维护权利而导致的上访案件在所有信访案件中的比重大大降低。而谋利型上访和民事纠纷引起的上访则明显增多。"谋利型上访"是指由于个人的利益诉求没有得到满足而发生的上访。由于打工经济使利益渗透进原本以"差序格局"为社会结构特征的农村，在后税费时代，民事纠纷也往

---

① 博登海默：《法理学——法哲学及其方法》，华夏出版社1987年版，第192页。

往围绕个人利益的争夺和守护而展开。

在稻村，2006 年以前会有不少农民因为质疑村干部征收农业税费额度的妥当性，或抵制村干部或乡镇干部的暴力强制行为，而不断上访。据 M 镇信访办公室的信访记录，2006 年农业税费彻底停止征收之后，稻村村民间因发生日常摩擦和利益纠纷而诉诸法律手段解决。然而法律手段无法根本化解矛盾，于是就有一些村民开始选择上访。比如在上述张某某与李某某的纠纷事件中，张某某并没有简单接受拘留，他在将要被拘留时以及被释放后，都不断到 M 镇信访办公室上访，希望 M 镇能够帮忙解决问题。然而 M 镇信访办只能将事件记录在案，却仍然无法有效化解矛盾。

又如，在稻村，王某某是被周围村民所公认的"好吃懒做、游手好闲之人"，家里条件也并不富裕。周某某与王某某住得很近。2009年的一天，周某某发现自己养的鸡少了一只，于是就到王某某家寻找，认定王某某家新买的一只鸡就是自己家的鸡，并认为王某某偷了自己家的鸡。王某某觉得委屈，但又无法澄清。周某某指着王某某说，"你再不承认？再不承认小心我把你告到法院去说你偷盗！你还说我栽赃？你有本事你告我啊！"王某某没有办法，只有忍气吞声。在笔者调查时，王某某抱怨说，他一直心里憋着一股气，觉得这个社会太不公平了。他已经到 M 镇信访办公室里坐过好几次了。①

可见，当现代法制成为村庄纠纷解决的唯一可用资源时，法律并不能援助那些经济条件较差、拥有较少法律程序认可的证据、在村庄生活中和纠纷中积攒了大量负面情绪的纠纷当事人。由于法律无法处理案件背后所融合的当事人甚至诸多亲朋好友的感情，一方当事人息访就可能意味着另一方当事人又开始上访。当通过法律得到的利益不及预期，或者法律有损于既得利益时，法律程序的所谓"公正"与"公平"相反加强了村民的"不公平感"和因欲求不满而产生的怨恨情绪。无法被司法程序在基层化解的民事纠纷，便被村民以上访的方式诉诸乡镇政府。

如果说村庄内部的"小调解"牵动的仅仅是村庄政治，那么信访

---

① 湖北省沙洋县 M 镇稻村访谈笔记，2015 年 4 月 17 日。

行为就牵动了国家政治。在目标管理责任制的考核压力下，地方政府处理信访行为就是关乎维持社会稳定的一大政治任务，必须在尽量短的时间内完成。当个别信访人相信满足自己的利益诉求是矛盾化解的唯一方式时，他们往往利用信访渠道的政治性，通过越级上访、闹访、缠访等非法上访行为，谋求自身利益的达成。当越来越多的纠纷无法靠基层司法彻底解决，却被法律程序不断再生产，并转化为上访行为呈现在乡镇政府面前时，乡镇政府自身也陷入了缠访的纷争中。

由于乡镇政府的信访治理工作也被纳入现代法制中，乡镇政府也无法通过治理资源的统合应对上访者，特别是闹访者。曾经有一段时间，国家整体对依法行政治理方式的强调、对非访行为的处置力度有所欠缺，"人民内部矛盾人民币解决"被基层政府广泛运用于应对信访行为，于是引起其他群众的效仿。无理取闹、丧失理智地反映不尽合理的问题的信访件大量滋生，不仅导致不良社会风气的形成，也增加了基层治理成本。在民事纠纷的谋利倾向越来越强的后税费时代，上访者与乡镇政府都成为机会主义者：上访者容易丧失利益诉求的底线，而乡镇政府也在"服务型政府"的口号和"维稳"的压力面前丧失治理的原则。传统乡土社会的纠纷调解机制和乡镇政府的信访治理机制，在现代法制的冲击下发生崩溃，基层的纠纷解决与息访工作便同时陷入困境。

近年来，最高法、最高检颁布《关于依法处理信访活动中违法犯罪行为的指导意见》的文件后，各地方政府纷纷依此拟定《关于依法打击信访活动中违法行为的通告》，依法打击信访活动中的违法行为，对越级上访者追究法律刑事责任，判一年半有期徒刑。合理诉求解决完了，如果还要缠访，司法部门就会介入压制，打击缠访闹访。比如，有一名50多岁的女性村民。该村民不满村干部的调解，进入法院诉讼程序，却认为村干部在诉讼时准备材料偏袒对方，于是坐长途汽车到北京上访，向窗外撒上访材料，扰乱社会秩序，构成非法上访行为，最终被判处有期徒刑一年。这件事对试图效仿采取非法上访行为的群众产生了震慑作用。就目前情况来看，通过运用法律和行政手段，基层信访工作基本已不再存在应对当事人盲目纠缠的缠访问题。

第四节　纠纷解决的应对之策

20 世纪 90 年代以来，国家大力提倡"送法下乡"，不少持有"法制论"观点的政策制定者和学者，希望现代法律的使用能够取代乡镇干部或村干部对村庄社会资源的综合调用，成为解决纠纷的唯一方式。然而，由于纠纷调解行为意义和纠纷事件与其他事件连带被现代法律所切割，现代法律无法让村庄的民事纠纷在村庄层面化解。法院受理的一审民事案件数量在 1990 年为 244 万件，2002 年达到 422 万件，而 2011 年则高升至 661 万件。① 另外，二审及再审维持率则随着案件累计率的增加而急剧下降。② 由于法院裁决效率和品质低下，对诉讼结果表示不满的当事人纷纷转而走上信访道路。现代法律让农村基层治理的效果偏离社会稳定这一国家目标。

中央政府继续强调"坚持稳定压倒一切"的方针，要求明确疏导化解纠纷的责任。"维稳"的中央政策在基层具体落实为对矛盾纠纷和社会稳定的双向追责体制和"一票否决"的考核体制。对于上级单位而言，只要有人来访就意味着下级单位的失责。于是，所有的上访事件都必然归结为基层单位对信访失控的过错，因此基层组织也就没有重新调查信访案件的必要，而将信访者的行为控制在一定的限度内就成为基层政府治理信访的主要工作目标。在国家维稳的目标控制下，减少信访量、努力将民间纠纷化解在村庄内成为必要。

从 2003 年年末开始，最高人民法院吸收重视纠纷解决以及实现和谐社会过程中调解的重要功能的中央政府意志，对各级人民法院发表了有关 23 项具体措施的指导意见，表明了通过司法解释的形式规范和扩大法院调解功能的新方向。2004 年 9 月 16 日公布的《关于人民法院民事调解若干问题的规定》向法院提出了"能调则调，当判则判，调判

---

① 参照《中国法律年鉴》1991 年版第 885 页表 5，2002 年版第 1320 页表 6，2011 年版第 1066 页表 6。

② 二审维持率在 1990 年、2002 年、2011 年分别为 47.51%、49.48%、47.24%，再审维持率分别为 62.30%、33.76%、27.93%。参见《中国法律年鉴》1991 年版第 786 页表 10，第 936 页表 9，2002 年版第 1322 页表 10、11，2011 年版第 1067 页表 11、12。

结合，案结事了"的16字方针。此后，因各级人民法院的判决而终结的案件数量及其比例逐渐下降，虽然下降率较低（见表5-4）。

表5-4 　　　　　法院调解统计（2004—2009 年）

年份	受理件数及增加率		终结件数及增加率		因调解而终结的件数及比例		因判决而终结的件数及比例	
2004	4332727	-1.76%	4303744	-2.25%	1334792	31.01%	1754045	40.76%
2005	4380095	1.09%	4360184	1.31%	1399772	32.10%	1732302	39.73%
2006	4385732	0.13%	4382407	0.51%	1426245	32.54%	1744092	39.80%
2007	4724440	7.72%	4682737	6.85%	1565554	33.43%	1804780	38.54%
2008	5412591	14.57%	5381185	14.92%	1893340	35.18%	1960452	36.43%
2009	5800144	7.16%	5797150	7.73%	2099024	36.21%	1959772	33.81%

　　资料来源：《法律年鉴》及《最高人民法院公报》。参照胡光辉《中国における裁判所调停》，《比较法学》2010 年第 2 号。

　　在依法打击非访、提倡将"枫桥经验"运用于信访领域的当下，一些法律诉讼无法使当事人信服的矛盾纠纷，最终的解决方式还是从信访的轨道转入"大调解"中来。司法部更是在全国调解工作会议中提出，到2022 年基本形成大调解工作格局。所谓"大调解工作格局"，即以人民调解为基础，人民调解、行政调解、行业性专业性调解、司法调解优势互补、有机衔接、协调联动的工作格局。一直以来，农村社会矛盾纠纷的解决方式，主要依靠村庄内生的权威性人物的关系性调解，或者法院诉讼。随着时代的发展，农村的社会基础和矛盾的性质结构也在发生变化。在村庄之外、法庭之下，由乡镇司法所牵头、各乡镇职能部门联手共同实施的"大调解"越来越受到重视。

　　由表5-4 可知，自2006 年农业税取消以来，法院的纠纷受理件数连续激增。进入 21 世纪以后，到 M 镇派出所和法院求得纠纷解决的稻村村民急剧增加，现代法律不但没有成为缓和纠纷的手段，反而引起了更多纠纷。实际上与此同时，人民法院的"调解优先"原则被再次强调。2007 年3 月1 日，最高人民法院发布了关于构建和谐社会中诉讼调解作用的若干意见①，强调了调解社会化、扩大调解范围、强化调解功能等方面。2007 年以后，法院受理的纠纷案件数量仍持续增加。在各级人民法院通过调解而终结纠纷的事件增加率走高的同时，通过判决而终结纠纷的事件数量则大幅减少。这表明人民法院尽可能通过调解止息纠纷的努力。

从纠纷当事人的动机来看，法院受理件数的激增，反映出当事人依靠现代法律解决纠纷的意识增强。不过，虽然对现代法律处理纠纷的依赖性增加，其动机未必会得到纠纷解决的理想结果，单纯借重程序和证据的现代法律无法根本解决村庄纠纷。然而此时也开始出现稻村的纠纷调解者在"优先调解"的原则之下，将现代法律作为一种技术选项而策略性地加以使用的事例。总体上说，围绕具体经济利益的纠纷，更倾向于借重现代法律的审判；而围绕抽象伦理关系的纠纷，则更多倚重法官在自由裁量之后的调解。

正如水野纪子所指出的那样，"东洋法中的法律由于以适用为准绳，倚重司法者的裁量情况，而并不要求法律在整体上构成一个毫无矛盾的体系化世界。在审判中，往往是熟知共同体文化的具有人格威望者，作为高高在上的第三者而做出富有灵活性和人情味的公正裁决"②。对"调解优先"原则的复权，正表明对东洋法原初要义的回归。从人民法院的立场来看，法院调解并非因其本身表现为一种优越的纠纷解决形式，其有效性才得到强调，它只不过是相应于熟人社会的具体状况而被灵活运用而已③，其实质的有效先于其形式的优越。从在各级人民法院的要求下展开的纠纷解决状况来看，调解被提到优先的地位，而现代法律毋宁说下降为调解工作中的一种工具选项。依据现代法律的判决与依据地方惯习的调解的关系，可以从政治工具论或功能论的角度来理解。现代法律与地方惯习终于被摆在了对等的位置上，以纠纷调解为目的而被统合使用。现代法律与地方关系的统合

---

①　全称为《最高人民法院关于进一步发挥诉讼调解在建设社会主义和谐社会中积极作用的若干意见》［法发〔2007〕9 号（2007 年 3 月 1 日）］。

②　水野紀子：《比較法の視点から見た家族法》，载落合恵美子等编《親密圏と公共圏の再編成―アジア近代からの問い》，京都大学学術出版会 2016 年版，第 266 頁。

③　胡光輝：《中国における裁判所調停》，《比較法学》2010 年第 2 期。

使用状态，表征着纠纷处理行为向着意义连带状态回归的趋势。

法社会学在对于纠纷的理论解释中，提出了一个称之为"纠纷金字塔"（dispute pyramid）的基本理论范式。[1] 该理论范式将人们对不满的反应区分为从协商、仲裁到诉讼的若干状态，这些状态排布于层层递进的阶序之中。人们的大多数不满情绪，皆可化解于阶序中的较低层级，只有少数不满情绪最终升级为司法诉讼，突入金字塔的塔尖。若化解不满情绪的底层能力退行，就意味着有更多纠纷向上涌入更高层级、升级为司法诉讼案件。反过来说，司法诉讼案件的增多，正是纠纷矛盾的底层积蓄能力不足的表现。如果更多人选择基层的矛盾化解方式，正式法律意义上的纠纷就会大大减少。[2] 换句话说，如果其他社会控制方式能够较好解决纠纷，则法律控制就是不需要或很少需要的。[3] 总之，"纠纷金字塔"理论认为，高层次纠纷解决方式与低层次纠纷解决方式之间存在替代关系。然而，"纠纷金字塔"理论仅仅是对这种替代关系的描述，却并没有解释这种替代关系得以发生的原因。本研究意在强调，只有在现代法律与地方惯习形成统合状态之时，"纠纷金字塔"的替代关系才得以发生。

为什么"大调解"日益重要？我们将看到，"大调解"出现在传统民间调解和法律诉讼化解矛盾纠纷之能力的尽头，发挥着对基层矛盾纠纷的剩余治理功能。

"大调解"出现在民间调解的尽头。随着农村中青年劳动力纷纷进城务工，村庄因裹挟进市场化和城镇化的大潮而丧失自主性。村庄内部的人际关系与社会秩序从根本上发生动摇，内部联系趋于松散化，村庄对外部世界的依赖性增大，在快速现代化的语境下逐步走向解体。当村庄从熟人社会蜕变为半熟人社会，村庄社会内生的纠纷化解能力和对边缘群体与越轨者的制裁能力减弱，女性的社会参与度提升、平权意识提高与情感的个体化也削弱了家庭控制力。由于村民之间的相互依赖度和社会信任度同时降低、多次博弈转为一次性博弈，

---

① Felstiner, William, R. Abel and A. Sarat, *The Emergence and Transformation of Disputes*: *Naming*, *Blaming*, *Claiming*, Law and Society Review, No. 15, 1980.

② 陆益龙：《纠纷解决的法社会学研究：问题及范式》，《湖南社会科学》2009 年第 1 期。

③ 唐纳德·J. 布莱克：《法律的运作行为》，中国政法大学出版社 2004 年版，第 125 页。

不受村庄社会规范所制约的村民，越来越多地陷入对微小经济利益的反复争夺，越来越趋向于简单瞄准对自身经济利益的维护。

在这样的背景之下，民间调解触碰到了怎样的能力边界？

第一，涉及赔偿数额裁量的纠纷。比如发生打架斗殴事件之后，村民更在意的不是关系的修复，而是赔偿是否合理。此时，民间纠纷调解人，难以提出令双方都觉得客观公正的赔偿标准。当纠纷从村内转到乡镇司法所，乡镇司法所就会引入乡镇派出所参与纠纷调解，让派出所根据事件的具体情况，给出经过法律认证的、带有专业鉴定性质的赔偿标准。

第二，涉及测量和官方权力认证的纠纷。村干部告诉笔者，村庄的主要矛盾纠纷已经从曾经的婆媳矛盾以及围绕计划生育和收粮派款而展开的干群矛盾演变为宅基地纠纷和地界纠纷。村内纠纷调解人无法化解这类纠纷，因为他不具备对宅基地重新进行精确测量、重新厘定地界的技术和资质。村干部只有将情况反映给乡镇驻村干部，由驻村干部联系乡镇自然资源局等有关单位入村调查，村干部只能陪同调查，无力主导纠纷的解决。

第三，溢出村庄与外界有牵扯的纠纷。对于发生在村庄之外、镇区范围之内的纠纷，一般由司法所代表乡镇政府进行行政调解。当纠纷发生于村庄之外，村干部虽然也赶赴现场，但也并非调解的主角。主持调解的是乡镇司法所。

第四，有一方当事人故意要赖的纠纷。这类纠纷多见于房屋买卖。买卖的房屋属于小产权房，买卖双方约定不走银行。一旦买方故意不按期支付尾款，便会发生买卖合同纠纷。此外，借贷纠纷也多因一方当事人的故意要赖而发生。在 M 镇有一个村民，在集镇赊账买了 57 元的猪，却长时间拖欠不给卖猪人付账。村干部说，"有一些人，特别赖，抗压能力强"。原来村干部可以打、可以说，但现在都得依法办事，"说话都很小心，不敢说狠话，因为他有可能会录音"。在媒体发达、到处都是监控的时代，村干部"哄、骗、吓""各打五十大板"的纠纷化解方式已经不再适用。而乡镇司法所调解的优势在于，可以主导调解方式与诉讼方式之间的来回切换。在这个案例中，司法所先是劝说赖账人还账，但赖账人不予理会。于是司法所让卖猪人起诉赖账人，立案后司法所为赖账人送去法院发来的传票。在司法诉讼的威慑下，司法所重新启用调解方式，最终让赖账人还清欠账，同时给予卖猪人100元赔偿。

上述每一条民间调解所触碰到的边界反映的都是矛盾纠纷本身发生的新变化。这些矛盾基本都围绕对经济利益的精确算计而展开，纠纷当事人所认同的不再是共同体内部用于重新确认和厘定相互关系的社会公共规则，而是经过悬置于村庄社会之外官方权力、科学技术和法律制度所确认和认证的规则体系。民间调解触碰到的边界之外，恰恰是"大调解"施展其特长的空间，因为"大调解"最擅长的就是达成官方权力、科学技术和法律制度的联动。

虽然司法所是"大调解"的牵头单位，但其实除了刑事纠纷之外，"乡镇每个部门都管调解，只是看案件谁先接手"，如果无法化解，就移交司法所，评估案件是否非上法院不可。其实与司法所相比，事实上派出所接案调解的比例更高，因为"百姓喜欢打110"。

为了"大调解"的多方联动能够顺利展开，村级每月召开一次治安主任会议，治安主任由村干部兼任，负责矛盾的排查上报；乡镇各部门和包村干部每周一下午一同召开"公检法司联席会议"，会商讨论村庄是否存在需要调节的矛盾纠纷。如果存在村干部解决不了的矛盾纠纷，就由联席会议成立专班调解。如果专班调解也不成功，则由司法所引导当事人走诉讼渠道。除了社区矫正、法制宣传和刑事帮教之外，司法所最重要的一项职责，就是"人民调解"。纠纷调解的质量和数量，是司法局考核司法所的重点项目。当然，诉讼渠道也未必能够彻底化解矛盾纠纷。一旦走到法律诉讼的尽头，也许纠纷当事人最终还是需要再次回到"大调解"中来。

"大调解"也出现在法律诉讼的尽头。现代法律也不是万能的。具体而言，在化解矛盾纠纷方面，法律诉讼又触碰到了哪些能力边界？

第一，相对于有待处理的矛盾纠纷，司法资源十分有限。由于群众的法制意识增强，近年来进入法院的案件量逐年增多。这些案件当中，有些是群体性的，如农民工讨要工资，同一个被告被几十人起诉，农民工报警，说有欠条，公安部门将案件判定为经济纠纷，让法院来解决。还有些农民工遇到工钱讨不回来的情况，直接拿着身份证、欠条和诉状书到法院立案。而基层的司法资源却相当紧缺。比如所调查的基层法庭，只由2名正式干警、3名书记员、2个男辅警、1个女辅警构成。基层法庭都是县法院的派出机构，法庭内部没有设科室。一个诉讼案件要办结，一般需要6个月，即使按照简易程序也至少需要3个月。在开庭之余，法官还要写判决书并负责将判决书送达当事人手中，因此双休日加班是常态。

有基层法官告诉笔者，他们面临的最主要问题不是难，而是量大。如果量小，即使案件处理难度大，他们也可以通过探讨学习去突破。但办案太多，就会影响质量。如果没有乡镇政法委牵头的"诉前调解"分流、缓冲和消化一部分诉讼案件，基层法庭将面临巨大压力。"诉前调解"有助于实现诉讼与非诉讼纠纷解决机制的有效衔接，使更多矛盾在诉讼外得到解决，促进司法资源的有效利用。为了尽量让矛盾纠纷不走到司法层面，减少法院起诉量，县法院设立"纠纷调处中心平台"，将诉讼案件转归"大调解"的方式解决。县法院先不立案，而是将诉讼案件以属地管理为原则转交乡镇政法委，再由政法委将其纳入乡镇工作，下达到公检法司各部门，各部门以"有活大家干"为原则共同调解纠纷。根据法庭法官的反映，"大调解"确实能解决一部分纠纷。即使调解不成功，调解的过程也是一个显露纠纷事实依据的过程，便于法院进一步调查取证，这就减轻了法院的取证压力。不论调解是否成功，"大调解"之后都会出一份调解报告，成为法院做出裁判的重要依据。

第二，缺少证据的矛盾纠纷。在乡镇司法所经常调解的民事纠纷中，围绕彩礼而产生的婚约财产纠纷现在特别普遍。比如男女双方定亲后，又不愿意在一起，于是围绕是否退回见面礼和彩礼而产生纠纷。一般是男方不愿意结婚，但女方不愿退见面礼和彩礼。也有的是女方不愿意结婚，但女方也不愿将见面礼和彩礼全退。由于见面礼和彩礼都是男方私下给女方的，没有留下证据，如果女方不想退，可以借口说自己没有收到钱。这类纠纷难以调解，即使走司法诉讼途径，男方也会败诉。因为法院的诉讼原则讲求"谁主张，谁举证"，而男方没有证据，即使男方上诉到中院也一样打不赢官司。如果有第三者在场，男方肯定胜诉，法院会判决女方将收到的见面礼和彩礼全数退还男方。在这类案例中，司法所扮演的是法律服务提供者的角色，为处于弱势地位的男方分析走法律途径的利弊得失。由于毫无胜算，一般司法所会将案件转归"大调解"的方式进行处理。

如果男女双方要离婚，法庭一般看他们是否符合《婚姻法》第32条规定的条件：一是因感情不和，分居满两年；二是第一次起诉不判离婚，又分居一年，互不履行夫妻义务的。后者较易举证判决，比如他们长期在外打工而两地分居，可以让亲戚、邻居、单位工友做证，进而实现离婚。但"感情不和"本身不易举证，比如家暴、出轨，除非马上报警由公安机关立案侦查，否则证据难以提供。若法庭因证据缺乏而难以判处离婚，而双方又确实存在"感情不和"的事实，则"大调解"就成为化解双方矛盾的重要选项。

第三，当事人赔偿能力有限。若法院判赔，而当事人没有赔偿能力，受害者很有可能要不到赔款。拘留当事人等司法途径，不能有助于受害者获得赔款。所以此类纠纷往往还是放在"大调解"的框架下，"能拿一点是一点"，让当事人慢慢赔偿受害者。

比如两个人一块去外面打工，其中甲比较爱慕虚荣，挣钱不够自己花，借了乙的钱，然后去了其他地方打工。乙打电话给甲，甲也不接，于是乙只有起诉甲。开庭前送达开庭传票，他可能来，可能不来。原告不来按撤诉处理，被告不来按缺庭审理。但对于这样的借钱纠纷，法院易判决，但不易执行。因为甲可能就没有钱，还常年在外地，工资也不够花。解决的办法只有从法院转入"大调解"路径，将甲列入信用黑名单，限制甲坐飞机、高铁等高消费权利，然后在腊月二十三以后到腊月三十日之间，去他家里抓他逼着他还钱。一般他的家里人会替他还钱。

第四，法院不受理，或标的物不够法律裁量的尺度。比如两家邻居，其中甲家地势稍高，下雨时屋檐滴水会淌向乙家。虽然这种情况持续了20多年，但某一天乙家由于某些原因，突然对甲家屋檐滴水十分不满，甲家对乙家说如果不满就不要在滴水一侧开门，另外通一条路。甲、乙两家的矛盾纠纷无法在村内化解，他们试图走司法途径，但法院认为诉讼不够治安拘留条件，即使拘留也解决不了问题。

于是此事还是交由包村干部和司法所，调解了两个多月。

还有一些矛盾纠纷标的额还不及请律师的费用。比如纠纷双方的标的额只是1000元，但找律师走司法途径可能需要3000元。所以除非是纠纷双方非得通过打官司争一口气，他们都愿意通过"大调解"的方式处理问题。在笔者调查的乡镇，民间借贷、买卖合同等所有合同类的案件，只有当标的额超过20万元时，县法院才审理。标的额低于20万元的，都由司法所与乡镇部门协调处理。

第五，法院判决无法解决根本问题。法律无法彻底化解纠纷一方蛮不讲理的矛盾。比如借贷纠纷中包括"恶意欠款"现象，其表现是"你当时困难，人家帮你，你不还钱，人家起诉你，你也败诉了，就不还钱，还在各种群里各种辱骂"。法院最多将蛮不讲理的一方判处治安拘留，也就15天，然后放出来。关键在于，放出来之后怎么办。法院和政府没精力一直盯着蛮不讲理的人如何行为。即使法院当初强制执行到位，如果因此而矛盾双方成为死仇，法律就再生产了不稳定因素，甚至有可能酿成刑事案件。

第六，当事人不认可司法途径的公正性。当越级上访和闹访被打压，不合理诉求被疏导和化解，合理诉求被信访"转办"或自行转入司法渠道，还有可能留在信访渠道的矛盾，就只剩下民间调解无法化解、法院判决结果反让当事人怀疑法官公正性的矛盾，"今年法院判张三有理，判了就得执行；明天李四觉得不公，就去纪委和信访办告法院收礼了；或者认死理，威胁法院说，你要判的我不满意，我就信访你"。笔者在基层法庭访谈了解到，法官但凡办案超过十年，都会遇到自己被信访的事情，"经常办案的哪有一个法官不被信访的"。

对于这种因对司法公正本身的怀疑和不认可而产生的信访件，法院无法自证清白，息访的最终途径还是要诉诸"大调解"。如果信访人到省法院信访，一般是法院去接；如果是到上级政府信访，就由政府去接。法院接访要写信访报告，给信访人开听证会做笔录，占用基层法庭大量工作精力，甚至出现"信访优先于开庭"的现象。接回来之后，综治信访、司法所、派出所召开协调会，让司法所、信访办、包村干部、包片干部联合村干部与当事人见面沟通，做大量调解工作。只要矛盾双方有一方不满意，这一方就可能会接着去县、市上访，他们最后往往不是就事论事，而是觉得委屈，需要争这口气。信访本身如果不能解决信访者的诉求，这个案件就可能延续很多年，每一个都可能持续五年以上，案件就不停在"信访—大调解"之间循环。

如果信访者的诉求合理，"信访救助"就会以类似"人民内部矛盾人民币解决"的面貌出现。但与单纯的"人民内部矛盾人民币解决"不同，"信访救助"这笔钱需要自下而上向县信访局申报上访缘由、去向、经过和答复，在给钱的同时也要求信访者签订"息诉罢访协议书"和承诺书。长期信访者一般是中老年妇女，丈夫在家而不当家。比如一位农村女性买了宅基地，地产商很多年不盖，等盖好了她去入住的时候，她认定小区让她入住的那栋房不在当初她看好的那块地。于是她上访多年，最终获得8万元的信访救助。信访救助是基层治理争取基本群众的策略之一。

在乡镇调查，笔者发现不少干部在谈及近年来诉讼案件增加的现象时，都会将其解释为农民法制意识的增强。他们认为，农民从不愿打官司到积极打官司，愿意积极通过法律途径维护自己的权益，这一定标志着社会的进步。但笔者看到，农民在具备所谓"法制意识"的背后，其实是维权意识的增强，是对法律和司法体系的策略化理解和工具化运用。农民是在社会关系网络和情绪的缠绕中，测度、试探和判定法律对自己的私人效用，并不理解法律作为公共标尺的神圣地位。纠纷矛盾对民间调解能力的溢出，以及农民对法律精神的误读，造成"大调解"发挥兜底作用的必要性。

如果着眼"民间调解""诉讼"与"大调解"之间的关系，我们会看到两种结合状态的存在。一种是"民间调解"与"大调解"相结合，以"民间调解"为主，"大调解"作为辅助和后盾。比如某省政法委正在试点和探索"案件不出村"，试图在村庄内寻找、发掘和重塑"有威望的调解员"。这个调解员一定不是公务员，而是村民自治状态下有威望的村民，比如村支书。政法委认为"村一级大有作为"，相信如果一个村民在本村有威望，则他的威望应该超过法院。

然而现在的问题是，由于村庄共同体的解体，将纠纷事件与其他事件放入连带关系中考虑，灵活运用"情"与"理"来定分止争，就成为一件很难做到的事情。同时，村干部没有动力、更没有强制力让他们主动介入调解。如果说村干部的工作动力，尚可以尝试通过"调解成功后获得乡镇的奖励或补助"的方式加以激发（这需要乡镇具有足够的财政实力作为保障，少不了部门扶持），那么更难解决的问题是，现在的农民与其说信服一种在地化的威望，不如说他们更想寻求一种来自官方权力、科学技术和法律制度的认证，以此作为守护自己利益的工具。对于以现代法律为依据一心争夺利益的村民而言，他们越来越难以服从村干部的调解。在现代法律的标准占据优位的村庄，习惯于法律用语的村民就能获得压倒性的优势，而村干部在纠纷交涉现场则处于越来越弱势的地位。所以"民间调解"的尽头是"大调解"。如何重新为"民间调解"注入效能和活力，拓展它的边界，还有待继续探索。

另一种是"大调解"与"诉讼"相结合，以"大调解"为主，诉讼作为辅助和后盾。比如中央近年来号召开展"诉源治理"，由政法委牵头对乡镇政府和法院进行"万人成诉率"考核。所谓"万人成诉率"，即一年立案总数与辖区总人口的比值。"万人成诉率"越低，就说明政府的治理水平越高。因此这项考核，其实在诱导政府让更多案件不成诉、让更多成诉的案件回流到"大调解"的路径中来。

然而，据基层法庭的法官反映，在中央号召开展"诉源治理"之前，工商、公安、司法机关等部门经常以没有裁判权为理由，将案件推给法院，"他们动力不足，就告诉当事人：既然说了不听，就不说了，你们上法院去吧"。也就是说，工商、公安、司法机关等政府职能部门更愿意将法院定位为案件化解的兜底部门。虽然行政机关处理问题的效率肯定比法院高，工商部门可以化解消费纠纷，公安机关可以处理暴力纠纷、赡养老人纠纷等，但"工商、公安不想处理，觉得不好处理，可以推给法院"，而法院"不能推"。根据前文的分析，法院无法真正成为案件化解的兜底部门，法律诉讼的尽头是公检法司联合开展的"大调解"，"大调解"才能发挥为诉讼和信访兜底的功能。"万人成诉率"的考核，其实在强化这种兜底功能，同时也促动政府职能部门功能的再整合。

综合来看，基层矛盾纠纷化解机制的总体结构，表现为"民间调解—大调解—法律诉讼/信访"之间的相互转换。法律最终被悬置于情理之上，对现代法律的使用成为一种治理技术和策略工具。就目前的基层治理而言，民间调解、诉讼、信访都在发挥纠纷案件的筛选功能，而"大调解"发挥的是剩余治理功能。

第六章　农田水利的供给：从有机统合到碎片分割

水对于农业生产是一种不可或缺的存在，稻村所在的长江中下游平原以及华南稻作地区的农业生产尤其需要使用大量水资源。然而"水"以其自身的形态并不等同于"资源"。水资源并非一个自然存在、原本就"是"的事物，而是在人们以农耕为目的将劳动与自然环境相结合后，被人们的理性所"驯化"而成为的事物。也就是说，"成为"即资源的形成，与欲求和能力等人为契机和由各种"物"所构成的环境契机，存在机能上的相关性。[①]为了将单纯的"水"转化为"水资源"，水利设施的建设必不可少。

但是水利设施的建设和维护并不是纯粹的技术问题，而是与社会制度和社会基础密切相关的。进入 21 世纪以来，原本处于有机状态的大型水利体系走向了瓦解之路，以单家独户的掘井为代表的碎片化小型水利建设在农村社会逐渐兴起。本章以农田水利设施的变迁为中心，揭示变迁的发生机制，并探讨基层行政主体的应对之策。

第一节　农田水利空间的构造

在 1958 年中共第八届中央政治局扩大会议（北戴河会议）做出了人民公社组织化的决定之后，人民公社建设运动空前高涨。同年 9 月，沙洋县全域成立 13 个人民公社，开始实行政治组织和经济组织

---

① 内堀基光：《序—资源をめぐる問題群の構成》，载内堀基光编《資源と人間》，弘文堂 2007 年版，第 21 頁。

相统合的"政社合一"体制。到了 10 月，又以行政区域为参照，人民公社变为以团、营、连、排为组织序列的拟军队结构，实行组织军事化、生产战斗化、生活集体化的"三化"方针。在这样的背景下，"大跃进"时期的农民以生产队（此后的生产大队）为会计单位，开展农田基础设施建设和水利开发工程。

1959 年，漳河人民公社建造了 7 个灌溉泵站。稻村所在的生产大队还建造了干渠（一条 800 米）和支渠（一条 1300 米）共 37 条。1961 年，该生产大队架设了高压线，各村通电成为可能。水利灌溉设施从 1962 年开始使用，并淘汰了水车和风车。由于水利灌溉设施的完备，从 1965 年开始，生产大队开始一年三熟的耕种方式。在1961 年的"园田化"运动中，为了增加耕地面积，一些沟渠被填埋用作耕地。1958—1963 年，该生产大队北部东西走向的漳河水渠扩宽了 1 倍，各生产队承担生产费用，并由农民义务出工。如果不能出工，每人每年将被减少 70 工分。而如果出工，就可以吃到肉和鱼。

在当时修建的诸多水利工程中，新贺泵站兴修于 1975 年年底，整个主体施工过程仅仅经过了 9 个月，1976 年 6 月就已投入运营。稻村第 1、2、5、6 村民小组的农田灌溉依靠的是新贺泵站。渠道分为主渠和支渠两部分，其中，主渠长度为 480 米，支渠由原漳河渠道三干渠一支干二分干改建而成。引河长度为 2.8 千米，河底高程 35.5米，堤坝高程 41 米，底宽 5 米，堤面宽 2 米。泵站设计灌溉面积是1.4 万亩，基本覆盖了包括稻村在内的附近 4 个村的农田用水。[①]

由于稻村位于稻作地区，农业生产需要大量的水资源供给。在灌溉所需水田面积广阔、水库等水源地资源丰富的情况下，将灌区农家组织起来使用大型水利体系等公共设施，其利用效率能够达到最大化。大型水利体系覆盖广阔的流域圈，需要耗费浩大的工程量，建设总成本是单家独户的小农难以负担的。因此，人民公社时期稻村中的多个生产队共同筹集生产费，通过劳动积累工的形式将劳动力都动员起来，使村庄的人、财、物都能被统筹起来打通使用。

---

① 田先红、陈玲：《农田水利的三种模式比较及启示——以湖北省荆门市新贺泵站为例》，《南京农业大学学报》（社会科学版）2012 年第 1 期。

由于水利设施的存在，"水资源"被用以灌溉，进而转化为"水利"。然而，建设水利设施以控制水资源流动的前提是土地的占有。同时，在水资源流动的过程中，还存在蒸发、渗漏等情况。因地形和距离的不同，水资源流入水田的时间也存在差异，流域内分布的水量也并不均等。如果不开展农业集体化运动和人民公社运动以整合地权，流域范围内就会存在利益诉求不同的利益相关者。在这种情况下，对建成的水利体系产生毁灭性影响的可能性有二。第一，水利设施能够确保流域内农家的集体利益，而水利设施占用的土地则与个别农家的利益高度相关。山林采伐与家屋拆除所导致的经济损失如果不能均等分摊到每个农户身上，在农户之间产生的不公平感就会引发冲突。第二，靠近水源地、在灌溉序列中优先的上游水田生产者，缴纳水费、参与集体协同灌溉的意欲比下游生产者低。在作为利益主体的各个农户之间取得合意，其协调成本是相当之高的。

正是由于农业集体化和人民公社运动，各农户所经营的土地范围与农田水利的流域面积基本重合。在这种情况下，土地占用和流量不均衡等问题发生了"内部化"，即都成为发生于被重构的同一个利益主体——公社这一集体单位构造内部的问题。故而通过土地调整或者生产队长对灌溉优先顺序的调整，大型水利体系的运营得以顺利开展并维持下去。

具体而言，农田水利体系是由水资源的分配状态（水流方向、水量）、水利设施、土地和资金等多个要素复合为整体而形成。首先，水资源的分配状态与水利设施的效用辐射范围是一个整体。灌溉与排水都是调整水资源分配状态的一种形态。为了人为地调整水资源的分配，相应于水源地的储水量，不同层级和不同规模的水利设施被建造出来。以水源地为划分标准，以大中型水库、泵站为依托，为各村或各乡甚至各县市提供灌溉服务的水利设施称为"大水利"，所服务的区域通常构成大中型灌区；以堰塘、机井、小河坝为依托的水利设施称为"小水利"，为少数农户甚至是单家独户提供灌溉服务。每一种水利设施，都包含灌溉用水路、储物间、排水沟、暗渠、排水闸，以及抗旱用设施等。其中，与灌溉水源直接相连的断面最大的渠道为"干渠"，控制着整个灌溉区域。由干渠直接配水的渠道为"支渠"，一般控制一个灌溉分区。原则上，灌溉分区数与支渠数一致。"斗渠"与"农渠"直接向用水单位配水，其中"农渠"是末端固定渠道，控制范围一般是一个耕作单元，平原地区一般的控制面积为200—600亩。[1] 要言之，要求系统性的水资源分配，必须配套一种能让物理系统、管理系统和社会系统有机关联在一起共同发挥作用的水利设施。因此，水利设施必须作为一个内部不被切割的整体而被建造和维护。

　　其次，水资源的分配状态与土地也处于整体状态。水利体系是基于特定土地（即水田）的聚集而形成的，水利与周围的农田分布是一个不可分割的整体。水系是在特定的农田空间分布格局中形成的，它无法脱离土地而抽象地存在。土地的空间配置限定了水流方向，而水流方向同时也决定了水渠所应占用的土地空间。基于此，在被同一水系串联在一起的诸村庄中，土地较少的村庄可能获得每月两日的用水权，而土地较多的村庄则可能只获得一日的用水权。这种"水随地走"的用水方案有效化解了水利权纠纷。这样一来，土地多而水资源不足的村庄与水资源丰富而土地不足的村庄被统合为一个行政村，灌溉地与旱地被有机搭配，并在此基础之上被均等分配下去。[2]

　　从水的流量来看，水资源的分配状态与土地的依存关系引起了水资源供给方面的不平衡。由于水利体系嵌入土地之中，水在土地空间通过的过程中所遭遇的蒸发、渗漏，或者其他农家的秘密取水行为都将使水流量的消耗无可避免。由于稻村需要灌溉的水田极为分散，水渠就有了进一步细分化的必要。渠系的长度随着支渠的增加而增加，引水所需时间和水资源的消耗量也一并随之增加。同时，与末端水渠相接的水田也分解为"上游的水田"与"下游的水田"。由于上游水田的供水量比下游水田多，位于水渠末端的土地就需要直面灌溉用水供给不足的问题。

---

① 罗兴佐：《治水：国家介入与农民合作——荆门五村农田水利研究》，湖北人民出版社 2006 年版。

② 小林弘二：《20 世紀の農民革命と共産主義運動：中国における農業集団化政策の生成と瓦解》，劲草书房 1997 年版，第 761 頁。时任中共中央晋绥分局社会部副部长谭政文在 1948 年 2 月 8 日撰写的《山西崞县是如何开展土地改革的》中记载了相关案例。

再次，水利设施与土地处于相互依存的状态。农田水利工程一般都是选择在农田最密集的地方进行建设。这是因为，土地的集中可以减少渠道的层级和田埂的占地，节省田间的配水建筑物，进而提高灌溉和排涝的效率。被劳动改造为水田的土地赋予"水"以附加价值，使"水"转化为"水资源"。而在水利设施的维护和管理过程中，比如渠道扩洗清淤、水系改造等，都不可避免地会占用周边的土地，进而影响到这些土地的耕种使用。

最后，水资源的分配状态及水利设施与资金相关联，影响水利体系的运作。大型水利设施的建设和维持，都需要个人所无法负担的高额资金。同时，用水量也与资金的支付量密切相关。

在国家公共财政还未能全面覆盖广大农村地区的基础设施、公益事业和公共服务等领域的前提下，村民个体的产权处于流动状态的集体主义制度安排，有利于水利设施的建设、使用和维护管理。以集体协同式的结合为契机，水利体系的给水主体与受水主体无分化地被整合为一体。村庄社会成为被单一意志主体所管理的经营体，这种经营体支撑着村庄社会空间内的水利设施建设、使用以及管理。具体而言，在集体所有的土地制度下，农田水利体系的正常运作需要以下三根支柱。

第一，人民公社的超越单个农户家庭的生产核算单位与水利建设的整体性相契合，能够使水资源的分配状态、水利设施的功能范围与土地的相互结合得到保障，形成完整的水利体系。

实际上，水利建设也成为人民公社化的诸多契机之一。这是因为，在通过动员群众开展水利建设时，合作社与合作社之间、乡与乡之间的界限就成了相互协同的阻碍。[①]以群众动员的方式展开的大规模水利建设，需要在更广的地域范围内达成接受统一指导和协调的统合状态。

漳河是流经稻村所属人民公社的重要水资源之一。漳河水渠的扩宽需要占用水渠所经过的自然村的耕地。也就是说，水渠所经过的自

---

① 小林弘二：《20世紀の農民革命と共産主義運動：中国における農業集団化政策の生成と瓦解》，勁草書房1997年版，第334頁。

然村，为水渠的建设牺牲了自己的部分利益。如果每一个生产小队、每一个自然村都是一个利益主体，由于水资源与土地是"浑沌"一体的关系，水利设施的建设需要占用耕地，水利设施的建设对每个利益主体造成的损益度都不一样，势必会有一部分利益主体拒绝接受水资源与土地的"浑沌"关系，从而破坏水利的整体设计，甚至使水利建设无法进行。然而，在人民公社时代，集体经济的核算单位不是农户的家庭，土地的经营也不是以单个农户的家庭为单位，而是以生产队的土地为一个整体进行的。土地经营的整体性与水利建设的整体性是相契合的。当水利设施的建设区域不存在多元利益主体时，土地面积被占用所带来的损失与土地生产能力的提高所带来的收益就是在一个利益单位中计算，从而可以避免在存在多元利益主体的情况下，由于主体间水利建设对耕地的占用不均而导致的相对剥削感和不公平感所引发的纠纷。

换句话说，不可分割的流动的水作为承载利益的主体与给水让渡空间的土地上的利益主体在数量上基本达成一致，因此水资源与土地能够相互配合，形成利益整体，而这种利益整体能够接纳水资源与土地的整体性关系。所以，利益主体的范围和水利的整体灌溉范围相重合，有利于水利建设的整体性规划，免去了与单家独户的分散小农家庭进行施工谈判的交易成本，也有利于动员整个生产队的劳动力共同参与水利建设。

因此，全国的公共水利工程，大多属于人民公社时期的遗产。在北方旱作物种植区，比如在山东省蓬莱县的丘陵地区，可惠泽几十个村农地灌溉的中型水利工程、惠及几个村农地灌溉的小（一）型水利工程、平均灌溉面积约300亩的小（二）型水利工程以及平均灌溉面积约80亩的蓄水池（塘坝），几乎全部都是在20世纪50年代后期至20世纪70年代所建。[①]而在中部、南方水田作物种植区，以稻村所在的M镇为例(见表6-1)，如今村民仍在使用的水库和村里随处可见的渠道，都是人民公社时期所修建的。参加过水利修建的M镇

---

① 田原史起：《水利施設とコミュニティ—中国山東半島C村の農地灌漑システムをめぐって—》，《アジア経済》2009年第7期。

稻村村民曾凡其对笔者说：

> 水利工程几乎是常年施工。我们当时居住在村外的工地，只在农忙时回到生产队务农。过春节时回村几天，有时 3 年不回村。工程量大的时候需要男女一同上工，因此我老婆也参与了水利修建。①

表 6 - 1　　　　　　湖北省沙洋县 M 镇水利工程的建造

1961 年	修建漳河水库
1962 年	修水闸、主干渠、支渠
1964—1967 年	修汉江堤
1968 年冬—1969 年春	建设大柴湖水库
1969 年冬—1970 年春	建设黄荡湖、邓州天光湖水库
1970—1971 年	汉江堤加宽工程
1971 年冬—1972 年春	建设西荆河水库
1972 年	建设花子湖

　　第二，从水利设施的利用形态来看，在集体主义制度之下，超越单个农户家庭的组织能够从组织内部调节水资源的分配状态和因与土地相结合而产生的暂时性用水供需不匹配状况，因此能够整体性地维持水利体系的运转。集体水利秩序中的用水主体基于协同原则，有能力在分配和管理作为地方生产资源的用水方面，同样做到社会化和组织化。

　　在人民公社时代，超越单个农户家庭在水利设施的建设和使用方面发挥重要作用的组织就是生产小队。农民在小队长的组织下"冬修水利"，是当时集体生产周期的惯例。斗渠及以下层级的渠系，通常都铺设在生产小队内部，直接与农田对接。农田的空间分布基本以一个生产小队为单元，因此生产小队自然就成为灌溉渠系设计中的最小

---

①　湖北省沙洋县 M 镇稻村访谈笔记，2015 年 4 月 17 日。

灌溉单位，"生产小队"等同于"灌溉组织"的结构格外显著。同一个生产小队的土地中也有上游与下游的差别。为了使每块土地都有机会被优先灌溉，小队长可以在接纳水流量空间分布的不均等性的前提下，通过调节水闸的开闭，改换土地灌溉的优先次序。不仅可以从上游往下游放水，也可以从下游往上游放水。生产小队之间、生产小队内部都可以协调用水。

在人民公社解体后，生产小队和生产小队长以村民小组和村民小组长的形式延续下来，继续发挥调整村内利益的功能，使村内用水分配长期保持一种公平且周密的状态。

而在农业税费改革后，迫切需要防止"搭便车"现象、利用大水利进行灌溉的许多稻作区农村取消了村民小组长的设置，或者村民小组长工作消极；相反，是一些位于旱作区或者旱作、稻作交替进行的种植区的农村，虽然毛渠与稻田直接相连，中间不经过任何其他村民的田地，稻田的整体引水与他者拒缴水费的行为无关，却仍然保持着村民小组长的设置，并且小组长能够在灌溉秩序的维持上起到积极作用。比如在山东省蓬莱县果村，村民小组长分担了自蓄水池引水至农地的任务，包括从扬水抽水站引水的工作、保管钥匙并在蓄水池旁开动机器的工作、通知每户家庭的工作等。[①] 而稻村村民小组长被取消之后，水资源的不均衡状态丧失了调节人的干预，村内农家利益关系的复杂化使水资源的分配状态和水资源与土地的结合成为一种对立关系。这种对立引发村庄社会的矛盾，助长了"搭便车"的势头，加速了大型水利体系的解体。

第三，由于集体主义制度能够保证水资源的分配状态、水利设施与资金处于相互结合的状态，水利体系的运作及其维护便得以持续。

在人民公社时代，由于水源地的管理资金由生产队全权负责管理，水资源分配状态与资金的相互结合状态相对容易被维持下去。即使是在人民公社解体之后，在拥有内生性权威和血缘凝聚力的村庄，个体生活在村庄地方性规范中，不守公共规则而谋求私利的后果将是

---

① 田原史起：《水利施設とコミュニティ—中国山東半島 C 村の農地灌漑システムをめぐって—》，《アジア経済》2009 年第 7 期。

在别的事情上受到来自村庄社会的惩罚，因此当资金参与维持下的水利空间秩序成为村庄的公共规则后，截留"过路水"等使资金脱离与水利空间秩序形成的一体关系的行为，将被其他村民视为"偷盗"。偷盗者在日常村庄生活中可能被边缘化，也有可能在以后需要其他村民帮助时找不到愿意帮忙的人。然而，由于稻村的历史较短，姓氏庞杂，不存在内生的极具威望的村民。在稻村这样的水田作物种植区更易发生的不交水费而试图截留"过路水"的行为，便是一种企图改变水利的整体空间内部水量分布秩序的行为。从人民公社解体直至税费改革实施为止，村民小组作为最小灌溉组织而集体购买灌溉用水，小组长就在协调用水秩序、保证资金与水利空间秩序的一体性方面，发挥着重要的作用。

在人民公社时代，生产小队是大型水利设施的直接受益者，在大型水利设施的维护上也表现最为积极。生产小队的队员在日常生活中经常碰面，也是参与集体生产劳动的邻里乡亲。生产队员相互之间对对方的家庭状况都了如指掌，他们浸泡在熟人关系之中。正因为如此，同样在地缘共同体内部生活的小队长能够依照明确的目标而利用人情或村庄社会舆论，为维护水利设施而动员劳动力和资金。直到税费改革为止，水利设施的维护修理一般是靠义务工、劳动积累工或以资代劳的方式完成的。村民小组是统合劳动力与资金的关键集体组织。

在作为末端行政单位的镇村一级，公共财政方面的自力更生倾向非常明显。在国家无法充分负担村庄水利设施等公共品供给的情况下，水利体系的整体性，特别是对"水资源—土地"这一整体关系的制度配置，就是保障水利设施的建设、使用、管理与维护的重要环境因素。利益主体范围与水利灌溉范围的相互适配，是这种制度配置得以存在的前提条件。

使水资源得以有效且灵活运用于农业生产的条件，可以归纳为以下三点：一是拥有整体动员水利设施建设所需的人、财、物的能力，保障流动的水资源与水利设施相结合的整体空间状态；二是保障附着于土地的同质性利益分布与水利灌溉区域的重合状态，也就是说，流动的水资源与影响水流和水量的土地空间、土地的利益结构，必须作为内部无分割的整体而存在；三是大型水利设施的使用、维修和管理等需要整体进行的工作所需的资金，应该从利益相关者那里得到均等的调用。

第二节　农田水利空间的切割

人民公社解体、家庭联产承包责任制实施后，经济核算单位下降到农户，每个农户家庭基本都成为一个利益主体。稻村的农田不再由村集体统一经营，而转由每个农户承包，并且每个农户都是一个独立的经济核算单位。此后，村庄内部的利益主体更加细碎多元。伴随土地耕作空间的切割，农田水利空间中也开始出现纵横交错的利益边界线。由于同一水系范围内土地上的利益主体出现多元化状况，若要新修水渠，就需要与水利设施需要占用的每块土地的承包经营权所有者协商。而单靠每个利益主体的力量，在缺乏家族共同体意识的原子化村庄，是难以达成整体性的水利建设的。不过，在20世纪80年代到90年代初，许多村庄都或多或少留有机动地，并隔3—5年就对土地的承包关系进行小规模调整，因此仍能借助于来自土地集体所有制度的利益调整空间，使新的水利设施拥有得以建成的可能。也就是说，虽然人民公社已解体，但土地集体所有制终究被家庭联产承包责任制所继承，水利设施的整体性仍然能够得到维护和保全。由于土地集体所有制下土地承包关系的定期调整，水利设施的农用地占用问题可以得到解决，新的水渠建设也能顺利进行。大型水利设施的新修仍然具备从人民公社时代继承而来的制度条件。此外，由于村民小组长这一职位的设置，水利体系内部出现的不均等性，也能够通过村民小组长对各农家的利益协调工作而得到解决。

同时，在水利设施的建设、管理和修缮方面，劳动力和资金都是不可或缺的。在人民公社解体之后，虽然村集体放弃了通过计算工分动员劳动力的方式，但直到20世纪90年代中期为止，劳动力和"共同生产费"仍然发挥着将农村劳动力与资金相结合一并投入水利建设的作用。正是因为村集体能够从农户那里征收共同生产费并调动劳动力，这种从人民公社时期继承而来的集体主义式的资源动员手段仍能继续将村内各农户统合起来。

1985 年，国务院做出了实施农村劳动积累工的决定。在取消农业税之前，全国各省份制定的农民负担条例一般都规定，每个农村劳动力每年承担 10—20 个劳动积累工，主要用于农田水利基本建设和植树造林。在稻村，许多农户也认为，既然灌溉使用了水利设施这样的农村公共品，获得了农村公共品带来的经济收益，就应该缴纳共同生产费，承担劳动积累工。对于不能按时缴纳共同生产费的农户，村集体采取"挂账"的办法对待。如果有农户不能按时承担劳动积累工的义务，村集体就将其应当承担的劳动量按照趋近于市场价的标准折合为金额，然后再"挂账"。通过从农户那里征收共同生产费和调动劳动积累工，村集体从人民公社时期继承的集体主义式资源动员方式，发挥了维持水利空间整体性的功能。

在上述背景之下，1989 年《国务院关于大力开展农田水利基本建设的决定》实施，明确规定了基层政权在开展农田水利基本建设中的责任和义务。20 世纪 90 年代前期，M 镇每年组织河道的清淤工作，提出"旱涝保收，旱能浇，涝能排"的口号，以挖河的方式贯通所有渠道，然后与漳河相接。

为了达成"简政放权"的目标，1984 年山东莱芜率先实施水利体制改革，将水利站的人、财、物下放给乡镇管理。1985 年，在国务院办公厅转发水利电力部文件的指导下，全国许多水利管理单位被租赁、拍卖或定性为企业，自负盈亏。自 20 世纪 90 年代中期开始，共同生产费的金额逐年提升，外出务工的农户增多，劳动积累工的调集也越来越困难。"以资代劳"又进一步加重了农民的税费负担。由于中央政府通过媒体曝光了村干部乱收费的现象，M 镇就有村民以村干部乱收费为由，拒交或拖欠共同生产费。税费征收难度的加大，也增加了 M 镇财政的压力，使得水库放水的次数越来越少。以沙洋县的漳河水库为例，原先的放水频度可以保证农户从插秧到收割天天有水可用。但是自从中央政府开始规范农业税费征收以后，放水频度演变为一年只放两次、一次只放七八天的状态。共同生产费的欠缴，使得水田作物种植区的村集体越来越缺乏完成整体性水利供给的能力。

在 21 世纪初的税费改革中，共同生产费被取消，乡村组织退出农村共同生产环节的事务，沙洋县水田作物种植区大水利的运行所依赖的资源输入，变为仅仅依靠水利使用人根据用水需要而缴纳的水费。泵站根据抽水量、水库通过放水量，向用水村组收取水费，收费标准由省物价局确定。承包地沿渠道分布的农户仍然希望保持使用大水利，因此共同出资，将水费交给水库管理处，从而获取水利供给。在大水利的使用人数日益减少，或者土地经营者因为土地流转而与承包者不一致的情况下，达成一致的利益主体的范围与水利的总体灌溉区域差距越来越大，使得稻村每个农户所需承担的用水成本持续增加，并且还需要面对由于水利设施的整体维护不可持续而造成的渠道渗漏等问题。

总的来说，农田水利空间的边界化是从土地利益主体多元化所形成的纵横交错的利益边界开始传导的结果。需要补充说明的是，由于稻村处在以渠道输送为主要灌溉方式的农业地区，灌溉秩序的形成必须以将农户的生产组织起来为前提。而一旦流域范围与达成一致的利益主体经营的土地范围差距加大时，水源地经营者就不愿意为少数人单独放水。这是因为水源地的管理者难以计算水流量在空间中流动的损耗，因此无法将供水量精准地控制在与农户的需水量完全一致的水平。

当利用大水利的农户数量太少时，渠道渗漏占放水量的比例很高，在水资源流动的空间中消耗的水量，或者没有流入农户承包地的水量，其价值对于水库的承包者来说都成为一种经济损失。这种水量的不平衡，形成了水利系统的上游和下游。而土地利益边界的形成，撕裂了水利系统中上游与下游的一体性，并在上游与下游之间划分出许多道利益边界。这些利益边界与水资源空间分配不均的性质结合在一起，最先切割了水利与资金的一体关系。

新贺泵站的管理主体也分别于1986年和1995年从县级降为区级，最终被下放到M镇的二级事业单位。泵站的归口管理级别不断下降，意味着支撑泵站运营的可支配财政资源也不断减少。20世纪90年代后期乡镇企业的纷纷倒逼以及乡镇财政的入不敷出，更为泵站的运营雪上加霜。新贺泵站最终成为一个自收自支的完全市场主体，泵站运营所需的一切维修费、电费和人员工资等，都只能通过卖水来维持。M镇水利部门人员缩减之后，性质也被划归"社会新型组织"或者"民办非企业"，所承担的业务也缩减为一些技术指导服务项目。

当水源地的管理主体市场化之后，管理者的牟利性特征表现得更加明显。个体经营者会以其他方式利用承包的水利资源，以获得个人收入。比如购买大量鱼苗，将水库变成鱼池。而农户对泵站或水库供水的需求受到天气和农业生产周期的影响很大。当农闲时，或者没有出现旱涝天气时，承包水源地的管理者就处于近乎纯支出的情况。水库和大型泵站交给了个人承包经营后，如果风调雨顺，个体经营者通过供水而获得的收入还不够缴纳承包费。另外，由于大水利是以村民小组为灌溉单位供给的，水源地的管理者难以计算水流量在空间中流动的损耗，因此无法将供水量精准控制在与农户的需水量完全一致的水平。特别是当利用大水利的农户数量太少时，渠道渗漏占放水量的比例很高，同时也会出现用水农户的承包地无法充分吸收放出水的情况。由于水费的收取是以土地灌溉面积计算，农户只看水田里水量是否够，在水资源流动过程中消耗的水量，或者没有流入农户承包地的水量，其价值对于水库承包者来说都是一种经济损失。所以，不论是水库，还是大型泵站，都不会为不成规模的少数几个交钱农户放水。

显然，当水源地空间与水系流域空间的一体关系被切割后，水源地承包者为了维护自身在水源地的利益，会更倾向于不放水。即使在旱季，在部分农户有使用大水利资源需求的情况下，仍然如此。因此，一旦水利体系的受益可能范围与利益主体所经营的土地范围产生偏差，并且这种偏差愈益扩大时，个别水资源利用者就有可能面临无法获得充足用水量的困境。这时，水田作物种植区一些本来上交水费的村民开始发现他们虽交了水费，却没有得到应得的水利供给。①

当多元利益主体的规模扩大时，对于水源地经营者而言，协调各主体间利益的成本提高了。通过渠道输送水资源的方式是开放的，渠道越接近农田，水流路线的改换成本越低。在稻村，与水田相接的毛

---

① 罗兴佐、贺雪峰：《论乡村水利的社会基础——以荆门农田水利调查为例》，《开放时代》2004年第2期。

渠（见图6-1）是用土所堆砌的。在向特定地块放水时，村民只需要用锄头或铁铲去除毛渠外缘的一段土垛，通过形成的豁口引水入田。用锄头或铁铲控制豁口进而控制配水的方式是谁都有能力去做的，因此当多个利益主体在用水上不能自主协调形成灌溉秩序时，势必导致水资源分配的失控。

图6-1 稻村的毛渠

在税费改革的同时，湖北省也开始进行基层治理体制改革，主要内容包括合村并组、撤销村民小组长等。在M镇的一些村庄，村级组织人员规模缩小，村民组长被废除。而在没有撤销村民组长的省份，比如在河南省Z县Y镇的农村，村民组长的设置具有极大的随意性。比如，在该镇周村①的25个村民小组中，保留村民小组长的只有8个小组。这是因为税费改革后，由于不再向农户收取税费和提留，组长的工资只能由本组农户平摊，一年的工资为1200元左右，而在当前打工经济的背景下，即使在本地做小工农户一天也可以赚到至少80元。在这种经济收益的比较下，年轻的农户不愿意将相当一部分时间耗费在收取水费、在不同的利益主体间协调灌溉用水的先后次序上。在村民小组长表现消极的Y镇周村或在村民小组长被撤销的稻村，由于村民小组内部空缺了能够协调灌溉先后次序的权威者，村民间就容易围绕灌溉优先权而发生争执。农村有一句俗语为"天旱无人

---

① 郭亮：《论农田水利的社会与组织基础——豫南Y镇农田水利调查》，《中共宁波市委党校学报》2011年第2期。

情"，即在干旱面前，村民为了争夺优先灌溉的权力，可以不顾日常的人情和面子而发生争吵和肢体冲突。当灌溉秩序无人组织时，排水秩序的消失也成为另一个引发水利纠纷的导火线。

在农田水利的空间整体性存在的情况下，水利与土地处于相互依存的状态。在村民看来，上游农田的排水经过下游农田后排出本是理所当然的事情，正如下游农田的灌溉引水要从上游农田里经过一样。不让上游的农田排水或下游的农田引水，被视为双方村民关系发生破裂而出现的一方故意挑衅的现象。然而，打工经济带来的村民之间交往频度的减少，以及小组长的撤销，切割了"土地—水利"整体关系内部稻村各用水利益主体的协作关系，于是引发了下述王贵祥与薛宝金之间的水利纠纷。

王贵祥与薛宝金的水田相邻，王贵祥的田在上游，而薛宝金的田在下游。在王贵祥田里的水稻进入灌浆期后，王贵祥需要把田里的水排出去，否则就会影响水稻的产量。由于排水秩序无人组织，位于下游的薛宝金先于上游的王贵祥已经将自己田里的水排出去了。当薛宝金发现王贵祥挖开了自己田埂的缺口，水不断从王贵祥的田往自己田里流时，非常生气，就趁王贵祥不在，拿锹把王贵祥田埂的缺口堵上了，其结果就是导致王贵祥的田里出现严重的水涝。

上游要排水，下游坚决不让，这反映出上游利益主体和下游利益主体对水利空间和土地空间的切割和边界化。"土地—水利"的整体关系由于地权利益的切割而发生边界化，使王贵祥和薛宝金见面就吵架。薛宝金平时在沙洋县打工，脾气暴躁的妻子在家照看农田，在2011年的一天，妻子路过那块水田，碰巧又看到王贵祥在水田的田埂旁边不知道在干什么。薛宝金妻子顿时按捺不住情绪，连吼带骂让王贵祥从田里出来。双方激烈争吵后，薛宝金妻子将王贵祥推倒在地，致使王贵祥骨折。王贵祥要求薛宝金妻子赔偿医药费，薛宝金妻子不同意。于是，王贵祥把薛宝金妻子告到法院，薛宝金妻子不断上访。①

此外，"搭便车"使用经过自己承包地周边的过路水的行为也越来越常见。在稻村一带的村庄，有一句俗语为"水从门前过，不偷是

---

① 湖北省沙洋县 M 镇稻村访谈笔记，2015 年 4 月 13 日。

我过"。"偷水"行为直接改变的是水流量的空间不均等分布格局，扰乱了配水秩序。由于沿渠的上游农户偷水的现象越来越严重，处在下游的农户或村民小组不仅面临着用水危机，还承担了上游农户灌溉用水的水费。村民说"怕饿死的饿死，不怕饿死的不会饿死"，担心灌溉缺水的下游农户急于缴纳水费，却无法排除上游那些不担心灌溉缺水的农户通过"搭便车"的方式获得水利供给的利益，因此灌溉成本提高，并与上游农户几乎为零的灌溉成本形成对照。"我们每次都掏钱，结果他们就直接用水。他们要交个钱，那是比登天还难，拖来拖去，说得你都不好意思了，他还是不交。所以就算了，你抽你的、我抽我的，这样最省心。"下游农户就会选择退出大水利，他们不愿意其他人无缘无故长期从自己这里获得本不该获得的利益。为了惩罚这些"搭便车"的人，结果自己也不得不退出水利体系。于是，村民们自费开始了"掘井竞赛"。基于水费支付与水流量空间分配等价交换的经济秩序，因此而崩塌，为修缮大型水利设施而筹集资金也陷入困境，水利与资金的整体性彻底发生断裂。

最后，由于缺乏修缮泵站（见图6-2）等设施的经费，农田水

图6-2　杂草丛生的新贺泵站

利空间的整体性和泵站及水渠体系运作难以为继。在水利设施的运作无法得以维持的情况下，水资源就无法以水利设施为媒介输送到灌溉区域的末端。换句话说，作为用水媒介的水利设施在水系全域的某些环节出现了梗阻失能，水资源与水利设施的高度适配与复合状态最终也告崩解。

第三节　碎片状态的农田水利

在农田水利空间已被切割的情况下，如果没有有效的村庄权威对难以达成一致的村庄利益主体进行整合和利益协调，农户之间几乎不可能自发组织、协调水域内水流量的分配秩序，最终使大水利供给系统发生崩溃。

在稻村，第1、第2村民小组位于水路的上游，第5、第6村民小组处于水路的下游。由于没有主动协调用水秩序的村民小组长，处于上游的村民小组用水不加节制，从而导致第6村民小组中田块离水渠较远的农户常常无水灌溉。第6村民小组的这些农户因交了钱却没有得到应有的水利供给，而不愿意再参加集体灌溉，拒绝服从水利系统的整体性内部呈现的水流量的不均等性。于是，能够达成一致的利益主体的水利流域空间在整体水利流域空间中的比例日益萎缩，增加了每个大水利使用者的使用成本，最后导致更多农户退出大水利灌溉系统。在稻村的事实是，第6村民小组全体村民都退出了大水利灌溉系统。

村民自费展开的掘井竞赛，加速了水利运作朝着多个小型农田水利设施发展的碎片化倾向。曾经共同构成水利体系的水资源分配状态、水利设施、土地与资金等要素的整体关系，纷纷陷入切割状态。结果，稻村农业用水供给空间逐渐显现出个人化、分散化、孤立化、小规模化的特点（见图6-3）。

随着流域内土地利益主体的分化，大型水利设施存在的必要性大幅下降。稻村有越来越多的农家从对大水利体系的依存状态中脱离出来。不被统合的各利益主体各自出资挖掘机井，通过抽水机向自己的承包地或承包地周边的末端水渠里引水，他们专心只顾与自己利益相

图6-3　个别农户的机井和水泵

关的那一片空间范围内的事务。利用小型水利设施而使灌溉条件暂时得以改善的农家确实不断增加，但与此同时，作为公共品的大型水利体系则陷入废弃状态，出现各种问题。第一，由于水利设施长时间缺乏维修，农田的渠道发生淤塞或被填平与毁坏的情况并不少见，其结果是导致水田作物区灌溉和排水系统瘫痪，冬播后无人清淤，涵道严重堵塞，减弱了农田对旱涝灾害的抗御能力，从而影响农作物的产量。第二，渠道堤面的泥土被农户挖去建房或填田，使渠道深度下降，蓄水量降低。雨水稍大，就会导致漫堤。第三，渠道堤面均被种植农作物，每逢下大雨，农作物也无法阻挡土壤的掉落，日积月累之后，渠道就会淤塞。第四，泵站无人维护管理，一些地方的泵站抽水管生锈穿孔，泵站设备被盗，泵站成为被废弃的状态。第五，新修水利因为面临占地问题而变得困难。

在笔者调查时，稻村的水渠已经被杂草所覆盖，甚至可以看到农户用土填埋水渠并在其上种植农作物的景象。土地逐渐重新侵蚀了已无水流的水渠。大型水利体系流域内利益主体的分化打破了作为整体而存在的"水利—土地"相利共生状态，助长了个别承包地的单向度扩张。村民们开始大量种植需水量小的旱田作物，而种植水田作物的农户几乎全都在田边打了深井。在引水灌溉时，村民只需要将水管一头接上水泵，另一头插入田里，无须影响邻近的田地就能实现灌溉。稻村的农业生产逐渐成为个人化的行为。对于农户来说，打井虽然意味着高达数千元的开支，但这种私人化的灌溉方式却因为"不求人"而避免了颇费周折的水利纠纷。由于农田水利供给空间的个人化、分散化、小型化，大型水利体系与小规模水利体系失去了相关性，农家的水资源利用成本急剧上升。

第四节　对于大型水利瘫痪状态的应对

农田水利空间的边界化使稻村的公共水利系统陷入了瘫痪状态。而各家农户的小水利设施又无法应对旱涝灾害，使稻村的水稻种植面积大量萎缩，导致粮食减产的后果。这显然违背了确保农作物稳产的国家目标。

为了摆脱这一困境，许多学者提出了一些建议，各级行政主体也采取了各种措施。一些学者认为，明晰水利供给的产权，可以使农田水利摆脱困境。这种观点忽略了水利供给原本是个有机整体的事实，而水利陷入困境的原因，正在于水利供给整体性的被切割。美国经济学家迈克尔·赫勒将这种现象称为"反公地悲剧"[1]，认为产权过于细碎，会造成交易成本过高，导致不可边界化的整体性工程在分散的农地"承包经营权"和分散的利益面前陷入瘫痪。

与此同时，国家也看到了农田水利设施出现的老化和损毁问题，因此也加大资源投入，试图缓解建设和维护农田水利设施过程中出现的资金不足问题。然而，从实践效果来看，近年来更换、修复或新建的渠道使用寿命并不长，淤塞、损毁的情况仍然无法有效避免，通过水利设施和水利技术的供给并无法从根本上使水田作物区的水利运行

---

[1]　Heller, M. A., "The Tragedy of the Anti-commons", *Harvard Law Review*, Vol. 111, No. 3, 1998, pp. 621–688.

摆脱困境。

之所以明晰水利供给的产权、改善水利设施和水利技术的供给，都无法使农田水利摆脱困境，是因为这些方法都没有着眼于复生农田水利空间的整体性。其实，在农民税费负担过重的20世纪末21世纪初，在中央政府对以村集体为单位整合资金建设水利工程产生不信任感的情况下，中央政府开始试图通过资源输入和民间自主建设相结合的方式，以复生农田水利空间的整体性。具体措施主要包括"一事一议"筹资筹劳政策和"以奖代补"。

农村税费改革取消了乡统筹和村提留，这意味着公益事业项目所需的资金，不再能固定地从农民那里汲取。"一事一议"的筹资筹劳方式，规定村民委员会若要在村级范围内向农民筹集资金或者要求农民出工，必须要经过民主决策程序。这一政策，可以视为对农业税费时代共同生产费、农村义务工和劳动积累工等措施的接替性安排。

"一事一议"首创于安徽省的税费改革。其他省份制定有关"一事一议"筹资筹劳的政策，大量借鉴了安徽省的规定和做法。然而，"一事一议"在各地农村的实践却普遍遭遇"事难议、议难决、决难行"的"三难"困境。①

"事难议"，主要表现在"一事一议"会议难以召集。"一事一议"的议事程序规定，所议事项必须召开村民大会或村民代表会议。村民大会应有本村过半数村民参加，村民代表会议应有2/3以上的村民代表参加，所作决定应当经到会的2/3人员通过。然而在务工经济兴起的背景下，村民会议或村民代表会议的参会人数往往难以达到举行会议的法定人数。若要让会议正常召开，则不得不以村级干部会议取而代之，但这种做法又面临程序不合法的风险，会议结果也有可能遭到村民的抵制。

"议难决"，是因为"水利—土地"的整体性被打破，而农户对水利供给的需求存在差异。比如在稻村，村民难以协调用水形成合作，导致少数交钱用水的农户需要负担大量的泵站抽水费。再加上

---

① 罗兴佐、王琼：《"一事一议"难题与农田水利供给困境》，《调研世界》2006年第4期。

水渠长久以来缺乏修理和维护，一些村民干脆各自新建相对独立的小水利设施，使村庄的灌溉水系愈加复杂。水系利益的复杂切割，导致村民代表在讨论村庄公共工程的选择问题时达不成统一的意见，讨论往往在激烈的争论中不欢而散。

"决难行"，则包括筹资难、筹劳难两个方面。在筹资方面，由于农业税费的免除冲击了一些农户向集体缴纳生产性费用的义务观，加上中央政府对村集体收费行为不正当性的宣传，这些农户对村干部的所有收费行为都充满怀疑，因为他们无法从"收费"行为中分清收费的主体是"村干部的村集体"还是"村民们自治的村集体"。

而即使资金能筹集上来，由于"一事一议"对筹资上限的规定，筹资的数额也不足以建设较大规模且急需的事业。比如在湖北省，"一事一议"的筹资上限规定为人均15元。假定全村所有村民都把钱款交齐，由于人均筹资数额太低，筹资总额也只能占到稻村修建拦水坝所需预算金额的一半。实际上，还有些村民拒绝交钱，使得预算金额的一半甚至也难以筹齐。拦水坝必须要一次性修建完毕，否则会被水冲毁。如果没有项目拨款的援助，仅仅靠"一事一议"制度，是不可能完成水利建设的。

在筹劳方面，由于打工经济的兴起，包括稻村在内的许多农村出现"官动民不动"的现象。集体兴修水利的情景已再难见到。而不仅仅是水利工程，包括道路维修、村庄环境维护在内的公共建设，都很难再动员起村民参与。在稻村，几乎没有村民认为自己有义务维护公共设施。在他们看来，那些都理所当然是村干部该管的事。[1]

可见，村庄公共建设的劳动力动员也与打工经济的劳动力市场发生了竞争关系，公共建设不再可能使用政治动员的手段，而只能和劳动力市场一样采用经济动员的手段。但由于税费取消之后，乡镇政府与村级财政的支付能力弱化，除非依靠国家资源自上而下地持续投入，基层对村庄资源的动员只会越来越难。

为了解决上述"事难议、议难决、决难行"的困境，国家在《村民一事一议筹资筹劳管理办法》中提出，政府可采取项目补助、

---

① 湖北省沙洋县 M 镇稻村访谈笔记，2015 年 4 月 20 日。

以奖代补的方式，协助村民通过筹资筹劳开展村集体公益事业建设。"筹补结合"方式的展开，标志着国家对"一事一议"制度的完善。在推进社会主义新农村建设的过程中，2008 年国家发布《关于开展村级公益事业建设"一事一议"财政奖补试点工作的通知》，若干省份率先试点"一事一议"财政奖补政策。2010 年国家再次发布《做好 2010 年扩大村级公益事业建设一事一议财政奖补试点工作的通知》，试点范围进一步扩大到全国 27 个省份，并在 2011 年基本覆盖全国所有省市。"一事一议"制度的内容，从单向度的村内农民筹资筹劳，转向各级政府对村民兴建公益性公共品的大幅度奖励补贴。

所谓"奖补"即政策性的奖励和补贴。这些钱款来自各级政府的财政转移支付资金，至于奖励补贴的具体金额，则取决于村庄公共建设实际投资额，比如按照项目总投资额度的 40%—60% 进行财政奖补，这个标准在各地略有浮动。[1] 其中，农田水利的"以奖代补"，是指对农民自用为主的微型水利工程，政府按照"自建、自有、自管、自用"的原则，鼓励农民独户或联户兴办，政府以奖励代替直接补贴，即民办公助。

这一措施，将水利设施建设推向社会，调动民间资源自主投资水利建设。不过，由于"以奖代补"并不指向对系统性水利设施的维护，因此无法复生农田水利空间的整体性，相反甚至加速了这一有机体的死亡。具体而言，由于"以奖代补"的财政资金最终成为对农户私人开塘或打井的直接补贴，经济条件好的农户争取到资金后退出水利合作，达成一致的利益主体的范围与水利总体灌溉区域的差距加大，"水利—土地"的整体性进一步被打破。使用公共水利设施的农户减少，导致中小型水库、泵站的效益萎缩。再加上"水利—资金"内部的有机关联被切割、公共渠道因遭人为毁损却无力维护而荒废，以及"水资源—水利设施"整体性的断裂，水资源的流动性受阻，最终导致大水利的系统性崩溃。

由于村民小组中利益主体的多元化以及基层政府的维稳压力，一

---

① 韩鹏云、刘祖云：《农村"一事一议"制度变迁：理论内涵及路径创新》，《山东农业大学学报》（社会科学版）2012 年第 2 期。

方面，公共品供给越来越难以与农户的多元需求对接；另一方面，在项目内容的选择过程中无法表达意见的农户，就只有选择在项目落地的过程中，以拒绝和上访的方式表达代表自身利益的意见。在税费改革后，村民认为农村公共品项目的供给主体就应该是政府部门。自主筹资筹劳陷入无法运转状态的村民，对行政资源的输入产生了依赖心理和社会福利心态。

另外，用项目资金建造的工程质量很难得到保障。比如，审计单位为了降低审计成本，获得额外收益，就可能简化甚至省略审计工作中的必要程序。监督单位为了获得不当收益，也可能与施工单位形成共谋和寻租，允许施工单位造假，乃至于协助其造假。[①] 监督功能的受阻一方面使公共品质量失去了有效保障，另一方面也使脱离农村实际需求的大量项目规划不能及时得到纠正。

综合以上分析，可以看出"一事一议""以奖代补""项目下乡"虽然试图复生"水资源—水利设施"的整体关系，使水田作物种植区陷于瘫痪的大水利系统重新运转起来，但是都没有成功。

而在"水利—土地"和"水利—资金"的有机状态复生方面，中央政府提出的政策建议是设立"用水户协会"，用非行政性组织替代原来的行政组织。比如在 2005 年，水利部、国家发改委、民政部联合下发了《关于加强农民用水户协会建设的意见》，对加强"用水户协会"建设的重要性、指导思想和原则进行了全面系统的阐述。但由于"用水户协会"不具有强制性，农户可以自愿加入和退出，且只能通过谈判协商灌溉的优先次序，一旦一个人反对就难以达成合作。因此，"用水户协会"的组织成本巨大，也无法解决被"搭便车"行为所伤害的"水利—资金"和"水利—土地"的有机状态。

当然，农田水利困境并不存在于旱作物种植区。与以上情况形成对照的是，在缺少地表水的北方旱作物种植区，由于水利运行规模小、渠道单一，如果村落保有一定程度的集体经济，在农业税费取消后往往依然能够出资维修水利设施，保持水利运行系统处于有机整体

---

① 周原：《建设工程项目委托审计道德风险成因及防范》，《华中农业大学学报》（社会科学版）2013 年第 6 期。

状态。因此，在北方旱作区更容易找到农户用水合作组织成功运作的案例。[①] 以山东省蓬莱县果村为例，"集体经济"除了来源于出售村办企业的流动资产、设备等动产，租赁建筑物、土地等不动产，更来源于土地开发，包括通过开发荒地创造出新的集体农地等。这些小规模的集体经济之再发现、再利用，有助于为水利的维护筹措工程费用。[②] 旱作物的需水量少于水田作物，因此在北方旱作区，只要打深井就能解决农田的灌溉问题。而机井、管道和毛渠构成的灌溉体系天然具有较强的排他性，避免"搭便车"现象的发生，因此水利的核心问题就不是如何协调利益主体间的用水秩序，而是如何筹措用于打机井的资金，以及机井在使用中的维护问题。一口用于旱作物灌溉的机井一般是供一个村民小组的成员所共同使用。有一些机井甚至是由全村村民所共有。之所以形成这样的使用格局，是因为打一口深井成本巨大，所需资金量远非单家独户的小农所能承受。又因为旱作物所需水量较少，单家独户的小农也确实没有必要承担独自打井的巨额开支。因此，旱作区井水灌溉体系，体现的是以村民小组为单位进行的资源整合，机井的承包人和机井的使用人通常是同一个村民小组的成员。由于封闭式的输水路径能够针对每一个利益主体配给水资源，并且用水量能够被精确计量，那么农户不用组织起来，也可以自然形成相安无事的用水秩序。

然而，对于稻村所在的水田作物地区来说，农户田块分散且形状不规则。只有恢复农田水利空间的整体性，才能摆脱公共水利设施瘫痪的现状。而要恢复农田水利空间的整体状态，要解决的最基本问题，就是改变家庭承包经营体制带来的细碎分散化的地权格局，改变"水利—资金"以及"水利—土地"关系内部的切割状态。

解决"水利—资金"的切割状态，可以通过本村在外工作人员对家乡做贡献的方式进行。在外工作人员仍然愿意为家乡做出贡献，说明其对家乡仍保有归属感和认同感，家乡所在村庄具有强烈的内聚

① 罗兴佐、贺雪峰：《取消农业税后农村水利供给的制度设计及其困境》，《中国农村水利水电》2008 年第 4 期。

② 田原史起：《水利施設とコミュニティ─中国山東半島 C 村の農地灌漑システムをめぐって─》，《アジア経済》2009 年第 7 期。

力。在旱作物种植区，比如在位于关中平原西部的陕西省武功县新庄村，村民普遍怀有对村庄公共事业做贡献的责任意识，因此在打井、修渠、修路之类公共品的供给上，自筹资金往往不会遇到困难。在这样的凝聚力下，当村里一口机井需要投资至少20多万元更换电机、水泵、变压器、水管等设备之后才能发挥效益，而村民小组的自筹资金无力负担时，一位在电厂工作的本村人以废旧品的价格为村庄提供了上述设备。最后，村民自筹1万多元便将老井改造好了。① 在水田作物种植区，比如位于江西省中部的龙村，一些村民虽然工作和生活都离开了村庄，但由于血缘的联系，他们还是必须关心村庄公益事业并尽力为村庄争取更多的外部资源。他们关心村庄的程度越高，对村庄公共品供给的贡献越大，他们自身在村庄的地位也越高，名声也越好，并且这种地位、名声惠及他们的家人、家族以及亲戚朋友。②

　　然而，在笔者调查的稻村，由于村民主动为村庄公共建设做贡献的热情不高，依靠本村在外工作人员的力量是很困难的。而划片承包的办法，则可顺带解决大中型水利设施与分散农户的对接问题。2014年，沙洋县开始进行划片承包连片耕种模式的试点工作，并于2015年开始在全县推广。

　　所谓划片承包，是指每个村民小组讨论确定所有田块的等级后，再按水系划片，每片由若干愿意承包耕地的农户抓阄承包。每个片就成为一个承包单位，同时也是一个合作单位和集体责任单位。将分散化、细碎化的土地调整到一块或一片，以此实现土地集中连片耕种，就扩大了农户土地经营规模。据初步估计，按户连片耕种可提高机械使用效率40%，减少货币投入成本25%，减少劳动投入时间75%，提高综合生产能力4倍。据调查，如果一个农户承包十几亩地，在承包地分散为二十多块的情况下，从插秧到晒田期间的2个多月光灌溉耗费劳力就很多。土地连片后，农户将水放到最高的田块里，让其自流灌溉，既不怕水流到别人田里，也不需要频繁搬动水管和水泵，种

---

　　① 罗兴佐、李育珍：《区域、村庄与水利——关中与荆门比较》，《社会主义研究》2005年第3期。
　　② 罗兴佐：《论村庄治理资源——江西龙村村治过程分析》，《中国农村观察》2004年第3期。

田轻松了很多。① 由于"片"的空间与水系总体灌溉区域重合，土地利益重新以"片"为单位统一起来了，在"水利—土地"的边界消失之际，农田水利空间的整体状态就获得了重生的契机。

然而，在土地使用权"物权化"的规范引导下，作为划片承包前提的土地利益调整本身就是一件容易引起纠纷的难事，并且容易突破《土地承包法》的规定。因此，为了规避政治和法律风险，在沙洋县出现的"各户承包权不变，农户间协商交换经营权""农户间协商交换承包经营权""土地重分"三种模式中，第一种模式要占全部"按户连片"的80%以上，第二种约占10%，而第三种所占比重不是很大。M镇稻村的村书记说："还是重新分地的办法好，但是地段好的农民不同意，我们做不下来工作，如果政策上统一要求重新分地就好了。"②

总之，农田水利空间的整体状态能否重生，其实关键还在于国家目标下地权配置的困境能否解决，在强调"物权"的法律框架下"集体所有"的产权安排是否还能作为一种治理资源得到有效利用。

---

① 王海娟、贺雪峰：《农地细碎化的公共治理之道——沙洋县按户连片耕种模式调查》，华中科技大学出版社2017年版。
② 湖北省沙洋县M镇稻村访谈笔记，2015年5月3日。

第七章　农村最低生活保障：
从需求到欲望

跟和农业相关的各种"多极分散"的补助金发放政策不同，农村最低生活保障制度则表现出参照特定标准而选择性地救济弱势群体的"多极集中"特点。究竟哪类群体应当成为农村最低生活保障制度的保障对象？按照制度设计的初衷，那些家庭人均年收入低于当地最低生活标准的农户，自然被首先纳入考虑。在资金分配方式上，由登记在户口簿上的成员所构成的"家户"而非某个家庭成员，是资金分配的基本单位。

然而，原本与村民收入价值的模糊性并不冲突的最低生活保障资源的救济性质，却随着分配指标的增加而发生了变化，甚至生产出农民"升米恩，斗米仇"的治理怪象。结果，最低生活保障制度的实践过程与政策文本的规定大相径庭。本章从现场制度生成的角度，考察最低生活保障制度的变迁，以及引起社会不满之后，末端行政主体是如何创造出新的方法加以应对的。

第一节　从满足"需求"的资源
到满足"欲望"的资源

与表示生存指向之底线必要性的"需求"（wants）相对，"欲望"则更多反映一种高线的生活欲求。原本农村最低生活保障制度是以满足穷困者的生存需求而设计出的"救济型"制度——依据客观基准筛选出符合特定条件的弱势群体，进而发挥作为社会安全网（safe net）的作用。

城市低保的普及始于 2002 年。此后，民政部将农村最低生活保障制度的建立纳入重要议题。其实，在中央政府提出全面实施农村低保制度以前，广东、浙江等经济发达的省份已从 1997 年开始出台并实施了《农村最低生活保障办法》，将农民群体纳入社会保障范围。而地处中部地区的稻村，则在 2005 年被农村最低生活保障制度所覆盖。

在低保制度在稻村推行的初期，低保补助资金少，按照每人每月 10 元的标准进行补助。此外，低保指标有限，只有全村人口数 1.8% 的指标名额。由于稻村的贫弱阶层属于少数（一般会占到农户户数的 1%—2%），且由于特征明显而容易识别（比如残疾、患有严重疾病、年老体弱而丧失劳动能力等），熟悉村民家庭实际经济状况的村干部，能够基本做到按"户"将低保指标分配给迫切需要社会救济的家庭。对于迫切需要社会救济的家庭，村庄社会一般达成了共识，因此在低保对象的确定上不会产生异议和不满情绪。况且，在低保制度推行初期，稻村的大部分村民都认为低保的取得是生产能力弱的表现，并通常与家庭变故相联系，获得低保救济在村庄社会生活中并不算一件"有面子"的事情。

与此同时，那些在村庄中生活真正困难的村民，由于自觉认识到自己在村庄中的地位，他们的面子感相对较弱，因此也很少有取得低保的心理障碍。在村庄的这套自动筛选机制下，低保资源自然就流向了村庄的弱势人群，这就减少了围绕低保名额分配的纠纷和矛盾，极大降低了低保户确定过程的治理成本。

这种状况不仅仅在稻村出现，也可见于宗族性村庄。[①] "正常村民"与贫困人群之间不仅仅是经济收入的差距，而且有一种文化心理上的隔离。再加上取得低保所能获得的利益极少，低保资源并没有成为稻村村民利益争夺的焦点。在低保确定的过程中，虽然村干部仅仅凭自己的村庄观察和体验，既没有经过任何村民代表会议的讨论，也没有在村庄中张榜公布低保户确认的结果，但整个低保的执行并没有

---

① 地处江汉平原的稻村与地处赣南山区的竹村，情况基本类似。参见郭亮《走出祖荫：赣南村治模式研究》，山东人民出版社 2009 年版，第 96—97 页。

引发村民的强烈不满，一切都在平静中发生和结束。

2007 年，国务院发布《关于在全国建立农村最低生活保障制度的通知》（下称"通知"）。该《通知》是表明将农村最低生活保障制度的分配原则，从此前的"选择主义"转向"普遍主义"的国家意志的象征性文件。此后，中央政府开始将农村最低生活保障制度全面引入农村地区，低保名额和低保补助金开始逐年上升。2007 年指标名额增加到全村人口数的 2.1%，2008 年又进一步扩大到全村人口数的 3.5%。随着物价水平的提高，4 年间稻村的低保补助标准提升了 4 倍之多。民政部 2008 年 8 月公布的民政事业统计月报显示，农村最低生活保障人数已达 3822.7 万人。根据 2010 年国务院新闻办公室发布的《中国的人力资源状况》，至 2009 年年底，有 4759.3 万农村居民享受了政府最低生活保障。然而，自上而下输入农村的低保资源，却也引发了不少问题和矛盾。比如，在农村税费改革后，基层政府陷入财政窘境的情况下，低保资金不足便成了一大难题。

不过，近年来各地农村的低保资金额度和指标数量已逐渐增加，并开始超出村庄公认的贫弱阶层家庭的数量，分配低保资源就需要从经济水平相差不大的中间阶层中，分离出所谓的"贫困阶层"。如果按照低保制度规定，仍然有限的低保名额就仅仅使中间阶层中的一部分农户获得逐年增长的低保收益，这就冲击了村庄社会的平均主义公平观，使与"贫困阶层"经济水平相当却没有获得低保名额的村民对低保制度存有不满情绪。如何分配低保资源就成为一个棘手的难题。

结果，国家虽然以社会福祉的"普遍主义"为目标，却招致"选择性普遍主义"这一制度实践的扭曲后果。从差距微小的中间层中再剥离出新的"贫困层"，并将增加的最低生活保障金分配给他们，这一做法动摇了村民此前对于最低生活保障资源分配的认知。在后税费时代，低保成为稻村村民最经常提及并抱怨的话题之一。当低保覆盖面扩大时，一些村民会对低保产生依赖心理，会以建房没钱、外债如山等为理由申请低保，夸大生活压力。低保因此有可能纵容懒惰，成为满足村民欲望的工具。低保制度往往为有儿女赡养的老年人提供无效的"救济"，同时又无法满足无儿女赡养的老年人的精神诉求，从而搅动起更多村民对低保制度的不满。"他凭什么能得低保，而我没有得低保？"在抱怨低保资源分配的不公平时，村民们通常将导致不公平的原因归结为村干部或村民小组长，并评论说"上面的政策好是好，就是下面瞎搞，把政策搞乱了"。而村干部和村民小组长在分配低保资源时，往往面临着很大的舆论压力。有些村组干部甚至说："既然成了这种局面，低保真还不如不发下来！"[1]

第二节　村民收入价值的模糊性

对村民收入价值的讨论大多集中于有关村民经济分层的研究中。而在这些研究中，几乎难以见到对父代群体的明确阶层定位。换句话说，在基于村民收入价值的阶层划分和定义中，青壮年夫妻往往是研究关注的主要对象，对父代状态的描述总是忽隐忽现，"代际"视野并没有贯穿对所划分阶层的全部界定。而一旦统一纳入"代际"视野，其结果就是既有研究中划分的阶层群相互间内涵的互斥性大大减弱，并且阶层序列不但不再是完全的纵向关系，甚至出现一个阶层的所指范围完全嵌入另一个阶层所指范围的问题。

比如在界定"离农阶层群体"时，既有研究都只将青壮年的生计活动是否完全脱离农业作为判断标准，即只要青壮年夫妻的生计出现了"不经营农业、全部土地都进行了流转"的状态，则其所属阶层便可算作"离农阶层群体"[2]。根据形成该状态的具体方式，研究者又进一步区分出"经济精英阶层""举家外出经商阶层/中上阶层"[3]"乡村务工阶层"，以及"村庄富豪阶层""外出经商阶层"[4]"富裕阶层"[5]等作为指代农民阶层群体最高层级的阶层概念。很显然，这

---

① 湖北省沙洋县 M 镇稻村访谈笔记，2015 年 4 月 28 日。

② 贺雪峰：《取消农业税后农村的阶层及其分析》，《社会科学》2011 年第 3 期。

③ 杨华：《"中农"阶层：当前农村社会的中间阶层》，《开放时代》2012 年第 3 期

④ 陈柏峰：《中国农村的市场化发展与中间阶层：赣南车头镇调查》，《开放时代》2012 年第 3 期。

⑤ 林辉煌：《江汉平原的农民流动与阶层分化：1981—2010——以湖北曙光村为考察对象》，《开放时代》2012 年第 3 期。

些概念都是将一对青壮年夫妻家庭的生计形态作为考察单位，青壮年夫妻是阶层区分的主体对象。所谓“举家”的“家”，亦是指夫妻核心家庭，而不是包括其父辈在内的直系家庭或联合家庭。而青壮年夫妻的父代生计则在研究中仅仅作为背景提及，比如论述该阶层群体中一部分人还有老房在村，家中老人仍居住于其中。老人的生计状况成为外在于该阶层概念划定的要素。反过来说，对该老人子代的阶层划定，并不意味着该老人同属该阶层。由于没有基于代际变量的考量，该老人也被作为一个单独的阶层主体，比如被界定为从属于村庄贫弱阶层。

　　然而，在论述“半工半农阶层”时，依照对属于该阶层的农户家庭“务工收入超过务农收入”这一标准的界定，“子工父耕”的代际兼业分工模式也被纳入了讨论。显然，在该讨论中，所谓“农户家庭”指的是将子代和父代视为一个统一体的直系家庭或联合家庭。这里的阶层主体又运用了“代际”的视角，该阶层的成立是以代际关系的考察为前提的。如果还原为与论述其他阶层相一致的“代内”视角，则“子工”的子代与“父耕”的父代可以分别被划归为“离农阶层”和“普通农业经营阶层”。也就是说，“半工半农阶层”这一概念如果突然纳入“代际”视角，则存在着可以被拆分为同一研究中出现过的几个其他阶层概念的组合的可能。而上述属于“离农阶层”的子代，如果还有居住在村里旧房子的父母在务农，则又存在着将子代和父代作为一个整体界定为“半工半农阶层”的可能。这更加重了研究中阶层划分的重复和混乱。

　　因此，“代内”和“代际”视角的不同，将使对同一所指对象的阶层关系判断既可以是“不同阶层间的关系”，也可以是“同一阶层内的关系”。“代内”和“代际”视角的差异，表面上看是对父代群体的定位存在差异而造成的。然而更根本的问题是，同一研究内部是否对“家庭”的主体和边界存在统一的界分，即对是将子代与父代视为两个家庭单位还是一个家庭单位这一问题，是否有统一的认识。如果对这一问题的认识不清晰，则势必导致“家庭”这一概念在使用的过程中出现前后龃龉，“代内”视角与“代际”视角出现交替，使研究中的阶层划分显得随意。

如果要较为清晰且适当地做出对农民阶层的划分，同一研究中除了"家庭"这一概念的划分标准要统一，分析经验对象活动的时间周期尺度也必须统一为以"年"为单位，因为"月"等比"年"更为细碎的单位，将可能会使对阶层的划分失去意义。比如"小农兼业阶层"所指的生计模式，包括了一对夫妻在农闲时进入城市或乡村劳动力市场务工经商、农忙时在村务农这种情况。显然研究是将一年的劳动周期划分为了"农闲期"和"农忙期"，将两种时期的生计状况纳入一个统一体中进行讨论，才使"兼业"得以成立。如果以"月"为单位尺度，则"小农兼业阶层"这个概念在相当程度上就被解构了。具体来说，"小农兼业阶层"这一群体在"农闲期"成为"外出务工阶层"，而在"农忙期"又转化为"在村务农阶层"。因此，在以"年"为时间周期尺度下被界定为某一阶层群体的经验对象，就有可能在以其他比"年"更细碎的时间周期尺度下，被通约为在"在村务农阶层"和"外出务工阶层"之间往复的周期性阶层流动。"阶层"一词原本作为对村庄全体农民群体分类后之结果表现的统合性概念被使用，应有助于对村庄社会相对稳定的整体结构进行描述。然而如果使用细碎的时间周期尺度，则经验对象的阶层流动就会表现得过于活跃，无助于对村庄社会整体结构印象的建立及对阶层结构的分析。

鉴于上述针对农民阶层研究中存在和可能产生的问题，与说明农民收入价值的模糊性密切相关，笔者将以"年"为分析经验对象活动的时间周期尺度，将"限于一代"的小家庭作为阶层界定的考察单位，基于稻村的个案考察以及其他地区的调查经验，对既有研究重新进行梳理，试图建立一个各阶层概念之间互斥性较强的农民阶层体系。这一体系主要以农民"限于一代"的小家庭生计中农业生产与非农业生产的比例关系为阶层划分的基本标准，将距离村庄的空间距离作为参考标准。代际关系将被转化为多个阶层的叠加与组合关系进行考察，并在此基础上说明农民收入价值计算的模糊。

一　离农阶层

进入这一阶层的农村出身者，第一种情况，是以考学、招干或入伍为契机，变更农村户籍为城市户籍。按《土地承包法》，转为城市户籍后，土地应交还村社集体，身份变为市民。这一阶层通常不再被算入农民阶层，但仍然算作村庄中的力量：一是因为他们可以不退出承包地，不拒绝土地收益；而是因为他们也算是从农村走出去的成功人士，可以成为用资金和智力资源回馈家乡的得力群体。

第二种情况，则是夫妻小家庭举家进城务工经商，在当地或外地开办企业或经营较大生意。他们的户籍仍在村庄，但不经营农业，土地全部流转。进城是想碰运气，或只是为了趁年轻进城积攒回村生活的资本。他们平均年龄50岁，基本从20世纪80年代甚至更早时间陆续与土地脱离了关系。从80年代开始经商、开矿、投资办实业的一批农民，可被称为"经济精英阶层"。而在经济收入上比"经济精英阶层"略低的，是90年代到附近城市或沿海城市经商的一批农民，他们可被称为"举家进城经商阶层"或"中上阶层"。而在城市并非经商而是受雇务工的一批农民，他们没有稳定的就业和收入，可以被称为"常年进城务工阶层"。"经商"与"务工"的区别值得注意，前者与雇佣他人或自营业有关，而后者则通常是受雇于他人。

第三种情况，是一对夫妻在乡镇劳动力市场上就近务工（包括伐木工、水电工、装修工、果园工，属于"乡镇务工阶层"），或成为做小规模生意的商人（"乡镇经商阶层"）。他们通常在销售市场和加工市场获利较多。

属于以上三种情况的农村出身者，笔者统称为"离农阶层"。属于这一阶层的农村出身者，其生计的共通点在于，他们在农村承包的土地全部流转给亲朋邻里，并不再耕作。该阶层的部分农村出生者在村里还有旧房子，一般由其父母居住；另外少数村民的旧房屋，因年久失修而坍塌；还有一些村民在外地务工或经商时，就将村里的房屋转手卖掉了。

他们有可能在城市获得了稳定就业与收入来源，因而可以在城市体面地生存下来，完成家庭劳动力再生产。其中部分人在城市有房子，部分人在县城或其他县市买有房子，部分人在镇上买了或建有房子。他们对村庄公共事务漠不关心，只在春节回村庄一次，或甚至几年不回。这一阶层的收入水平，据笔者调查：在稻村，年收入一般在三万元以上，还有多达十数万元的银行存款；而在江西南部农村，年收入为数十万元；在安徽省芜湖市农村，年收入为数十万元到数百万元不等。这一群体的未来生活也将是稳定且永久"离农"的状态。

他们也有可能在城市并未获得稳定就业与收入来源，没有能力在城市购房。他们年轻时有体力可用，可以在城市维持最低生活水平，但因就业不稳定、生活开支大，他们仍不能获得在城市稳定扎根的资本。他们属于就业与收入都飘忽不定的"常年进城务工阶层"。该群体只在春节回一次，或甚至几年不回。这一群体可能只是暂时离农，而一次生意失败，或生病住院，就可能将存款耗尽，年老后返乡将成为最后的选择。

不论上述哪种状态，家庭的全部收入来源于打工收入是"离农阶层"的共性。当然，既有研究对于"常年进城务工阶层"这种属于"离农阶层"的下位状态，又结合父代与子代生产生活关系的不同，进行了进一步的区分。笔者为了坚持以"限于一代"的小家庭为阶层划分单位的原则，在此将既有研究中的区分，都还原为两个阶层的叠加。

区分一："常年进城务工阶层"（年收入 2 万元）＋"普通农业经营阶层"（通常耕种 10 多亩土地，种地年收入 1 万元。当父代耕种规模超过 20 亩时，成为"规模经营农户"，见后述）。年轻夫妻一起进城务工，父母在村庄照顾小孩并继续从事耕作，形成"老年人主内，年轻人主外"的代际分工。这符合贺雪峰以"打工为主，农业耕作为辅"为标准对"半工半农阶层"所下的定义，因此成为"半工半农阶层"的下位情况。即以"代际分工"为基础的"半工半农阶层"，其特点为"子工父耕"。在未来的生活中，如果家里老人实在无法从事耕作，即可能变为"代内兼业阶层"（后述），或变为纯粹的"常年进城务工阶层"。

区分二：纯粹的"常年进城务工阶层"。虽然没有能力在城市购房，但这一群体中有人在小城镇买了房子，打工年收入 2 万元。他们在日常生活中需要负担较大的支出压力，其支出压力基本来自房租、水电费、生活费以及购物、社会交往等其他消费。扣除日常性开支，他们一年能够积攒下来的收入也就维持在 5000—10000 元的水平。这些收入通常被输往农村赡养老人、抚养小孩，小孩由其爷爷奶奶带大，长大后随父母进城打工。在未来，这对夫妇年老时可能回村养老。

二　代内兼业阶层

进入该阶层的农户，其家庭生计状态有两种：（1）一对夫妻农闲时进入城市或乡村劳动力市场务工，农忙时在村务农；（2）一对夫妻，夫进入城市或乡村劳动力市场务工，妻在村务农。以来源农业和非农业的收入比重为判断标准，该阶层又可划分为两种状态。

（一）相当于"兼业 I"的状态

属于该阶层的家庭以从事农业为主，以在县城和镇上务工（打短工）为副业。他们家庭收入的主要来源是农业收入，次要来源是各种副业收入，非农收入占比相对较低。该阶层可被称为"普通农业经营者阶层"。进一步以农地经营规模为判断标准，该阶层又可划分为三种子状态。

第一种状态：非规模经营。属于该阶层该状态的家庭，通常耕地不足 8 亩（一般 5—8 亩，每人不到 2 亩），加上各种非土地收入，年收入 1 万元左右，与外出务工家庭的收入相比要低很多。而按当前农村实际生产能力，户均耕作能力在 30—40 亩，因此家庭农业劳动力处于冗余状态。这种农户其实并不能真正安心在家务农，他们随时都准备外出务工。

第二种状态：准规模经营。这一状态介于耕地不足 8 亩的"非规模经营"状态与耕地面积超过 20 亩的"规模经营"状态之间。属于该阶层该状态的家庭，通常耕地在 10—20 亩，加上各种非土地收入，年收入 1 万—2 万元，笔者将该阶层状态称为"准规模经营"。在京山农村，该阶层所占比例为 46.4%。属于该阶层的家庭通常有 10 多亩土地，种地年收入 1 万多元，打工收入 1 万—2 万元。[①] 又如在安徽芜湖农村，这类农户通常有 6—8 亩土地，再从其他农户那里流转

[①]　陈柏峰：《土地流转对农民阶层分化的影响——基于湖北省京山县调研的分析》，《中国农村观察》2009 年第 4 期。

3—4 亩土地，就可以耕种 8—12 亩地。由于田亩增加，施肥、打药、灌水等农活相应增多，妇女忙不过来，丈夫除了冬闲的 4 个月可以外出务工，其余时间都得留村种田。耕种 8—12 亩的地，能够收入 8000元左右。另外，如果除去春节过年的一个月时间，再除去户外务工在不良天气影响下的半个月待工时间，丈夫每年外出务工的时间满打满算不会超过两个半月，收入基本在 4500 元左右。综合来看，该阶层农户年收入在 1.2 万—1.5 万元。处于这种状态的农户，在未来可能流入更多土地，成为"规模经营"。或者转出土地，成为"非规模经营"，并增加外出务工收入。

第三种状态：规模经营。年富力强的一对夫妻常年在村，在耕种自家承包地以外，将外出务工农户不再耕种的土地流转过来，达到适度规模经营，比如达到耕地 20—50 亩，或经济作物规模 6 亩以上的经营规模，又通过农村副业获得一定收入，从而年收入一般可高于进城务工家庭的收入。在一年两季作物的地区，一户耕种 20 亩以上的土地，只在收割环节需要雇请大型机械，其余环节都可在家户单元内独立完成，年收入 1 万多元。此外，丈夫偶尔在附近乡镇务工，收入在 2000—3000 元。算上农业以外的各种收入（专业规模化养殖；代理商；经营农资店；成为手艺工匠；当村干部；当农机手；打零工），农户年收入将达到 1.5 万—3 万元，甚至 5 万元左右。如果种植经济作物，以赣南安远农村为例：当种植 5 亩以下脐橙时，不需雇工，年收入在 5 万元以下，同时丈夫会利用闲暇在乡村劳动力市场成为自雇小商人或脐橙经纪，通过务工经商获得 1 万—2 万元收入。属于该阶层"规模经营"状态的农户，在从事农业劳动之外，基本从事 3 种以上职业，并且尽量避免雇佣劳力，通常有两个以上的壮劳力留村。处于该状态的农户每年农作的时间投入一般不超 100 天，拥有大量闲暇。

在借鉴城市中产阶级研究的概念和功能的基础上所提出的村社"中农阶层"，就对应于"代内兼业阶层"的"规模经营"状态。他们务农主要赚取家庭劳动力变现的价值，还会在农闲时从事其他工作。因此，务农收入和其他工作收入构成"中农阶层"维持其村庄中等收入地位的主要来源。当子代家庭因为父母年龄太大需要照料，或其子女过于年幼，而无法进城务工经商时；当夫妻双方不善于社交，对外出打工没有安全感，有进城恐惧症，而不愿进城务工经商时；当夫妻双方喜欢自由的农村农业生活，喜欢安静时；或者在市场经济兴起之时，因为年龄的原因更倾向于不外出时，这类家庭就易进入"规模经营"状态，成为"中农阶层"。最早的"中农阶层"是从20世纪90年代中期开始转入土地的。在未来，属于该状态的农户可继续维持既有的土地种植规模。不过随着年龄加增，如果他们的身体状况不能支撑他们耕种太多土地，这类农户就会通过转出土地陆续缩减其种植规模，直至完全丧失劳动能力时将土地完全转出。此外，土地流转费用的上涨、农作物价格的下跌，也会导致"中农阶层"减少土地流转规模，甚至退出农作物种植。

（二）相当于"兼业Ⅱ"的状态

其特征是外出务工占据整个夫妻小家庭劳力的大部分，以务工经商为主，比如进厂打工或跑运输，兼业务农。处于该状态的"代内兼业阶层"可被概括为"男工女耕"的"半工半农阶层"或"在乡兼业农民阶层"，指日常关系网络还在农村，但主要收入并非来自农业的农民阶层。他们的日常活动空间跨越村民组而远涉集镇，涵括乡村两级。构成这一阶层的农民主要是农村中具有一定技艺，可以从农业以外获取收入的人，比如乡镇企业家、乡村干部、商贩、店主、工匠、手工业者、拖拉机手、企业家、作坊主、贩运者、乡镇商店饭店老板，还包括一些"知识精英"，比如农技员、教育工作者、医务人员、传统文化人（红白事仪式主持者）。他们耕种的土地较少，年收入通常达2万元以上。该阶层也无法投入更多劳动力用以种植劳动密集型的经济作物。其分工通常表现为：一对夫妻，丈夫离村打工（主要集中在加固产业），妻留村种田；或者，夫妻同时离村打工，农忙的时候回村种田。当丈夫离村打工时，妇女在村种地、看孩子和照顾老人。但是由于妇女干不动农业方面的重活，在农忙季节丈夫还需要回村帮忙。故而丈夫只有在早稻秧插好后的一个月、双抢结束后的一个月，以及冬闲的四个月外出务工，满打满算可以有六个月的务工机会。但是若减除过年和不良天气影响下的待工时间，其务工时间可能就只剩下四个半月。在安徽芜湖的农村，妇女在家务农，除了生活之外，一般最多能剩余 3000—4000 元，男子四个月务工的收入一般在 5000—8000 元。因此，这样的农户家庭一年的收入不会超过 1.2 万元。

随着家庭成员的年龄、健康状况的变化以及市场行情的波动，这一阶层会不断调整家庭劳动力在务农与务工之间的配置比例，甚至有可能做出暂时完全离农务工的生计决策，进而转化为"常年进城务工阶层"，或者倾向于多种地、少务工，最终成为"在村务农阶层"。

三　在村务农阶层

该阶层的主要特点是家庭生计来源全部属于农业收入。家庭成员不再从事农业以外的其他行业。属于该阶层的农户，通常有以下三类。

一是种植足够规模的经济作物。比如在赣南安远农村：种植 6 亩以上脐橙的农户，农忙时很少雇工，年收入可达 6 万元以上；种植 12 亩以上脐橙的农户，需要在农忙时雇工，年收入可达 10 万元以上。

二是自家承包地粮食作物耕种专业户。由于耕地面积不大（种田规模低于 20 亩），一对夫妻所获农业收入也有限。由于缺少离村务工劳动力，因此无法获得务工收入。通常这样的农户正处于家庭周期"劳少人多"特定阶段。当父代失能、夫妇家庭的孩子尚未成年、青壮年夫妇不可能离村务工时，或当一对夫妇的孩子都要上学而夫妇无法外出务工、经商或兼业时，若村庄户均耕地很少，就会导致家庭经济困难。如在安徽芜湖农村，这类农户只耕种 1—5 亩土地，年收入在 5000 元以下。

三是病残。一对夫妻，其中一人失能（由于生病或残疾）或去世，另一人种承包田。在这种情况下，家庭经济仅够温饱，甚至需要亲戚和邻里的救济。如果夫妻二人都卧病在床或残疾，或者一人去世、另一人卧病在床或残疾，此时该家庭完全失能或残缺，其生计则完全需要社会、亲戚或子代家庭的救济。"自家承包地粮食作物耕种专业户"和"病残户"这两种状态，属于村庄贫弱阶层。

以上对农村出身者"限于一代"的核心家庭为单位，对农村社会经济性阶层的划分，可以整理如图7-1所示。在稻村，属于代内兼业阶层的农户占大多数，大概达到总户数的74%。

離农阶层 ──┬── 村庄富豪阶层/进城经商阶层/富裕阶层
　　　　　├── 常年进城务工阶层
　　　　　└── 乡村务工阶层

代内兼业阶层 ──┬── 兼业Ⅰ/普通农业经营者阶层 ──┬── 非规模经营
　　　　　　　　│　　　　　　　　　　　　　　├── 准规模经营
　　　　　　　　│　　　　　　　　　　　　　　└── 规模经营/中农阶层
　　　　　　　　└── 兼业Ⅱ/男工女耕的半工半农阶层/在乡兼业农民阶层

在村务农阶层 ──┬── 经济作物种植专业户
　　　　　　　　└── 村庄贫弱阶层 ──┬── 自家承包地粮食作物耕种专业户
　　　　　　　　　　　　　　　　　　└── 病残户

图7-1　农村出身者的经济分层

如果按照从事生产的地域和雇佣形态这两个维度，对图7-1信息进行重新整理，可以得到表7-1。

表7-1　　　　　生计来源形态与地域和雇佣形态的对应关系

	城市	乡镇	农村
雇佣	企业家；厂长；酒店、饭店老板	企业家；厂长；乡镇酒店、饭店老板	务农者；专业规模化养殖业者；作坊主
自雇	自营业者；商贩	自营业者；商贩	务农者；代理商；经营农资店
受雇	员工	伐木工；水电工；泥瓦匠；装修工；果园工；贩运者；乡镇干部；农技员教育工作者；医务人员	手艺工匠；农机手；传统文化人（红白事仪式主持者）村干部

包括稻村在内的全国各地农村的调查结果表明，"离农阶层"和"在村务农阶层"在农村出身者中所占比例不大，农村出身者大部分都属于"代内兼业阶层"。也就是说，在大部分农村，富裕阶层和贫弱阶层都只占极少数。因此，大部分村民的收入呈现均质化分布。

"兼业"这一生计形态意味着收入来源的多元化，以及根据家庭周期对收入来源的主次地位进行灵活调整的可能性。农户的家庭经济陷于相对贫困的状态，需要纳入家庭生命周期中进行理解。当家庭生命周期处于扩展期，家庭成员多而劳动力少时，或者当父代面临给子代操办婚姻、建新房等人生任务时，家庭经济水平会出现暂时的下降。此时，核心家庭的夫妻就可能选择扩大农业经营规模，或者进入乡镇或城市务工，以增加家庭收入。当家庭度过这一特定的发展阶段，家庭经济水平自然将出现回复。因此，村民的经济阶层所属是流动的，村民收入计算是通过无边界的时间带而展现的。如果历史地考察其生命轨迹，这一核心家庭可能曾经从属于若干阶层。在其他村民的眼中，某一核心家庭可能暂时处于困难时期，但这种情况村民们司空见惯，并不觉得这样的家庭需要官方的救济。

　　此外，村民的收入计算与城市职工领取的保险金、养老金、工资等收入，在表现形式、稳定性和信息化上具有较大差别。城市职工的收入，一般以可用数值度量的货币方式表现。并且，资金在由各单位和部门发放时，资金的相关信息都已被记录。然而，对于农村出身者而言，在务农方面，农药、化肥、灌溉等需要投入的货币金额，会因为天候的影响而波动。此外，农户有时可能需要花钱雇工，有时可以通过人情等社会关系网络而请到不付工资的帮工，不过需要以"请客吃饭"的方式进行答谢。因此，农户的务农成本难以准确计算。在务工方面，由于雇佣工作的不稳定和农业的周期性，不少村民会不定期地换工作，每个月的务工收入也呈现出较大波动，使农户的务工收入也难以精确计算。由于农村出身者的生产成本和收入存在较大的隐蔽性和不稳定性，农村出身者家庭的实际收入很难通过精确的数值进行准确计算和统计。

　　由于笔者的上述划分方式，是因为考虑到"代际"和"代内"两种情况容易纠缠在一起使得阶层分类出现重叠，而以"限于一代"的核心家庭的经济生产为标准的，因此若要还原核心家庭的生活实态，还需要考虑"代际"关系这一影响因素。汉人家庭中，由不同核心家庭的"代内"关系累积而成的"家庭圈"的特质非常鲜明，而家庭集团的边界并不清晰，且处于变动之中。村庄社会通常将由代际关系串联起来的若干核心家庭，视为一个关系累积而成的整体。对贫困户的判断，通常也需要将其纳入"家庭圈"中，特别是代际关系网络中才能做出。在父代与子代关系融洽、往来密切的情况下，父代很容易得到子代的物质和情感支援，因此"家庭圈"的边界就推及相互联结的两代核心家庭这一"情感共同体"之外。而若父代与子代间存在矛盾，关系趋于断绝，则父代很难得到来自子代的赡养，"家庭圈"的边界在代际就被划定。

"家庭圈"的边界并不一定与法律上"户"的边界重合。在稻村调查时，笔者着重考察了农民对"分家"的理解。户主的更替、分灶、分食、分财（包括土地）、别居等都可以成为农民定义"分家"的标志。而对有些农民而言，虽然代际间已经别居、分灶、分食、分财，但由于做饭时同用一袋米、一壶油，在他们的眼中，这种状态就不能算作"分家"。① 可见农民对"家"的边界的理解是模糊的，"分家"也并不意味着代际间连带感、生活往来和资源交换的中止。而根据核心家庭的具体状况，"代际"关系的强弱会发生变动，核心家庭间的连带感也处于变动之中。比如，由祖父母扶养孙子的隔代同居现象频繁出现；在结婚之后，妻子在收入上仍然得到妻方父母的支持。② 同样，年老的父代核心家庭，虽然从经济生产看属于"村庄贫弱阶层"，但如果从代际关系的角度出发，将父代核心家庭与子代核心家庭视为一个统一体，则这个作为统一体的"家庭圈"就可能应被划为属于村庄中间阶层的"兼业阶层"了。当然，如果代际关系紧张，父代在进入"村庄贫弱阶层"后，在收入上无法得到子代的支援，因而容易陷入贫困状态。

村庄中间阶层的同质性，以及阶层的流动性、收入计算的模糊性、基于代际整体性的"家庭圈"的可伸缩性，从不同的侧面反映出村民收入计算在不同表示方式间的无边界状态，以及在生产周期、

---

① 湖北省沙洋县 M 镇稻村访谈笔记，2015 年 4 月。
② 首藤明和など编著：《分岐する現代中国家族——個人と家族の再編成》，明石書店 2008 年版，第 42 頁。

家庭生命周期等时间维度的无边界状态。

第三节　村民收入价值的切割及其后果

根据国家及地方低保政策的内容，国家低保政策的政策目标包括：（1）甄别符合国家政策条件的低保农户；（2）建立公平、公正的低保评选机制；（3）对取得低保的农户进行有效检查；（4）规范低保资金的使用、发放与监管；（5）对低保取得者进行动态管理。①为了达成政策目标，低保制度设计了一整套行政程序对申请者进行资格审查。

在受助者领取救助金的整个过程中，民政部门还要对其进行持续的追踪调查。按照制度设计，一旦收入超过救助标准，救助即告终止。同时，低保标准所呈现的金额数，并非低保户的户主所领取到的救助金数额。救助金的发放额度，是以"扶持补齐"为原则，按照低保标准扣除家庭人均收入后的数额乘以家庭成员数的方式计算。②以此为原则，各地皆依循自身情况制定了具体的保障标准计算方法，因此，各地在家庭收入的统计口径、低保对象的分类方式以及程序步骤上略有差异。

然而，如上一节所论述的那样，稻村的村民收入价值原本处于模糊状态。在"选择性普遍主义"的政策实践之下，低保对象的确定过程，则是在村民收入价值的模糊状态中划定边界，将"贫困阶层"区分出来的过程。政府对村民收入价值的边界化和对"贫困阶层"的认定，则会因为难以将村民收入与家庭生命史的变迁、生产活动和"家庭圈"的伸缩周期关联为一个整体来考察，而使认定的结果与村民的生活实态和村民对阶层的感受相违背。以下进一步详细分析最低生活保障制度对村民收入价值所造成的切割。

首先，资源有限的低保指标向村庄中间阶层扩展，所进行的阶层

① 印子：《低保政策实践偏差形成变量的两种类型——兼评公共政策执行"农民参与"理论》，《中共宁波市委党校学报》2014 年第 1 期。
② 唐钧：《城乡低保制度：历史、现状与前瞻》，《红旗文稿》2005 年第 18 期。

认定在同质性的中间阶层内人为划定了边界。

地区的经济发展水平决定了低保标准的确定。低保指标则是民政部门根据地方人口规模的一定比例确定下来的。一般来说，县级民政部门首先将低保指标分配到各个乡镇，各乡镇再将低保指标分配到每个行政村。

其次，低保名额的确定，迫使村民收入精确化，剔除一切具有波动性、隐蔽性和不稳定性、模糊性的收入价值衡量标准。这种数值化、特定时间化本身就是稻村村民收入价值边界化的表现形式。

精确计算农户的家庭收入会导致低保评定结果与农户的生活感受和生活实态发生偏离。如果村民种植的粮食作物和蔬菜基本为自家食用，则农业产出由于几乎不进入市场销售，村民的务农所得难以转化为货币形式的数量化估价。对于到远离村庄的城市或周边县城务工的稻村村民而言，由于主要工作圈已经脱离农村，留在村中的村民并不完全了解他们的收入状况。并且，对于在周边县城务工的村民而言，由于工资日结，再加上每个月务工的天数不定，他们的收入不太稳定，要精确测算出他们的年纯收入是不可能的。而通常沙洋县政府出台文件，会规定将年纯收入在某一精确的收入数值以下的农村人口定为贫困人口。将如此精确的衡量标准，适用于处于"浑沌"状态的农户家庭收入计算，势必刺激每个农户都减少计算自己的家庭收入所得，使得低保的评定结果加剧村民的不满情绪。由于生活实际感受和实际状态与指标测定存在差距，忽视中间阶层同质性的最低生活保障制度，引发了最低生活保障申请者之间的争夺，甚至招致上访事件。

再次，即使农户家庭收入水平能够被精确测量，也并不意味着这一测量结果能够精确反映农户的经济水平。因为农户的经济水平是一个综合性的指标系统。孤立地看待家庭收入水平这一指标，将使得虽然收入水平高于"低保线"，但因遭遇重大疾病等不可抗力因素而难以维持基本生活的家庭成为政策救济的"盲区"。同样，在总体经济条件好而村民间收入差距大的村庄，虽然贫弱阶层的收入可能比总体经济条件较差的村庄的同类阶层收入高，但由于阶层间的收入差距大，贫弱阶层的被剥夺感更强，对低保利益的诉求也更强。而低保分配也不会具体分析村庄总体经济条件和村庄中农户家庭在阶层中的位置及由此产生的情绪，不会顾及低保指标的分配与村民物质和心理需求间的差距加大。低保分配标准的数值化已经在村民收入价值与其他无法量化的情感性价值之间划定了边界。

最低生活保障制度往往通过精确计算一个农户的吃饭、穿衣、用水、用电等费用，或精确统计对手机和家电使用情况，测量该农户的经济水平。因此，农户家计水平的判断标准就简化为暂时所见之物，农户所属阶层也根据从这些所标举之物推断出的年收入金额而被定位在"低收入层"与"非低收入层"中的一端。超过所设定的年收入金额的农家，就将被排除在最低保障制度的资格之外。

国务院《关于在全国建立农村最低生活保障制度的通知》为农村低保的对象框定了一个大致的范围，即"农村最低生活保障对象是家庭年人均纯收入低于当地最低生活保障标准的农村居民，主要是因病残、年老体弱、丧失劳动能力以及生存条件恶劣等原因造成生活常年困难的农村居民"。至于"农村最低生活保障标准"，则"由县级以上地方人民政府按照能够维持当地农村居民全年基本生活所必需的吃饭、穿衣、用水、用电等费用确定"。

各地制定的测量低保标准的依据主要包括[①]：

（1）维持居民的最低生活需求所需要的物品的种类和数量；

（2）生活必需品所需要的费用；

（3）市场综合物价指数，尤其是生活必需品的价格指数；

（4）居民的平均收入和消费水平；

（5）经济发展状况和财政收入状况；

（6）其他社会保障标准。

根据其中的（1）、（2）、（3）项，各级政府相继出台《关于农村低保实施办法》，根据家庭住宅和拥有的物件种类，间接测量家庭收入水平。在乡镇干部和村干部的实际操作中，测量标准除了房子、粮食储备、盘子、衣着、银行存款等被用来间接测量农户的家庭收入水平，电话费、用电量，以及是否有手机、彩电、冰箱、空调等，都成

---

① 马强、姜丽美：《我国推行农村低保制度的障碍与对策》，《农村经济与科技》2005年第 11 期。

为鉴别“贫困阶层”的关键符号。在 M 镇和稻村干部的实际操作过程中，测量标准变成了一段顺口溜：“进村上门看房子，进屋看谷子，吃饭看盘子，穿着看料子，银行看折子。”

但是在稻村，手机、家用电器的使用已经普及，每个农户也几乎都建有两层或三层的楼房。在这种情况下，几乎每个农户都不符合“贫困阶层”的标准，而上级政府并不会因此而减少对该村的低保名额分配。因此，对吃饭、穿衣、用水、用电等费用的精确计算，或者对手机和家电使用情况的精确统计，并不足以达到鉴别和筛选出“贫困阶层”的目的。而根据第（4）项，精确计算农户的家庭收入，会导致低保评定结果与农户的生活感受和生活实态发生偏离。

最后，原本属于“正常状态”的家庭生命周期变动，在低保制度下被“构建”为“异常状态”，并在低保资源管理者对农户的信息获取失灵的情况下固化。流动的家庭生命周期被边界化、被截取，并被人为放大。此外，时间特定化也使原本可伸缩的“家庭圈”范围固化。

低保制度在设计上规定需要在充分了解和评定农民真实情况的基础上实现“动态管理”和“分类建档”。在经历了乡镇机构改革后，M 镇民政所的工作人员由原先的 4 个正式干部缩减为 2 人编制。行政权力小、工作人员少的民政所，却承担着每年 2 次低保评定、每次都需要 100% 入户调查的“动态管理”的繁重任务。在行政资源稀缺、行政工作负担沉重、工作回报少的情况下，民政所的工作人员显然不会有积极工作的动力。因此，“动态管理”和“分类建档”工作的完成，都交给村级组织进行具体的操作。

然而，由于打工经济的兴起使村庄人口的流动性越来越强，村干部也难以跟进低保对象的最新信息。如果要按照制度设计的规定，根据每个低保对象家庭经济情况的变动具体评定农户是否符合低保条件，由于农户的家庭收入难以量化计算，且经济情况的变动由于其不规则性而难以把握，很容易出现在低保对象的评定中切割分解家庭生命周期的问题。

此外，评定老年人组成的核心家庭是否属于“贫困阶层”，以法律上“户”的概念为“家庭圈”的统一划定标准，也仅仅考察了老年人夫妇的经济生产能力及其年龄，忽视了子代的代际支援状况。虽然在低保制度的规定中，"户"是救助的基本单位，但是如果因为老年人与某个儿子在户口簿上是未分家状态，就在将丧失劳动能力的老年人定为低保对象的同时，还将他健康且有经济能力的子代核心家庭也定为低保对象，这显然是有失公平的。

而从稻村村民户口簿上记载的父代与子代的分家状况来看，"分家"或者户籍分立并不一定意味着代际连带、日常交往和资源交换等的中止。由于农户"家族圈"的边界在流动中可扩大可缩小，其边界与法律意义上"家户"的边界未必重合。所以具有劳动能力的老年人当前的生活可能并不贫困，而有的老年人虽然已经丧失劳动能力，无法独自获得收入，但由于子代的扶养和照料，老年人的生活也并没有陷入无法维持的境地。不过，子代也有可能由于各种原因而无法对父代提供有效支援。在这种情况下，老年人一旦丧失劳动力，就有可能陷入生活无法维持的境地。

然而，虽然代际关系与老年人生活间的关系不容忽视，但在为老年人组成的核心家庭评定低保时，为了操作的简便，政策执行者难以综合考察变动的、无法统一测量的"家庭圈"中的老年人，而是人为将"家庭圈"的边界固定在法律的"户"与"户"之间，只考察老年人的经济生产能力或者年龄。如果统一按照老年人的生产能力来分配低保资源，则那些由于子代"不孝"而难以维持生活的老年人也能得到低保资源。在稻村，这种情况会被一些村民认为有"鼓励子代不孝敬父母"之嫌。如果统一以特定的年龄为界，将低保资源分配给超过特定年龄的"老年人群体"，则又由于在"多大年龄算老年人"这一问题上难以形成统一意见，而让那些自认为已经算老年人的村民心中不满。

不论是以经济生产能力还是以年龄为标准确定对老年人的低保分配，这些划定各种边界的低保评定标准都固化了稻村村民的"家族圈"，无视了老年人村民生存处境所嵌入的复杂多样的代际家庭关系网络。

总之，原本属于"正常状态"的家庭生命周期变动，在低保制度下有可能被农户有意构建为"异常状态"。虽然低保制度规定低保对象应该被纳入"动态管理"，但在低保资源管理者对农户的信息获取失灵的情况下，低保制度往往造成流动的家庭生命周期中的某一临时状态被截取，并被人为放大。当低保制度切割了家庭生命周期中的时间流，低保制度就进一步加剧了村庄社会舆论的不满情绪。

可见，低保评定带来的村民收入价值的边界化，消解了由村庄中间阶层的同质性、生活经济水平计算的模糊性和"家庭圈"边界的可伸缩性所反映的代际整体性，以及阶层的流动性中所体现的种种模糊性。模糊性消失后，村民对低保制度的不满情绪不断累积，最终生产出更多上访事件。

第四节　资源分配的应对策略

由于低保制度中规定的对象鉴别标准不仅难以应对村庄中间阶层的同质性，同时还无法把握流动性强、无法被统一规范化的农户生活实态，低保资源就难以做到有针对性的分配。将简单化的低保对象鉴别标准运用于村庄社会，打破中间阶层、经济水平的衡量、家庭生命周期以及"家庭圈"等方面原本所处的模糊状态，其结果就是，失灵的低保对象鉴别标准，不但没有有效区分出"贫困阶层"，相反给予了每个农户争取低保指标这一行为以正当性。于是，当低保的性质在实践中从选择性的"救济"转向选择性的"补贴"，而这种选择又无法有效实施时，选择性的"补贴"在操作中就成了普惠性的"补贴"。在低保名额仍然有限的情况下，"人人争低保"的乱象进而在村庄上演。

在稻村，有些到 M 镇或沙洋县就近务工的村民能够每天回村居住，因此村民之间彼此仍然了解各自的经济情况和家庭处境，也熟悉各自的关系网络。看了低保对象的公示名单之后，没有被评上的村民往往会声称，以他对公示名单中某个农户的了解，该农户是没有获得低保的资格的，并猜测该农户是因为与村干部的关系而获得低保的。而对于一些到大城市或外省务工的村民来说，村民之间的熟悉度随着打工经济的兴起而下降。在这种对他人的务工收入不甚了解的情况下，村民之间相互猜测、传言、攀比，就有可能在言语上夸大他人的务工收入，并隐藏自己的务工收入。因此，不论是对于就近务工的村民还是到大城市或外省务工的村民来说，没有获得低保资格的村民就总有理由怀疑低保对象公示名单中的农户取得低保的正当性。

村民们对低保评定结果的争议很容易转化为对村干部办事是否公正的争议。如果村干部退出低保对象的评定过程，而将其交给村庄社会进行民主评议，村干部固然可以借此不对低保对象的评定结果负责，因而摆脱村庄舆论的怀疑和指责，但仍然无法消除村民们对低保制度的不满。

虽然稻村没有实行过低保的民主评议，但笔者调查过的四川省蒲江县石村的事例①则足以用来说明民主评议会给低保评定的结果带来些什么。石村农户的经济分化程度低。村民大部分就近务工，并在当天返回村庄生活。由于居住分散，石村的每个自然村都有在村民聚居区内某家农户的院内进行村内公共事务评议活动的惯行。这种公共事务评议活动，被村民称为"坝坝会"。低保对象的评议，同样以"坝坝会"的形式进行。笔者于 2012 年 7 月观察了石村评议低保对象的"坝坝会"。低保对象最终要以投票数的多少来决定，因此在"坝坝会"现场可以看到一些同时也是低保申请户的投票者不停地在人群中走动，希望投票者为自己投票。这些积极走动为自己拉票的农户，往往经济基础较好，拥有较广的社会关系网，甚至拥有一定的家族势力。人情的交换、经济利益的交换、恩庇关系的达成左右了选票的流向，低保评选会变成了对村民社会关系网络和经济基础的验证会。而对于欠缺社会活动能力和经济基础的农户，由于在拉票行动中不占优势，他们即使生活困难，也有可能因选票不足而无法获得低保。因此在石村，大龄未婚群体是无法获得低保的。这些在拉票行动中不占优势的村民，会通过拒绝投票的方式表达对评选过程的不满。

"要么把低保都给分掉，要么我谁也不投！""吃低保的，年年都是这些人。低保也应该轮流来，不能老是让这些人享受。"在拉票行动中不占优势的村民带有怨气的表达，反映出这样一个事实，即对低保对象的民主评议结果，最终仅仅被少数农户所垄断。他们将低保政

---

①　案例来源于笔者所写的调查报告《四川省成都市蒲江县石村调查》，2012 年 7 月。

策理解为普惠性的，应该"轮流来"，即每个农户都应该有享受低保的机会。

由此可见，民主评议形式所产生的结果的公正性甚至还不及村干部或村民小组长①基于"平衡原则"对低保对象所做的安排。村干部或村民小组长在评上低保的群体与暂时没有评上低保的群体之间，通过资源的流动而保持利益分配的平衡，就意味着重新找回了村民收入价值的模糊性空间。

首先，将"低保户"转变为"低保人"。村干部或村民小组长运用"平衡原则"的前提，是在实际操作中将制度规定的低保分配的基本单位"户"转变为"人"。与"低保指标太少、覆盖面太窄"这个基本判断不同，稻村的实际情况是，相对于村庄中无可争议的那部分处在赤贫状态的村民数量而言，低保指标的数量并非太少而是过剩，以致衍生出向村中相对贫困的村民分配过剩指标的问题。真正认为低保指标太少的，其实是这些相对贫困群体。在此情况下，低保对象在分配实践中从"低保户"变相转化为"低保人"的内在逻辑是，将作为指标覆盖单位的"户"拆分并重组为由不同户的个人所组成的"合户"，破除稀缺政策资源向少数几个农户的"胜者全得"式集中，通过辐射更多不同户的"低保人"的方式，使救助资源惠及更多农户。低保分配基本单位的转变显然扩大了低保资源的覆盖面，有利于减少村庄舆论中的不满情绪。从村庄阶层结构的角度看，将"低保户"转变为"低保人"就是对占大多数的中间阶层内部无边界状态的承认。

为了应对低保制度规定的"评定结果公示"，许多村的村干部会在接到县政府入村检查的通知的当天晚上，将低保对象的名单张榜公布在村委会外的宣传墙上，并在第二天县政府检查结束后立刻撕掉。这种尽量缩短公示时间的做法，主要是为了避免暂时没有获得低保资

---

① 在没有实施"合村并组"以及取消村民小组长的村庄，低保对象以村民小组为单位进行评选，即首先由村委会根据各村民小组的人数分配名额，然后由村民小组长决定本组内的低保户。在税费改革之后取消了村民小组长的村庄，村干部也要将低保的评定限制在村民小组范围内。采取这种方法，低保户的产生就成为各个村民小组的事务，低保户也就只可能是小组内的"相对贫困"，而不是全村的"绝对贫困"。

源的村民以此为契机在村庄的舆论场中发泄不满情绪，或者找村干部无原则地理论和纠缠。此外，当县政府干部入村核查时，村干部还需要陪同核查。由于县政府干部不认识村民，而村民在村干部在场的情况下也通常会与村干部的口径保持一致，因此村干部的陪同可以避免政府干部在现场发现低保的分配方式已经偏离了制度规定。

其次，对低保对象流动性的确保。如果说将低保资源的"按户分配"转变为"按人分配"，在静态的维度使村庄内各利益主体达成获利的平衡成为可能，那么，对低保对象流动性的确保，则使各利益主体获利的动态平衡成为可能。

低保制度在设计上规定，需要在充分了解和评定农民真实情况的基础上，实现"动态管理"和"分类建档"。根据县民政局的文件，所谓"动态管理"，要求保持每半年复核一次农村低保对象，将不符合低保条件的农户清理出低保覆盖范围。"动态管理"的本意，是让政策更加精准地覆盖那些真正需要救助的贫困弱势群体。然而，在乡镇机构的设置上，作为低保政策执行主体的民政所，仅仅是个二级行政事业单位，行政管理权力极小，也不被上级考核体系所关注。乡镇的主要行政资源集中投入到招商引资、土地开发和综治维稳等中心工作上，毕竟这些事项不仅直接关乎乡镇财政收入，同时更与压力型体制下的各类考评相挂钩。乡镇政府并不会把太多精力放在低保政策的执行上。

行政权力小、工作人员少的民政所，却承担着每年两次低保评定、每次都需要100%入户调查的"动态管理"的繁重任务。在行政资源稀缺、行政工作负担沉重、工作回报少的情况下，民政所的工作人员显然不会有积极工作的动力。事实上，上级意图中的"动态管理"在镇民政所并没有实现如实跟进，导致村干部若按照低保制度的规范操作，低保对象就会具有相当的稳定性，甚至出现固化的可能。在这种情况下，村干部以平衡村庄利益为原则，自行选择了另一种"动态管理"的实施机制。

以稻村为例，2007年乡镇下拨给稻村的低保资源是按户计算的19个指标，即19户人。村委会分给第2村民小组的指标是1户，该户有5人。如果完全按照低保制度的规范要求进行操作，那么该户5

人都应全员享受低保政策。但在实际操作中，该农户只有1人被低保政策所覆盖。这是因为，该农户剩余4人的低保指标，都被分配给了另外4户村民。2008年，村委会分给第2村民小组的指标仍是1户。按照制度规范，如果民政所没有取消某一农户的低保资格，到第二年时，该农户仍应获得低保。然而，在实际操作中，2007年获得低保的村民，2008年都不再获得，因为村干部认为"要平衡一下"。不过上报到镇里的名单里仍然写着与2007年相同的一"户"。2008年的低保安排中，有1人是残疾人，是第2村民小组唯一的残疾人。因为2007年在低保分配时没有被照顾到，所以村干部认为2008年应该考虑他。① 村干部和村民小组长为了使村内各利益主体获得动态的利益平衡，使除特困户之外的大部分低保对象都不能连续2年获得低保。

在稻村第5村民小组，共有300余人，67户。该小组每年都能得到5个低保名额。按照低保制度的规范操作，三年时间内获得低保资源的农户应该不会出现很大的变动。然而第5村民小组在2007—2009年的三年中，已有18户获得过低保资源，其中有3户因家庭生活仍然困难而保留了低保名额，其余名额都被分配给了其他村民。

可见对低保对象流动性的确保与"按人分配"的操作相结合，使村干部和村民组长进一步扩大了村庄的低保覆盖面。同时，借用制度规范中使用的政策话语，"动态管理"被村干部和村民组长用来向不理解为何第二年自己不再能获得低保的农户做解释，也使村干部和村民组长的实际操作在村庄内获得了合法性。

另外，低保制度虽然严格规定了从申请、审核到三榜公示的一系列规范程序，但在实际操作过程中，村干部对低保名额的具体分配方式拥有裁量权。在基层治理中的"浑沌"接连被边界化，而基层治理的某些方面（如土地空间的分配、拆迁补偿的分配）又因找不到使"浑沌"复生的方式而一直处于困境的背景下，为了基层社会的稳定，乡镇政府和村干部只有通过使低保功能"浑沌"化，从而控制两类"关键人物"：一是基层治理的协助者；二是基层治理的阻碍者。所谓低保资源功能的"浑沌"，即消除了低保资源功能的边界，

---

① 湖北省沙洋县M镇稻村访谈笔记，2015年4月17日。

使低保资源的功能不再单一指向贫困户的救助，而变为不但被用来平衡村庄内一般农户的利益平衡，也被用来平衡各种基层治理协助者和阻碍者的利益。

低保资源被用来控制基层治理的协助者，其目的在于取得基层治理的协助者对基层治理的支持和协助。第一，在没有取消村民小组长的村庄，村民小组长是村干部管理村级事务的信息提供者和协助者。在需要组织村民抗旱、维修水渠、收取水电费方面，村民小组长发挥了关键作用。虽然村民小组长组织生产的工作非常重要，甚至可能因为维护公共秩序而对一些个人社会关系的经营造成不利影响，但他们得到的工资极少。如在河南省 F 县 C 镇的农村，村民小组长一个月的工资只有 50 元。① 然而，村民小组长的工作开支并不小，比如电话通信费、到乡镇开会时所使用的摩托车的燃油费等，都是不能报销的。因此，村干部常常通过给村民小组长分配低保资源，以保证村民小组长积极工作。而在一些取消了村民小组长的村庄，比如稻村，村干部也会通过分配低保名额的方法使原先的村民小组长继续工作。如此一来，村干部与原村民小组长的关系就变成了非正式制度安排下的"委托—代理"关系，仍扮演相当于原先村民小组长角色的村民，也认为得到低保资源是理所当然的。在稻村，原村民小组长成了"护林员"，并协同村干部共同调解村庄的民事纠纷。

第二，一些在村庄里亲戚多、社会关系广的村民也是村干部开展村级事务的协助者。比如从乡镇政府退休的村民，虽然在退休后能够领取退休金，但稻村的村干部也会为他分配低保指标，因为他在乡镇政府拥有的社会关系网络，能够帮助村干部争取项目资金或上级政府的专项转移支付。另外，村委会通过低保资源的分配，可以控制村庄里亲戚多、社会关系广，或者有着党员身份的村民，能够在选举时更有力地控制选票，渗透对党支部的影响，使自己的选举阵营更加稳固。

第三，一些为村干部提供了物质性资源（比如为村庄的电线改

---

① 案例来源于郭亮《从"救济"到"治理手段"——当前农村低保政策的实践分析：以河南 F 县 C 镇为例》，《中共宁波市委党校学报》2009 年第 6 期。

造、自来水工程或道路改造提供便宜的建筑材料）的村民，也会取得村干部分配的低保资源。这种分配的意义一方面在于答谢该村民在过去对村干部的协助，另一方面也在于换取该村民在未来对村干部的持续支持。当然，在村委会取得该村民提供的物质性资源时，村干部也有可能从中赚取差价，获取个人利益。

第四，在取消义务工后，仍然服从村干部的指挥为村庄公共设施建设投入劳动，给村民小组的发展经常提合理建议的村民，也能获得村干部分配的低保资源。在农业税取消后，稻村的村民小组内建设公共设施的需求仍然存在，但用以支撑公共品供给的经济资源已经消失。在2009年组织维修一条通组村道时，稻村第5村民小组有两个平时在M镇务工的村民"不推辞出工、对工钱不讨价还价"，因此成了村干部分配低保资源的对象。村干部这样做，一方面是为了答谢该村民在过去对村干部的协助，另一方面是希望他们在将来继续配合村干部的经济建设工作。

第五，在法制规定中的手段无法解决纠纷，甚至也无法息访的情况下，与"黑恶势力"有密切联系的村民会成为村干部的低保分配对象。"黑恶势力"为达到其目的，往往采取威吓农民做出让步的手段。这种手段不留痕迹，因此农户在事后找不到实在的证据，很难通过司法途径进行追查。此外，追查将有可能引起"黑恶势力"的报复，因此农户遇到"黑恶势力"的威胁时，一般不会求援于法律手段。这样，"黑恶势力"就成了村干部进行村级治理的协助者。

第六，在乡镇政府下达一项必须完成的"政治任务"时，协助村干部完成"政治任务"的村民就能够得到低保资源。比如，在被列入建设规划区的稻村第3、第4村民小组，为了县道拓宽工程而妥善拆迁，成为M镇政府所要完成的一项"政治任务"。由于第3、第4村民小组的许多村民抗拒拆迁，甚至还继续违规建房，表现出对政府行为的拒斥态度。此时，稻村村干部就将低保名额作为对配合拆迁者的奖励，试图以此动员村民积极配合拆迁。

此外，低保资源还被用来控制基层治理的阻碍者，其目的在于消除基层治理中遇到的阻碍，使必须完成的行政工作顺利进行。首先，村庄中脾气暴躁、大龄未婚的村民，由于长久以来受到村庄社会关系网络的排斥，因此往往存有怨恨情绪，也容易成为村干部进行村务工作的阻碍者。为了减少工作阻力，村干部会有意将低保资源分配给村民小组中本来就不多的大龄未婚村民。这些大龄未婚村民在得到低保资源时，出于感激，就不再成为村干部进行村务工作的阻碍者。

其次，在维持社会稳定是一切行政工作的首要目标的情况下，上访者是村干部进行基层工作的最大阻碍者，也成为村干部利用低保资源进行控制的首要目标人群。由于在土地空间的分配方面和拆迁补偿的分配方面，目前还没有找到消除边界、重生土地耕种的空间"浑沌"以及土地附着物价值"浑沌"的方式，土地空间的分配和拆迁补偿的分配会不断制造上访者，生产出在上层政府看来是威胁社会稳定的因素。地方政府为了息访，不惜动用体制内的低保资源，对上访户进行利益诱导，使低保资源成为确保社会稳定这一国家目标的牺牲品。因此，低保资源不但成为社会救济资源，更成为一种行政救济资源。

拆迁工作，会产生一批上访者。因为对补偿的数额不满，农民除了要求提高报偿，还期望从政府那里获得各种政策照顾。如果农民认为其要求没有得到满足，就会不断上访。村镇干部为了同时达成经济建设任务和社会稳定的目标，就会将低保资源分配给这些上访户，以消除他们对拆迁工作的阻碍。

地块调整工作，也会产生一批上访者。在国家政策规定土地承包权 30 年不变的情况下，不愿意调整地块的村民会以国家政策为由，阻碍村级组织对地块进行调整。比如从 2012 年开始，稻村在 M 镇的指导下开展了集中连片的土地整理工作，以方便村民的耕种，并为按照水系分布而进行连片承包工作做准备。但土地整理工作开始前，需要重新通过土地调整而重组村庄内的土地利益分配格局。村级组织从不再务农的农户那里返租土地，然后调整地块给那些仍在务农的村民耕种。这一与土地确权工作相抵触的工作，在土地被划入整理区的村民中间激发了大量矛盾。抵制地块调整的村民会以国家政策为依据而上访。于是，村干部将低保名额分配给阻碍调地的村民，以换取他们的合作。

总而言之，拆迁工作和地块调整工作所遇到的纠纷都属于利益之争。在没有找到消除边界、重生土地耕种的空间"浑沌"以及土地附着物价值"浑沌"的方式的情况下，利益之争只能以利益给予的方式而暂时得以平息。当然，利益给予的具体方式，除了挪用低保资源之外，还包括请上访户吃饭、陪上访户打麻将、批准入党、吸收为村干部候选人、挪用救灾款以救灾的名义安抚对方、让其免费参与合作医疗等。这些方式基本可以归纳为"花钱买平安"或者"人民内部矛盾用人民币解决"，这里的"人民币解决"不一定是直接给上访户现金，也可能是包揽给予上访户"特殊待遇"时所需要的全部费用。

　　当然，村干部或村民小组长在低保资源的分配方面掌握的"裁量权"，也有可能使低保资源成为他们与掌握其他资源的村民进行私人利益交换，或直接为自己的"家族圈"谋利的手段。比如，为村干部提供土地修建塑料加工厂的村民、为村干部的亲戚提供土地修建房屋的村民，以及村干部的亲戚，都有可能直接成为低保对象。不过即便如此，在村干部或村民小组主导下，低保资源的分配至少具有了一定的治理功能。第一，使村庄各利益主体达成获利的平衡，解决了低保名额评定导致的村民收入价值边界化所引发的低保资源分配困境。第二，使村民小组长、社会关系丰富的村民、掌握丰富物质资源的村民、不拒绝参与村庄公共建设的村民、与"黑恶势力"保持密切关系的村民，以及配合村干部完成上级任务的村民，继续作为或在未来成为村干部进行基层治理的协助者。这一功能，缓解了税费改革以来，村干部组织动员能力不足的难题。第三，使脾气暴躁的大龄未婚村民和各类上访户，暂时不妨碍基层行政工作的开展，同时也缓解了土地承包经营权和拆迁补偿纠纷导致的大量上访事件不断升级的"不稳定"事态。

第八章　结论[*]

新中国成立的前 30 年，如果以国家政权的独立和国家能力的现代化这两项指标为基准进行判断的话，国家政权的现代化可以说已经完成。不过，国家治理体系和治理方式的现代化却未必与国家政权的现代化同步完成。从国家意志的角度来看，判断国家治理体系及治理方式现代化的标准设定，可以用"规范化"这个概念来概括。"规范化"的关键要素，包括结构明晰、分工明确，功能边界经过严格限定，并具有单一、法定和程式化的特点。以"现代化"的价值观作为信仰的不少决策者和学者，设想国家治理体系与治理方式的现代化一旦完成，就能够保障社会稳定和经济发展，并使基层政权获得更多合法性。然而，瞄准"规范化"和"制度化"而制订的改革方案，不但没有帮助基层政权获得更多的合法性，反而削弱了基层政权的合法性。虽然国家通过财政转移支付向基层社会投入了大量的资源，但是农业税征收的行政成本增加、土地纠纷频发、农户牟利性上访激增、农村公共品供给停滞甚至倒退等状况却接连发生，社会并没有变得更加稳定，反而激起民众的各种不满情绪。

以上悖论产生的逻辑可以整理为，原本有助于社会目标与国家目标相统合以达成国家目标的"固有的社会规则"被"国家规则"所规范，反而阻碍了社会目标与国家目标的统合。但又由于维持社会目

---

　　* 本章内容修改为论文《中国农村基层治理的困境与"浑沌"的治理逻辑》《中国农村基层治理的"浑沌"及其实践形态研究——反思治理方式规范化的一个视角》《中国农村土地使用现场的制度生成机制——基于隐性知识与形式知识的交汇》，分别发表于《南京农业大学学报》（社会科学版）2019 年第 5 期、《社会科学》2021 年第 2 期和《北京工业大学学报》（社会科学版）2020 年第 4 期。

标与国家目标处于一致状态的操控机制仍然存续并能发挥作用，中国的农村基层治理于是陷入困境之中。

最后回到"切割"的视角和"浑沌"的隐喻所构成的分析框架中来。本章将本书所涉及的有关中国农村基层治理的困境及基层实践的应对方式的讨论，扣连到"浑沌"的理论构架中进行再整理，并试对"浑沌"存在的理由和中国农村基层治理的未来走向做一探讨。

第一节 "浑沌"的死与生：中国农村基层 治理的困境及其应对

在分析中国农村基层治理困境的发生机制时，我们必须明确的问题是，"固有的社会规则"和"规范化的国家规则"的本质究竟是什么，以及"规范化的国家规则"介入"固有的社会规则"并对其产生冲击这一过程的内在机制究竟是什么。

为了回应这些问题，本书引入了"浑沌"这个核心概念。正如导论中所阐述的那样，本研究是在《庄子·应帝王篇》中有关"浑沌"的寓言的意义上使用"浑沌"这一概念的。本研究将"浑沌"作为"固有的社会规则"的隐喻来把握，"固有的社会规则"的特征与"浑沌"的特质，即"整体性、连续性、流动性、统合性"，相互叠合在一起形成统一关系。因此，"固有的社会规则"具有排除切割和边界的倾向。而"切割"或"边界化"对应于寓言中有关"凿窍"的记述。由于"凿窍"这一工作，"浑沌"的功能和构造被切割，进而导致"浑沌"的解体。"凿窍"这一工作本身的性质，指涉的是"规范化的国家规则"的特质。倏与忽的本意并不在于将"浑沌"逼入绝境，而在于改善"浑沌"的生存状态。同样，国家治理方式之所以要追求现代化，其本意也并非使农村基层治理陷入困境，而在于增进基层政权的合法性。寓言中"'浑沌'之死"这一悲剧性后果，则隐喻由"规范化"所引发的社会不稳定、社会不满情绪以及国家目标与"无公德个人"之间的紧张关系。

以下着眼于中国农村基层治理各行政项目中的共通性，从这一横截面中提炼出贯穿于其中的"浑沌"逻辑，以此揭示中国农村基层治理困境的发生及应对方式背后的根本机制。

首先，将第二章中标举的"浑沌"样态和国家目标扣连到中国农村基层治理的相关事项，再整理如表8-1所示。

表8-1　基层社会与行政的"浑沌"及其与国家目标的对应关系

	"浑沌"的样态	国家目标
功能统合	村干部功能的统合	农业税费征收→经济建设
	乡镇政府部门和事务员功能的统合	
	土地功能的统合	土地的有效利用→社会稳定
行为意义的连带	税费缴纳行为的意义连带	农业税费征收→经济建设
	纠纷调解行为的意义连带	社会稳定
事件的一体性	税费缴纳与其他事件的一体性	农业税费征收→经济建设
	纠纷事件与其他事件的一体性	社会稳定
价值计算的模糊性	土地及地面附着物价值的模糊性	农民根据自己的情况合理活用资源→社会稳定、农作物稳产的确保
	村民收入价值的模糊性	贫困被视为家庭圈内的整体责任→社会稳定、贫富差距的控制
空间的整体性	土地耕种空间的整体性	耕者有其田→社会稳定、农作物稳产的确保
	农田水利空间的整体性	农作物稳产的确保

第一，功能统合。功能之间不存在明确的切割和边界，多个功能相互重叠集聚，相应于外部状况的变动而自由切换。具体而言如第三章所述，在农业税费征收的政策执行中，村干部与乡镇政府部门和办事人员的功能就处于统合状态。村干部功能的统合表现为惩罚者、说服者、动员者、赠答者等多个角色之间的相互支撑。而乡镇政府部门和办事人员的功能统合，则表现为相应于具体业务的实施环境而对功能的潜在和显在做出的临时调整和重组。这些功能的统合状态，都对行政事务的完成发挥了积极作用。正因为如此，经济建设这一国家目

标才能更为迅速且高效地实现。

此外，如第四章所述，从村民的土地利用和土地观念中可以发现土地的功能统合状态。同一块土地，具有农耕、建房和植树等多元功能。土地功能的统合状态有助于土地的有效利用，同时保障了社会的稳定。

第二，行为的意义连带。其特征是，从行为中产生的若干意义具有相互关联性。具体而言，第三章所述及的税费缴纳行为，和第五章所述及的纠纷调解行为，都对此有所体现。税费缴纳行为的意义，与对国家的认同、对集体所有制的认同、民间社会中一直以来的公平观念以及共同体舆论风评具有无法切割的关联性。税费缴纳行为的意义连带，有助于农业税费的征收，因此可以服务于经济建设这一国家目标的达成。

而对于纠纷调解行为而言，该行为的意义则不仅仅停留在调整当事人之间的利益关系这一点上，而是与通过劝告当事人而修复当事人之间的关系、满足他们的日常性情感诉求的调解志向牵连在一起。纠纷调解这一行为的意义连带，因与人际关系的修复相关联，而能够发挥维持社会稳定的效果。

第三，行政事务、事件的一体性。其特征是，表面上并无直接相关性的行政事务或事件，其实嵌入在当下行政事务的执行工作或事件发生发展的机制之中，进而相互之间发生了内在关联。比如第三章所涉及的村民缴纳税费这一事件，就与村民是否能在村民委员会办成其他事务关联在了一起。正因如此，从农业税费的征收之中，我们可以一窥税费缴纳与其他行政措施的一体性。这种一体性作为农业税费征收的战略而被采用，对经济建设这一国家目标的达成发挥了积极作用。

同样，第五章所述及的纠纷事件与纠纷发生以前的一系列日常生活事件处于连续性的关系之中。因此，从纠纷调解工作中，我们也可以一窥纠纷事件与其他事件的一体性。只有在充分理解这种一体性的基础之上，纠纷才有可能得到根本解决。纠纷事件与其他事件的一体性，也便成为维持社会稳定的关键因素。

第四，价值计算的模糊性。价值计算的模糊性特征主要表现为，价值评估中无可避免会混入来自非理性的意义世界的秩序以及情感性表达等要素，并且随着时间流而变动。比如在第四章所论述的事例中，以当事人为中心的人际关系的亲疏远近，以及土地流转接受方的人品和社会声望等因素，都会对土地价值评估产生影响。正因为如此，土地及其附着物的价值难以明确数值化。而正是在价值计算的模糊性之下，农民能够依照自己的意志设定标准将资源加以活用。这一点不但能够间接维护社会稳定，而且还有助于实现确保农作物稳产的国家目标。

此外，又如第七章所论述的事例所呈现的那样，村庄中间层的同质性、阶层流动性、收入评估的模糊性，以及以代际整体性为基础的"家族圈"边界的灵活伸缩性等，都使农户的收入价值难以明确数值化。以对于价值计算模糊性的认知为前提，贫困的产生本身在很大程度上就可以理解为是家庭全体的自我责任，而最低生活保障制度只应该发挥作为社会福祉安全网的救济作用。以上认识，将有助于社会稳定的维持和对经济差距的控制。

第五，空间的整体性。其特征在于基于联结原理的空间开放性，以及内在于空间的诸要素的流动性、统合性。如第四章所述，特定地理空间中一块农地之上耕作者的高流动性和不特定性，生产出了农作空间的整体性。以这种整体性为前提，"耕者有其田"的土地资源配置状态才有可能实现，并成为实现社会稳定、确保农作物稳产等国家目标得以达成的基础。

同样，据第六章所述，水利设施建设全面动员所需人、财、物的能力，能够保障流动的水资源与水利设施有效叠合的整体空间，而这种能力的实现则以利益主体的利益边界与水利灌溉区域的边界相互重合为其保障。而大型水利设施的利用、维护和管理等具有整体性的工作，又将带动水利空间和与之相应的资金筹集形成整体性关系。土地、水源、水流、资金、设施等各项资源要素高度协调而组织整合形成的农田水利空间，因其整体性而能够服务于农作物稳产这一国家目标的达成。

从以上对于具体"浑沌"样态的梳理来看，我们会发现农村基层治理中"浑沌"状态的存续对于国家目标的达成能够发挥正面作用。正是凭着各种对作为固有社会规则的"浑沌"的巧妙借用，国家目标才得以较为顺利地实现。正是由于农村生产生活之"浑沌"的外部环境与治理方式的"浑沌"能够相互适配，行政体系与社会系统之间大规模且深刻的官民对立，以及地方行政对地方社会的失控局面，才在相当程度上得以化解和避免。

本书将20世纪80年代以来政府推行的基层治理规范化举措与固有的社会规则相对照，梳理如表8－2所示。

表8－2　　基层治理方式规范化举措与地方社会规则的对应关系

"浑沌"状态（地方社会规则）	规范化（国家规则）
村干部功能的统合	防止恶性事件发生的《七不准》等规定（1995年）。财权上收①（1998年）
乡镇政府部门和事务员功能的统合	
土地功能的统合	土地用途限制（各地时间不一）、土地开发规划（各地时间不一）。土地调整的减少和停止。土地二轮延包（1997年）。共同生产费废止（2000年代初）。土地确权确证（各地时间不一）
土地耕种空间的整体性	
农田水利空间的整体性	
税费缴纳行为的意义连带	防止恶性事件发生的《七不准》等规定（1995年）。禁止利用土地确权追缴税费尾欠（2004年，2005年）
税费缴纳与其他事件的一体性	
纠纷调解行为的意义连带	注重程序正义和证据链的现代法律
纠纷事件与其他事件的一体性	
土地及地面附着物价值的模糊性	征地拆迁补偿（各地时间不一）
村民收入价值的模糊性	低保评定（2005年以后）

这些规范形式使基层治理方式趋于单纯且个别性地对个体民众的利益做出妥协和让步，通过可视化的确定数值进行财政资源的分配，即事化地处理行政事务和民事纠纷，并强调治理主体和治理手段的单一和专用。

被规范的基层治理，也就是被各种边界线所切割的基层治理。"浑沌"在被规范边界化之后走向死亡。其后果便是，制度与技术上

---

①　1998年，中央政府着手进行以"撤并乡镇、精简机构、分流人员"为主要标志的乡镇机构改革。

可资利用的备用选项迅速减少，对于以多元价值和方法为前提的不同治理方式的创造力和想象力被遮蔽。当处于复杂且高度不确定状态的地方社会，被硬生生地转变为对于国家而言容易加以操控的对象之时，地方社会不但没有被国家规则所驯服，反而滋生出大量与国家目标相对抗的力量。"浑沌死亡"之后的治理样态可以归纳如下。

第一，功能统合的切割。原本以多种功能相互交错的有机统合体的形态而存在的村干部，功能走向单一化。而乡镇政府部门和办事人员的功能联合重组，以及软硬策略之间的连续性和整体性消失。同样，原本功能处于统合状态的土地，陷入功能无法调整的境地。这些都是功能统合状态被切割后，所产生的种种表现。

第二，行政事务、事件的切割。税费欠缴的补缴义务履行与土地调整、土地确权等其他行政事务脱钩，以及纠纷处理中对于事件发生背景的无视，都是行政事务、事件被切割后的具体表现。

第三，行为意义的切割。这一点体现为在税费缴纳行为的意义与对于国家的认同、村庄伦理、对人品的村庄舆论之间，以及解决纠纷这一行为的意义与村民社会关系网之间，原本存在的连带关系发生崩解。

第四，价值计算的切割。补偿款评估无法根据时间和市场变动而调整，或者原本变动且模糊的收入价值中出现时间特定化和数值化，都是价值计算发生切割的具体表现。价值能够被清晰评估的对象，一般是其价值能够被转化为明确的数字，或能够以数字为基础加以推量和判断的事物。然而，两个数值之间永远存在无法填满的缝隙。换句话说，数值之间不相等，就必然意味着数值之间存在边界。如果判定衡量对象的价值为某一数值，意味着该对象的价值被束缚在一个特定的单位时间点上，该对象的价值在数值上与其他可能的数值划清了边界，并在时间上与其他时间点划清了边界。

第五，空间的切割。原本具有开放性和流动性的耕地空间，由于土地调整的中止而被长期不变的承包权所切割，或者原本处于多种要素相利共生状态的农田水利体系出现个人化、小型化的发展趋向，都是空间切割的具体表现。

"浑沌"内部因切割而产生的边界化及其所引起的"'浑沌'之

死"，在中国农村基层治理中，使农业税费征收成为"天下第一难事"，并陆续导致土地纠纷频发、经济差距扩大、民事纠纷激增、农田水利瘫痪、最低生活保障资源难以分配等多种困局的出现。这样的治理状况，显然违背以经济建设、社会稳定、农作物稳产、缩小经济差距等为指向的国家目标。换句话说，治理方式的规范化削弱和阻碍了基层行政组织的社会目标与国家目标的协同一致，催生并凸显出社会目标内部发生的种种裂变，并使之难以被行政力量所规训和驾驭。

　　然而，由国家目标任务的细分化和指标化、对上级机关负责的目标责任管理、围绕目标达成而展开的竞争激励体系所构成的国家目标操控体系，在20世纪80年代以来并没有发生松动的迹象。正是由于国家目标依然对于地方行政彰显出强大的控制能力，在税费征收、违建处理、民事纠纷调解、水利体系维护和福祉资源分配等农村基层治理方面，地方行政主体一方面需要直面"规范化"切割"浑沌"所产生的一系列农村事务难题，另一方面仍旧有必要采取各种应对策略以达成国家目标（见表8-3）。要言之，在国家治理手段方面所提倡的规范化并日渐完善，与经济建设等"硬任务"的同时并行，使地方行政主体陷入治理困境之中。

表8-3　　　　　　　　　　农村基层治理的困境及其应对

地方社会的状态——（对立）——国家目标		应对策略
农业税费征收成为"天下第一难事"	经济建设	镇—村利益共同体的结成
人地矛盾的激化	社会稳定 粮食稳产（耕地面积，土地投入，种田主体）	将低保资源作为行政救济资源
土地纠纷 难以平息的民事纠纷	社会稳定	将低保资源作为行政救济资源 调停与判决综合运用
贫富分化 难以分配的低保资源	消除贫富差距	将低保户转变为低保人 确保低保对象流动性

续表

地方社会的状态——（对立）——国家目标		应对策略
违法建筑	经济建设、社会稳定	集中整治行动，拆迁队
瘫痪的农田水利体系	粮食稳产（旱涝保收）	土地集中连片承包（划片承包）

　　治理手段的规范化并日渐完善，使基层行政主体的财政权与行政权向上级行政机关转移，农户所拥有的各项权利在内容和边界上清晰化，并被长期固定下来。而与此同时，经济建设等国家目标任务的推进，又使行政事务向下级行政机关层层传递。这两方面共同使得基层行政过程中的责权利不匹配程度进一步加剧。不过，前一方面可看作对基层治理各侧面的切割，而后一方面则又恰好为被切割和边界化所不容的"浑沌"的生长预备了环境。因此，以政权合法性的获得为指向的规范完善与社会不满和不稳定的共生状态，就可以被解构并还原为"切割"或"边界化"与"浑沌"之间的对立。

　　在熟人社会依然存续，对于所有物的概念依然与国家政治中"社会主义公有制"的意识形态相互适配的环境下，地方行政主体就有可能通过策略性地规避"规范化"的边界设定而重新复活"浑沌"（见表8–4），将地方社会治理状态引导到与国家目标相统一的方向上去，从而将陷入困境的治理从困境中解救出来。内部无分割的"浑沌"，是使中国农村基层治理在整体上处于稳定状态的环境下得以持续的"压舱石"。

表8–4　　　　　　　　应对策略与"浑沌"的"复活"

应对策略	"浑沌"的"复活"
镇—村利益共同体的结成	村干部功能统合的复生 乡镇政府部门和事务员功能统合的复生
调停与判决被视为对等地位 调停与判决综合运用	纠纷调解行为意义连带的复生 纠纷事件与其他事件一体性的复生
将低保户转变为低保人 确保低保对象流动性	对村民收入价值计算模糊性的承认

应对策略	"浑沌"的复活
集中整治行动，拆迁队	镇土地管理部门或一线执法人员角色功能统合的复生
土地集中连片承包（划片承包）	农田水利空间整体性的复生

　　表8-4展示了当下中国农村基层治理在遭遇困境时所采取的应对策略的若干侧面，及这些行政应对策略与"'浑沌'复活"的对应关系。从表8-4的整理可以看出，在农村基层治理摆脱困境的努力中，并不是所有"浑沌"都得到了"复活"。比如在人地矛盾、土地纠纷等方面，原先以土地功能的统合、土地耕种空间的整体性、土地及其附着物价值计算的模糊性等方式存在的"浑沌"，还没有找到得以复生的有效方式。因此，为了应对确保经济建设和社会稳定的国家目标，将最低生活保障资源活用作行政救济资源，即最低生活保障资源功能的"浑沌"化，成了当下基层治理的应急手段之一。

　　在孕育"浑沌"的政治、社会、经济环境都还没有发生根本转变的情况下，即使带来边界的"规范化"暂时清除并杀死了被贴上"传统"和"落后"等标签的"浑沌"，"浑沌"还是会以规避规范这种对"规范"更有免疫力的方式复活。这就是为什么纵使日常生活逻辑的"合法性"被规范化制度的逻辑完全否定，各种不可战胜的变通、非正式运作策略①及其他"日常形式的反抗"②还是会在国家及其代理人的眼皮底下疯长，并不断再生产出新民情和新习惯法的原因。③"浑沌"的"复活"表面上看似乎与以"规范化"为指向的治理方式现代化相背而行，然而却正是解救农村基层治理脱离困境的一剂良药。在强调治理方式走向"规范化"的中央政府的政

---

　　①　王汉生、刘世定、孙立平：《作为制度运作和制度变迁方式的变通》，《中国社会科学季刊》1997年第21期。
　　②　詹姆斯·斯科特：《弱者的武器》，郑广怀等译，译林出版社2007年版。
　　③　肖瑛：《从"国家与社会"到"制度与生活"：中国社会变迁研究的视角转换》，《中国社会科学》2014年第9期。

治意志面前，这剂良药多多少少带有一定的政治责任风险。但是只要农村基层治理的环境，即国家目标与行政体制等要素，使"找回'浑沌'"成为必要，对于参与基层治理的各主体而言，为了让乡村治理能够平稳顺利地展开，灵活运用"浑沌"所带来的有利于治理的功能就不失为一种合理的策略。"浑沌"的"复活"一方面意味着生活逻辑对规范化的制度逻辑的某种消解，另一方面也可以理解为，当陷入自上而下的行政任务与制度逻辑下的治理无效所构成的困局时，地方行政主体通过回归地方性知识和生活逻辑来进行自我反思和自我变革的某种尝试。

第二节　"浑沌"存在的理由

基层治理方式的"浑沌"，反映了在中国农村的生产与农民生活中不斤斤计较、从整体且变动的观点出发模糊看待和处理问题的传统智慧。同时，与韦伯在"国家中心论"中所主张的状态不同，从工农革命中发展起来的新政权，并不像第三世界新兴国家的政权或殖民地政权那样独自设立单一抽象的国家规则。

中国共产党政权建设的一大特色，就在于政府有能力将社会目标引导到与国家目标相一致的状态。这种引导不是单纯的自上而下的强制，而是自下而上的"发动"，即基层干部和精英深入乡土熟人社会，广泛利用民间社会中"共"的资源培育"公"的思想观念，进而调动积极分子的能力，带动社会其他成员参与指向国家目标的生产活动。国家目标的设定、基层干部和精英对乡土熟人社会的融入、熟人社会的文化网络、"共"的惯习和"公"的思想观念的生长所营造的行政环境，使农村基层治理呈现出反边界的"浑沌"的特点。

在《庄子》的寓言中，"浑沌"是以一种生物体的方式而存在的。在"浑沌"的存在这一事实背后，潜藏着一些使其存在成为可能的环境因素。本节从政治、社会和经济这三个侧面，探讨使上一节所整理的"浑沌"的不同样态得以存在的外部环境。所谓外部环境，是指外在于"浑沌"这一生物体而存在的结构性条件。该结构性条件，构成产生“浑沌”并规定“浑沌”以何种样态而存在的外在约束。

一　政治：操控体系与自由裁量

这里所说的国家目标特指中央政府代表国家意志制定的目标，而社会目标指的是民间社会成员通过各自的日常具体行为所达成的具有整体性效果的目标。社会目标虽然未必以一种统合形态出现，但有可能在权力的操控之下而趋近于被统合的状态。地方政府，包括农村的行政力量，起着联结和调整国家目标与社会目标之间关系的作用。这里首先对国家、地方行政组织和民间社会间的支配关系进行再确认。

代表国家意志的中央政府负责政策项目的决策和方针的制定，并对公共政策的达成度进行操控和管理。中央政府将重点放在宏大目标的制定上，在大方向上操控社会目标，使其不与国家目标发生矛盾，但并不插手政策项目的具体实施。而在政策落地的过程中，往往会出现偏离政府制定目标的意图外后果。在政策实施方面，与其说是国家掌握着治理的主导权，不如说真正掌握主导权的是社会。只要将目光聚焦县级以下的地方行政组织和民间社会，就会发现国家、地方政府、民间社会这三者实际上是处于“协治”的状态之中。

不过，国家与基层治理主体的关系毕竟属于“委托—代理”的“发包”关系。在组织社会学中，“委托—代理”关系强调的是组织中上下级之间或一般意义上合同双边关系中的特有属性。在“委托—代理”关系中，上下级的运作必然会受到信息不对称的问题困扰，造成“虽然委托方拥有所有权或最终决策权，但在一定条件下不得不将某些控制权下放或转让给代理方行使”的局面。[①] 而所谓“发包”，意味着委托方将一些特定政策目标承包给外包商（如下属管理方），要求他们如期按约“交货”，即完成契约规定的政策目标。与此同

---

① C. Michael and R. H. Meckling, "Theory of the Firm: Managerial Behavior, Agency Costs, and Ownership Structure", *Journal of Financial Economics*, Vol. 3, 1976.

时，委托方将相应的剩余控制权（residual right of control）① 赋予承包商，即后者有权决定契约实施的组织工作、资源分配、激励设计等。这意味着承包商在契约明确规定的条款之外对其"资产"拥有剩余控制权，即拥有管辖区域内实施过程中的真正权威。②

将经济学的"发包"理论思路应用于分析行政内部的组织关系，则产生了"行政发包制"的理论概括。总而言之，"委托—代理"的"发包"关系，使作为下级的承包人享有大量的自由裁量权（实际控制权）。而与官僚制足额的财政预算及人员可靠合理的薪酬形成对照，承包人必须全部或局部自我筹资，以完成财政上缴和经费支出的任务。同时，纪律、规则和程序的作用非常有限，考核与监控以结果为导向。③

因此，虽然国家较强的目标约束性使地方行政主体保持了较高的行动效率和动员能力，但手段的低约束性使地方行政主体在行为方式上保有相当大的自主行动空间。④ 即使"'浑沌'内部边界化"的用意就在于使治理方式走向正式化、规范化，然而由于在大的政策环境允许的前提下，只要能够成功实现目标，基层无论怎样做都很有可能被上级默许乃至认可和鼓励。"委托—代理"的发包关系为基层政府应对"'浑沌'之死"的治理后果创造了巨大的空间和机遇。成功避开"边界化"而重新找回"浑沌"的基层行政主体，更有可能走出基层治理的困境。

综合以上分析，凭借着国家目标对于末端行政业务的支配力，以

---

① 经济学"不完全契约"理论着眼于经济活动者之间的产权分配及相关问题，提出一个假设：现实中任何契约都无法将组织间或组织内部（如雇主与员工间）关系的诸多可能性全部考虑在内。由于无法制定完备契约，资产的使用不能事先完全确定，因此任何谈判达成的契约通常都由资产所有者持有剩余控制权，即所有权者占有和控制契约规定之外的资产使用权。见 Sanford, Grossman and Oliver Hart, "The Costs and Benefits of Ownership: A Theory of Vertical and Lateral Ownership", *Journal of Political Economy*, Vol. 94, 1986。

② 周雪光、练宏：《中国政府的治理模式：一个"控制权"理论》，《社会学研究》2012 年第 5 期。

③ 周黎安：《行政发包的组织边界——兼论"官吏分途"与"层级分流"现象》，《社会》2016 年第 1 期。

④ 王汉生、王一鸽：《目标管理责任制：农村基层政权的实践逻辑》，《社会学研究》2009 年第 2 期。

及压力型体制下国家意志与责任的向下转移，身处地方社会一线现场的行政主体一方面拥有与组织性权威适度保持距离的自主性，另一方面，还能根据变动的现场状况而权宜使用或软或硬的应对方式，在"协同"与"强制"间来回切换，以适配与治理主体与治理对象有关的特殊场景。在权宜性的裁量过程中，人格化、伦理性的判断基准取代科学性、客观性的技术知识而占据优先地位。现场中的行政主体，正是如摆荡在国家与民众之间的帘幕一般的微妙存在。①

二　社会：熟人社会的存续

"熟人社会"是一个经常被借用来描述乡土社会状态特征的概念。在费孝通的描述中，熟人社会是一个没有陌生人的社会，人们之间相互信任，而信任来源于彼此的熟悉。熟人社会不仅具有社会成员之间信息对称的特点，而且有社会一致公认的规矩（可以称之为"地方性共识"），甚至于有时语言沟通都显得不再必要。人们聚村而居，造成乡土生活的地方性，即活动范围有地域上的限制，区域间接触少、生活隔离，各自保持孤立的社会圈子。随着 20 世纪 90 年代打工经济的发展，村庄结构不再封闭。吴重庆将打工经济兴起后的农村社会称为"无主体熟人社会"，其理由主要在于：其一，农村青年大量外出务工，村庄主体丧失；其二，农村社会因为变成了城市社会的依附者，而丧失了主体性。②

而笔者并不拟讨论"主体"这一概念，也无意将讨论的焦点聚焦于青年村民身上。从笔者调查的稻村来看，单就村庄社会这一空间场域内的村民社会关系和互动而言，虽然随着打工经济的兴起，年青一代的村民大量外出务工，村庄人口的流动性增大，但这并不一定意味着村庄不再是所谓乡土熟人社会。由于总体上看，中国家庭的代际关系较为紧密，以代际分工为基础的半工半农的家计模式，使得留守农村的中老年村民间依然保持着彼此熟悉、信息对称的熟人社会特点。

---

① Blundo, Giorgio, "Dealing with the Local State: The Informal Privatization of Street-Level Bureaucracies in Senegal", *Development and Change*, Vol. 37, No. 4, 2006, pp. 799 – 819.

② 吴重庆：《无主体熟人社会及社会重建》，社会科学文献出版社 2014 年版。

再来看青年村民，如果是在村域附近的县城或乡镇务工，他们的生活圈则还是保留在村内，彼此之间当然还能维持熟人关系。而对于到大城市，特别是外省城市务工的青年村民而言，他们一般每年都会在春节返乡。借助于父代村民的介绍或者春节期间的麻将等娱乐活动，他们虽然和其他村民有可能一年都没有见面，但村庄空间就像一个大熔炉，只要他们回到村庄空间之内，他们之间的陌生感就会迅速熔化，转化为相互熟识、称兄道弟的熟人关系。再加上能够成功进入城市安居的村民还是少数，大部分青年村民都将是留村的中老年村民的"预备军"。当他们进入中老年期，而不得不就近务工或回村务农时，他们也将成为熟人社会得以延续的载体。

熟人社会意味着村民之间广泛的私人关系网，这是在一段时期频繁互动的基础之上建立的。频繁的互动，就会产生许多日常性的事件，这些事件相互联系，并在村民的记忆中累积和沉淀。每一个事件，都会影响个人对他人的判断，并进一步影响他们的关系以及下一步的互动过程。这些事件的相互牵连，也会加增私人关系网中个人的积极情绪或消极情绪。因此，熟人社会的矛盾纠纷不可能作为一个孤立的事件而存在。每一个矛盾纠纷的出现，都牵连着附着于私人关系的情绪累积，以及其他零碎的日常事件。换句话说，熟人社会是纠纷事件与其他事件形成"浑沌"的前提条件。

熟人社会也意味着村干部在村民心中的印象不是一个抽象的个人，而是一个日常化的、有情绪、有个性、立体的个人。村民清楚村干部的人品和脾气。而与此同时，村干部也清楚每个村民的性格和他们的家庭状况。村干部和村民小组长由于生长在村庄社会，自然对村民的性格、村庄的伦理秩序、舆论对某个村民的评价非常熟悉。而除了村干部和村民小组长之外，乡镇干部也能够清晰把握村民和村庄社会的情况。在2006年以前，由于有农业税费的征收任务，乡镇干部就必须关心农民生产，从而需要经常下乡，并且在农忙时节也每周经常到农村查看工作，参与组织农业生产。这种相互的熟识和对对方个人化信息的把握，生产出村干部和乡镇政府人员角色功能的"浑沌"，使得行政系统的末端组织与农村社会的接触区域保持柔软灵活的状态。此外，村民相互之间对彼此的印象也不是抽象的，而是带有个人好恶和交往偏好的具体的人。这种基于地缘的情感性联系，使得相互协作发生的交换行为不一定是以可量化计算的市场交换原则为基础。于是，熟人社会成为孕育价值计算"浑沌"的外在环境。

熟人社会的另一个特征在于"生于斯，长于斯"，即个人生命的起始和成长、生活的大半时间都是在同一个空间中展开，并且最终的生命关怀和意义归属也指向这一片土地。基于熟人社会对时间的统摄性，从人生时间轴的角度来看熟人社会，就会发现熟人社会还包含了家庭生命周期等状态在"变迁"而空间相对不变（发生于同一村庄）的一些事物。熟人社会的时间维度，使同一块土地的功能有可能随着家庭生命周期而发生改变，产生土地功能的"浑沌"。同时，时间维度中的土地价值也并非一个确定的数值，而是随着私人关系的亲疏远近和市场价格的变动而发生变化，从而形成土地价值的"浑沌"。另外，时间维度中的村民收入价值也并非一个确定的数值，它会随着市场需求的变化、个人所处家庭生命周期的阶段、"家族圈"的变动而变化，进而形成村民收入价值的"浑沌"。

而"生于斯，长于斯"的时间维度，也使村庄社会中个体间关系的调整方向指向未来的生活。"抬头不见低头见"是熟人社会中经常听到的表达。由于地缘关系不会轻易消失，产生纠纷矛盾的村民如何面对将来长久的村庄生活，就成为纠纷当事人和纠纷调解者必须思考的问题。未来的时间维度，使得纠纷调解行为的意义必须被纳入村庄生活的意义整体中进行理解。熟人社会也成为纠纷调解的行为意义之"浑沌"得以形成的社会环境约束。

本书的主要调查对象稻村，其地理特征使其社会在打工经济兴起后仍能保留熟人社会的基本面貌。正是由于熟人社会的存在，上述带有统合性、连带性、模糊性等形态特征的"浑沌"才有了生长的社会环境。

三 经济："公"与"共"

关于中国特色的"公—私"概念，日本学者沟口雄三和中国学者费孝通做出过精辟的阐释。沟口雄三指出，区别于日本的领域的"公"，中国的"公"不表示一个领域，而是范围可大可小的"私"

与"私"之间的共同关系。① 费孝通也强调，中国的"公"与"私"不是领域概念，而是相对的、关系上的概念，两者之间并无明确界限。而在村庄治理这一层次的"公"与"私"的关系中，日本学者田原史起又加上了"共"这一概念，并将"公""共""私"视为地方治理资源的三个不同领域②。田原指出，"公"的资源内涵行政组织的"再分配原则"，由国家或地方公共团体所有和管理。而"共"的资源则基于社区的"互惠原则"而被调动，由范围限定的成员共同所有和使用③。这些研究为从经济活动的角度出发理解连带性、统合性、一体性等"浑沌"得以产生的外部环境提供了参考。

进行土地改革的在新中国成立后不久，就确立了社会主义公有制经济，在农村则具体表现为集体所有制经济。在集体所有制下，土地归村集体所有。村集体（生产队）在组织生产、调配劳动力、平衡人地资源等方面发挥了重要作用。需要指出的是，公有制的生产方式，是建立在农村"换工""帮工"等"共"的惯习基础之上的。而在 20 世纪 80 年代分田到户之后的一段时期，村集体依然通过土地调整、收取农业税费的方式，平衡着农村的人地关系，并维持着水利、道路、教育等农村公共领域的资源供给。

由于村民并不认为自己是土地的所有者，土地属"公"的观念让缴纳农业税费被理解为"缴纳租金"，使缴纳税费的行为具有了合理性。而"公"的意义往往隐含着"均"的诉求，使缴纳税费的行为本身成为村庄舆论的话题之一，欠缴或抗缴税费行为就与挑战"均"的原则和家庭经济条件的社会评价联系在一起，受到了舆论的制约。换句话说，"公"为缴纳税费的行为意义之"浑沌"的产生，预备了经济环境。

---

① 溝口雄三：《公私》，三省堂 1996 年版，第 73—89 页。

② 田原史起：《日本视野中的中国农村精英》，山东人民出版社 2012 年版，第 6—8 页。田原史起、松里公孝：《地方ガバナンスにみる公・共・私の交錯》，载唐亮、松里公孝编著《ユーラシア地域大国の統治モデル》，ミネルヴァ書房 2013 年版。

③ 田原史起：《農村ガバナンスと資源循環—「つながり」から「まとまり」へ—》，《ODYSSEUS 東京大学大学院総合文化研究科地域文化研究専攻紀要》，2018 年第 22 号。菅豊：《川は誰のもの : 人と環境の民俗学》，吉川弘文館 2006 年版，第 6—7 页。

同时，"公"使村干部在村民生产和生活中扮演重要的角色。土地和财政两项重要资源都属"公"，使村干部在资源的再分配上拥有重要权力。作为完成行政任务的工作方法，有权操控"公"的资源再分配的村干部，就将各项资源的再分配事件之间建立起连带关系，以此促成村民在缴纳税费、出义务工等工作上的合作。因此，"公"也为缴纳税费与其他事件的连带所形成的"事件的'浑沌'"，预备了经济环境。

　　此外，从根据人口增减而展开的土地调整来看，以"公"的经济制度为基础，共同利用属于"共的所有"的资源，其背后存在着共同体性质的"共的管理体系"，即一种在当地社会发挥协调作用的内生管理体系。这一内生管理体系对资源利用的可持续性发挥着维护的作用。所谓"共的资源"，具有"由于对共处同一个生活空间的全体成员都是不可或缺的，因此极力避免个别化，而由多个或大多数群体所共同所有，或虽不算被其所有但被共同使用"① 这一最突出的特征。作为超越家庭的经营单位，中国传统社会的"宗族"可以发挥相当于日本的"村"的资源统领作用。日本村庄继续保留着传统的共有地。共有地的使用和用益权归各村庄成员，但管理权却归各村庄成员所属的团体，即"村"。严格说来，这种状态与其说是由多人分有同一对象之所有权，即日本现行民法中的"共有"，其实毋宁说是共有者并不具有配额处分自由和分割请求权的"总有"。②

　　按照现在的法律，日本村落中的各种宅基地、耕地属于私有，而山林、原野则是共有与私有交叠混杂。更严密的说法是，入会权③、共同渔业权、水利权属于"总有"或者"准总有"。④ 这种现象，应该可以理解为现代日本农村对传统所有制的延续。从土地的买卖来

---

　　① 菅丰：《川は誰のものか：人と環境の民俗学》，吉川弘文館 2006 年版，第 8、10 页。

　　② 鸟越皓之：《家と村の社会学》（増補版），世界思想社 2013 年版，第 98—99 页。

　　③ 所谓"入会"，是指在一定地域范围内的住民，根据习惯权利，以采集特定的山林、原野、渔场的薪柴、绿肥、鱼贝等为目的而共同使用。这种习惯上的权利，称为"入会权"，是用益物权的一种。而共同使用的山林原野等，称作"入会地"。

　　④ 鸟越皓之：《家と村の社会学》（増補版），世界思想社 2013 年版，第 101 页注 5。

看，村落对村落内的土地有着可强力干涉的权利。不少研究者据此指出日本农村所有制仍然存在"潜在的总有"这一事实。具体而言，私有地和共有地，因都是村落内的土地，而都被土地"总有"这张大网所笼罩。私有地于是就不能根据所有者个人的判断而自由买卖，还必须向"村"请示。自己所有的耕地，也不能向"村"隐瞒而突然改变为宅基地。"村"对领域内的"总有"土地具有发言权。这种现象，被研究者概括为"土地所有的二重性"（见图 8－1）。

图 8－1　村落土地所有的二重性

资料来源：鳥越皓之：《家と村の社会学》（増補版），世界思想社 2013 年版，第 99 頁。

在对近世（江户时代）日本农村土地制度的研究中，"总有"的概念也被表述为"间接性共同所持"，而"共有"则对应"直接性共同所持"。山林和为肥料采集所预备的山野（秣場），其性质是"村"的共有地，甚至是多个"村"的共有地（入会地），是"直接性共同所持"的具体表现形式之一。现代日本农村中的土地制度以及"家"与"村"的关系，可以直接追溯到江户时代。"所持"在日语中是一个法律术语，意指人对物在事实上的支配活动。近世以来，"百姓"是一种身份，带有职能上的属性。"村"是一种集团，带有身份上的属性。"家"反映出每个百姓在职能上的利害关系，是百姓的经营体。百姓以"家"为单位从事农业生产，而"村"作为一种团体可以直接干预到"家"的农业生产活动的继续。"村"对于作为农业经营条件的土地的利用和买卖施加一定的规则限制：一方面，"村"限制每个单一百姓在土地处分权方面的自由；另一方面，"村"保护每个单一百姓的农业经营免予陷入破产境地。当百姓的经营和"村"的存续面临危机事态时，"村"将直接干预某些耕地。

在村庄"总有"这一土地权利惯行的基础上，"割地制"的实行成为可能。所谓"割地制"①，是指以抽签等为手段，将村内土地定期或临时性地重新划分，将土地所持者与耕地的关系重新洗牌（シャッフル）的制度。江户时代的"割地制"能够使各个百姓的年贡负担公平化。在自然灾害导致各耕地间出现较大差异的情况下，"割地制"发挥了重新设定土地所持的作用。

在中华人民共和国成立以前，村民对于村庄的土地并不具有明确的边界意识。除了一部分宗族地区，中国的村庄在不拥有边界清晰的支配地域的情况下发展起来。在这种情况下，拥有内生管理体系、土地呈现总有状态的"村落共同体"无法形成。而经过土地改革及其后的农业集体化，中国农村开始形成了相当于日本村落"总有制"的"集体所有制"。中国村庄以行政村为单位，开始具备了相当于日本"惣村"②的支配地域，村庄土地被视为共同所有的资源，于是产生出耕作空间的"浑沌"。

当今中国农村的"宗族"已经丧失了土地行政的能力，土地行政的主体已经转移为"村集体"行政村。中国大陆的基本土地制度虽然是"公有制"，但不论是共产党建政前在根据地进行的土地革命，还是20世纪50年代初进行的土地改革，甚至包括80年代的"分田到户"，土地面积的再分配基准，都无一例外地以"人口"或"劳动力"等"个体"为基本单位。由于这些在"家"之下的"个体"单位并不具有以"家"为分配单位那样的稳定性，在50年代互助合作化之前的土地"私有自用"时期，以及80年代以来的土地"公有私用"时期，大陆的农村必须随着各家庭人口的变动而不断调整土地的

---

① 松沢裕作：《町村合併から生まれた日本近代：明治の経験》，講談社2013年版，第45—47頁。

② "惣"和"总"同义，意为"所有，全部，全体"。"惣村"则有以村民意志的总体（合意）为基础经营地方社会之意。平安、镰仓时代的贵族统治层，是以起源于奈良时代垦田的庄园为经济基础的。到了室町时代，贵族统治结构松动、庄园开始解体，作为行政区划的"乡"也变得有名无实。从13世纪末开始，以自然集落的共同生活圈为单位的农民自治组织开始萌芽，被称为"惣"。"惣"的集会成为最高决议机关，可以组织村民武力抵抗来自上级领主和外部的掠夺和压迫。"惣村"的集会代表者被称为"惣代"。为了对抗领主支配，若干自然村落会形成"惣"的联合体，称为"惣结合"。"惣"的抵抗力的存在，暗示了其内部自生性互助组织的存在。

分配。只有调整土地，才能确保每个村庄成员都有田可种，而不至于成为"无地农民"。50年代中期的农业合作化运动以来，直至80年代人民公社解体之后，农村地区建立的限制农地买卖和农地转用的"集体所有制"，在这一点上正是起到了与日本的"村"相似的作用：通过类似于"总有"的"集体所有"，限制了土地的自由买卖和"完全私有"。耕作空间的"浑沌"，保障了农村社会的平衡和稳定。

村民间的土地流动本身，可以看作周期较长的"互酬现象"。对"互酬"的保障与对"再分配"的保障相互强化，为土地耕作空间之"浑沌"的存立提供了经济制度的外部环境。而土地空间利益配置的再分配，就成为农田水利空间的"浑沌"得以形成的前提。在肇始于大水利建设运动的"大跃进"运动中，为了向水利工程统一调配必要的劳动力、资材和资金，若干合作社被合并，最后成长为人民公社——这一过程就应放在农业集体化以及调动和再分配共有资源的延长线上去理解。

此外，"共"的互惠观念又更多地与熟人社会的私人关系和情感结合在一起。在帮工互助、赠与等基于"共"的交换关系中创造或得到的价值是无法精确计算的。因此，"共"还成了营造价值计算之"浑沌"的生长环境的经济约束。

第三节　逃离"浑沌"？中日比较视野下中国农村基层治理的未来走向

本书集中探讨了中国农村基层治理的反边界特点，其隐喻式的表达就是"浑沌"。20世纪80年代以来中央政府提出的一系列治理方式规范化的方案和政策，可以说正是旨在寻求中国农村基层治理脱离"浑沌"的道路。当然，从结果上看，这些本质上是对治理进行"边界化"操作的方案，在国家目标对地方目标的控制和压力型体制的传导下，只是让基层治理陷入了重重困境，最后基层的行政主体还是不得不靠规避规范和复生"浑沌"，使自身暂时摆脱困境。在此我们应该反思的是，在当前的形势下，中国农村基层治理真的需要脱离"浑沌"吗？如果中国农村基层治理真要脱离"浑沌"，这种脱离在什么样的阶段才能够发生？

在反思中国的治理问题时，我们不妨比较一下日本的情况。当然，拿泡沫经济破裂之后的日本与还处于快速城镇化阶段的中国比，是不合适的。与中国的情况较有比较可能性的历史阶段，笔者认为是日本的幕末和明治时期，以及被日本称为"土建国家"的20世纪50年代中期到70年代初这段经济高速成长期。提起日本，大多数中国人都会有"按照定好的规矩老老实实办事"的印象。然而，在社会处于剧烈的转型和变动的时期，其实日本也与中国一样，在基层治理方面到处存在着"浑沌"。

首先，国家目标对地方社会目标的控制问题。明治维新以来，日本政府借鉴了不少西方的政治组织原则来改造日本的行政体制。明治政府的组织机构设置，也是从三职制的三职七科制到三职八局制，再经历了太政官制的七官制、二官六省制、三院制，最后才进化到内阁制度。在中央政府官制变迁的同时，中央与地方的关系也几经调整。

按照江户时代的农村惯习，在百姓拥有向领主上纳年贡的义务及连带责任的"村请制"下，村役人是村庄这个类似"法人"的团体的"法人代表"，当然需要代表村庄住民的个别利益。在"大区小区制"中的区户长，延续的就是村请制下村役人的职能。村民都希望"一町村一户长"，但中央政府更希望户长能够切断与其出生地的关联，代表更抽象"县下一般"利益，因而试图推行"联合町村制"，进行了"明治十七年改革"。代表"一般利益"的"国民意志"一经确定，就意味着不能顾及甚至要损害每一个具体的、个别的"特殊利益"。而明治政府最终选择的是禁止"命令委任"①的"国民主权"理念，因此日本各地也出现了村民反对某项工程，而最终这项工程还

---

① 在法国的宪法学语境中，所谓"人民"，是指具体的人类集团。在"人民主权"下，选民与选出的议员之间存在的是"命令委任"。"命令委任"其实在法国大革命之前的身份制议会中被视为理所当然的选举原理。身份制议会中，代表者代表将他们选举出来的各个选出母体，这些选出母体都是被称为"××州贵族团"的身份集团。正由于代表者代表这些身份集团，代表者在议会场上的表现就必须对这些选出集团的个别性利害负责，成为他们的"提线木偶"。在"命令委任"的关系下，议员在被选出母体选出的同时，其在议会中对个别法案的赞成或反对就已经被决定了。如果议员违反了选出母体的期待，选出母体就可以召回议员，将其解职。参见杉原泰雄《国民主権の研究》，岩波书店1971年版。

是被强制建设的诸多事件。① 户长役场制度下的联合户长，由于并不站在反对公共建设的个别利益主体的立场行动，而是站在"社会全体利益"的立场行动②，联合户长就在拥护公共建设的国家意志的前提下，起着对个别利益主体进行说服教育的缓冲作用，并在不得已的情况下选择忽视个别利益，强制执行工程方案。这与以"为人民长远利益考虑"为名而要求人民"暂时放弃眼前利益"的中国部分地方政府的逻辑如出一辙。中央政府的意志就是"国民目标"，就是国家目标，并且急欲控制和同化各种具体的地方社会目标。

不管是在战前还是战后，日本的官僚制一直延续着对社会的干涉主义的（paternal）介入方式。在与现代"法支配"不同的维度上，官僚制通过行政指导等特殊的方法，让社会接受官僚集团自己的意志。③

虽然战后的《日本国宪法》规定日本施行的是"议院内阁制"，原则上任何公共政策的提案发起和建设项目的制定，都应该来自代表民众意志的各级地方议会，然而事实上将日本引向"土建国家"的轨道的，却是官僚集团。大型公共事业的最终决定者，全部是"阁议"。原本"阁议"应该是由国民选举的政治家，即以内阁总理大臣为中心的大臣，在充分讨论之后，形成一个国家的最高方针。然而在"土建国家"时期，日本政府"阁议"的作用只不过是追认前日召开的"事务次官会议"的决定。而"事务次官"则是官僚势力的最高层领导。知事、议会，以及相关的市町村全都抱作一团，将大型公共事业的推进运动进行下去。议会系统变成了只会进行"协力决议"的全员协议会，地方自治被架空。④ 在官僚行政将"土建国家"的国家意志通过"机关委任事务"的方式强制在地方

---

① 有泉贞夫：《明治政治史の基礎過程》，吉川弘文館 1980 年版。

② 松沢裕作：《町村合併から生まれた日本近代：明治の経験》，講談社 2013 年版。

③ 辻清明：《日本官僚制の研究》，東京大学出版会 1969 年版；村松岐夫：《戦後日本の官僚制》，東洋経済新報社 1981 年版；山口二郎：《一党支配体制の崩壊》，岩波書店 1989 年版。

④ 五十嵐敬喜、小川明雄：《公共事業のしくみ いっきにわかる「日本病」の本質と問題点》，東洋経済新報社 1999 年版。

社会推行下去，开展各种大型公共事业的情况下，民众成了与公共事业的构想和规划毫无关系的一群人，他们无法选择和改变公共事业建设的实施方案。议会系统就成了官僚机器命令控制下的附庸，发挥着仅有的一点与民众进行协商的作用，协商不成就被行政系统强制执行。在经济方面，官僚制最大的贡献是铺平了日本从经济复兴到高度成长的道路。20世纪50年代，是政党和政治家倾注精力围绕战后体制展开意识形态对决的时期。在这一时期，官僚制以一种远离政争的姿态，从事政策立案。被称为"55年体制"的自民党一党支配，对于官僚制在经济成长政策规划中的合法性维持，起着保驾护航的作用。①

不论是明治时期联合户长和明治政府的关系，还是战后经济高速成长期议会系统和行政官僚系统的关系，都非常类似中国基层治理主体中的乡镇干部和村干部自身所兼具的协商功能和强制执行功能统合并用的特点。只不过在中国基层干部中有可能由一人完成的角色转换，在日本分成了联合户长和明治政府，或者议会系统和行政官僚系统。但如果以公共事业推进等具体工作内容为单位来考察，就会发现中国和日本的工作方式极其类似，都是在国家目标对地方社会目标的控制下，在民众面前表现出"浑沌"的角色功能，从而对民众"软硬兼施"，继而迅速开展公共建设，或完成工作任务。

其次，在社会总体能够平稳运行、200多年没有出现大的战乱和动荡的江户时代，日本农村也是熟人社会，并且村民对"公"和"共"的观念有着高度的认同。比起经过明治大合并、昭和大合并、平成大合并而形成的现在的日本地方自治体，江户时代的村（自然村，被称为"大字"）的规模要小得多。18—19世纪平均的村庄规模为户数60—70户、人口400人左右。因此，村庄里人与人之间的连带要比今日强得多，他们也是"抬头不见低头见"。除了农业生产以外，包括冠婚葬祭在内的整个日常生活都是在村民的相互帮助以及相互约束之下完成的。所以，江户时代的村也被称为"村落共同体"。②

---

① 佐々木毅、鶴見俊輔等：《戦後史大事典（1945—2004）》（増補新版），三省堂2005年版，第152—153页，"官僚制"。

② 渡辺尚志：《百姓たちの幕末維新》，草思社2012年版，第23页。

在这样的共同体之中，"村"这个团体就直接参与到作为百姓基本经营体的各个"家"的生产生活之中。一方面，村限制单个的百姓（一种对在村内被赋予成员资格的家或其家长的身份称呼）自由处分土地；另一方面，当单个百姓的经营濒临破产时，村会积极发挥保护作用。在作为再分配原则的"公"与作为互惠原则的"共"的观念支配下，村庄在每个百姓对土地的日常性支配背后，对土地有着潜在的支配权力。在这种环境之下，江户时代的村才有可能生长出具有"浑沌"特征的"割地制"和"无年季型质地请戾惯行"。所谓"割地制"，类似于当代中国农村不时出现的"土地调整"。而"无年季型质地请戾惯行"，即百姓为了借贷而将土地抵压给他人，经过一段时间后再把该土地赎回。按照现代的法律和严格的契约限定，如果超过赎回期限却没有能力还清借款，土地等担保物件的所有权就理应转移到他人手上。然而，江户时代的"无年季型"，即指不规定借款清偿的期限。更应注意的是，即使当初设定了借款清偿期限，如果超过了清偿期限，土地等担保物件的所有权转移到他人手里即使已经经过了 10 年、20 年，甚至是 100 年，只要这个百姓有了赎回土地的能力，他还是能够将土地用原额赎回来。[1] 当然，如果抵压土地的中小百姓与接收土地的上层百姓一对一交涉，过了借款清偿期限后，中小百姓是很难要回土地的。但"质地请戾惯行"成为村庄中一种无形的规矩，使接受土地抵压的上层百姓的行为关乎他在村庄中的名誉和声望。这种行为意义的"浑沌"，使该惯行发挥了救济经济弱者、抑制贫富差距扩大的作用，并约束了上层百姓对私利的追求。

以上现象反映出百姓对土地的所有是相对的，非常类似于当代中国的土地集体所有，并且表现出了土地耕种空间的"浑沌"。因此，对于江户时代的百姓而言，用水问题虽然至关重要，但"水路的地盘是谁的"却从来不是值得关心的问题。

不过，明治维新以后政府施行的不少新政策，也和 20 世纪 80 年代以后中国政府自上而下实施的政策一样，对原先村庄中的"浑沌"起着边界化的效果。1873 年明治政府施行的"地租改正"政策就是

---

① 白川部達夫：《日本近世の村と百姓的世界》，校倉書房 1994 年版。

这样一个例子。地租改正试图明确村内用水路的地盘所有权，由此也引发了一些村庄内的纠纷和对立，这与当代中国施行土地确权所引发的社会后果及其逻辑非常相似。根据"地租改正"的原则，水路的占地属于官有地。而此前已有不少村民在水路上铺上石板盖，在水路的占地空间内建房。处于水路下游的农户担心房屋内的水路会漏水而又不方便维修，导致下游的用水量减少，因而支持"地租改正"所申明的原则，要求在水路上建房的村民撤掉石板盖、拆除房屋。[①] 由村民组成的地租改正掛（由村民选出的地租改正实务担当者）参与了纠纷的调解和仲裁。他们遵从江户时代以来在村庄中延续的"以和为贵"的妥协性调解原则，在确认用水路占地属于官有的同时，又允许在水路上铺设石板盖并建房的村民维持既存状态，只是不允许他们再继续新增设置，并要求他们注意配合对水路的修理和维护，确保水路没有漏水问题。这种调解方案使水路的公有性质与房屋的私有性质融合在一起。房屋主人的行为被赋予了公的义务和责任，权利受到限制，但仍然承认既存的私有状态。

在"质地请戾惯行"以及关于对"地租改正"政策实施后出现的纠纷调解的事例中，有一个共同的特征，就是实际对"质地"和"用水路占地"的操作过程，并没有原原本本地按照事先约定的契约或者政策文本的要求进行。"年季"是对时间的边界化，"地租改正"对用水路的官有地设定是对空间的边界化。然而，这些原则上的边界最终都让位于村庄共同体中所具有的"浑沌"，包括行为意义的"浑沌"和空间的"浑沌"。

同样，明治初期的水产行政在实施了导致旧惯崩溃的"海面借区制"仅仅一年之后，就立刻被废止。在"旧惯尊重"的方针之下，政策开始积极参照各地的旧惯而施行。在鲑鱼捕捞方面，当地原本仍存在对河口部禁渔期和禁渔区的共同体规定，这一规定保证了上下游村庄以及邻村间渔获量的均衡。明治政府重新沿袭并活用了这一共同体的旧惯，将传统社会存在的"防止人际冲突和矛盾"的社会目标

---

① 参见神奈川县大住郡上粕屋村（现伊势原市）的事例，见于渡边尚志《百姓たちの幕末维新》，草思社 2012 年版，第 310—314 页。

积极导向"繁育鲑鱼"这一与国家利益相关的所谓"资源保全"的国家目标上去，由此表现出一次巨大的思想转换。[①]

要言之，日本的情况也同样符合笔者所论证的规律，即国家目标对地方社会目标的有效控制、熟人社会的存在，以及村民对"公"与"共"的认知观念，就形成了一个创造"浑沌"的环境。在这种环境下，最有智慧的做法，是理解并维护好"浑沌"的存在。因为试图用从环境之外而来的人为手段来规范和限制"浑沌"的行为，终究都是徒劳的。何况"浑沌"并非一种纯然的"恶"，它的存在，带来了江户时代长达200多年的社会安定（包括"浑沌"对饥荒和百姓暴动的积极应对）、明治维新后日本快速的近代化建设，以及战后经济的高速成长。

当然，如今的日本，乍看上去已经建立起细密周全的法制体系，议会制民主政治也在呼唤政党优位原则。在2000年，经过地方自治法的修正，机关委任事务也被废止，国家与地方关系逐渐从"上下"与"主从"走向"对等"与"协作"。但这一切，都是发生在日本城市化建设已经结束、经济高速成长的时代已经过去、村庄熟人社会基本解体、私有制观念深入人心的环境之下。这些环境的形成，是社会自然发展和演化的结果，而并非由行政命令或政策所造成。在这种环境之下，社会自然就会逐渐脱离"浑沌"状态。

笔者认为中国至少在目前以及相当长的一个时期内，农村基层治理还无法脱离"浑沌"，相反需要借力"浑沌"所带来的积极功能。正如中村则弘所指出的那样，对"浑沌"的积极承认，即对随机应变的态度、复眼式视点的重要性的积极承认，是发挥创造性探索和开辟新时代的不可或缺的重要方面。[②]

当然，笔者并非简单地全面否定"规范化"的功能，或者无前提地将"浑沌"视为一种有益的治理状态。"浑沌"显然也会招致一些

---

① 菅豊：《川は誰のものか：人と環境の民俗学》，吉川弘文館2006年版，第103—104、120、131頁。

② 中村則弘：《渾沌と社会変動——中国にみる担い手の生活指針から》，載中村則弘編《脱オリエンタリズムと中国文化——新たな社会の構想を求めて》，明石書店2008年版，第195—224頁。

问题，比如税费征收方面的软硬兼施策略，就有可能侵犯村民的利益，又如在纠纷调解中诉诸地方规则，也有可能导致纠纷解决方式偏袒有势力的姓氏集团，使解决过程未必公平。"浑沌"的存在背后的不规则性和随意性有可能引发负面效果，正是政府屡次强调治理能力的现代化和治理方式的规范化的原因之一。然而现实却并未如想象的那么简单。只要行政目标、财政需要、一线职员等对"浑沌"的功能有所需求的行政主体依然存在，"浑沌"就不可能彻底消失。

　　脱离"浑沌"应该是一个自然达成的结果，而不应是一个要用各种行政手段去人为促成的目的本身。那么，是不是说只要中国的城市化完结、熟人社会基本解体、公有制彻底形式化，中国社会就一定会脱离"浑沌"呢？其实也未必。即使在日本这种规范化的制度文明已经发展相当成熟的社会，"浑沌"依然存在于民事裁判、性风俗业治理等领域，"浑沌"并没有走向终结。这是因为，基层社会永远存在细小琐碎、流动不定、难以被识别和分类的剩余事务，这是规范化的治理体系以其技术和标准难以回应和有效吸纳的。那么反过来想，我们的基层治理真的有必要追求一种彻底脱离"浑沌"的状态吗？其实日本和一些西方社会，近年来已经逐渐意识到国家治理的主要目标并不是改造基层社会，让基层社会去适应一个理想化的政治体制和秩序，而是将国家政权定位于如何适应基层社会，提升自身对社会公共需求的回应能力。因此，这些国家又开始呼唤制度的人格化和政府的弹性化，呼唤"浑沌"在一些制度化领域的复生。究竟应该倾向于规范化还是"浑沌"状态，迈向现代化的人类社会和国家政府一直在寻求有效的平衡点，而这种精妙的平衡既是治理的艺术，又是治理的技术。它没有固定的模式，需要我们不断深入一线治理现场，在丰富的治理实践中发现规律、寻找答案。

参考文献

一 中文文献

（一）著作

马克思：《资本论》第 3 卷，人民出版社 2004 年版。

《毛泽东选集》第 3 卷，人民出版社 1991 年版。

《邓小平文选》第 3 卷，人民出版社 1992 年版。

《戚本禹回忆录》，中国文史出版社 2016 年版。

狄金华：《被困的治理：河镇的复合治理与农户策略（1980—2009）》，生活·读书·新知三联书店 2015 年版。

丁卫：《秦窑法庭：基层司法的实践逻辑》，生活·读书·新知三联书店 2014 年版。

董磊明：《宋村的调解：巨变时代的权威与秩序》，法律出版社 2008 年版。

杜润生：《杜润生自述——中国农村体制变革重大决策纪实》，人民出版社 2005 年版。

费孝通：《乡土中国 生育制度》，北京大学出版社 1998 年版。

郭亮：《走出祖荫：赣南村治模式研究》，山东人民出版社 2009 年版。

贺雪峰：《城市化的中国道路》，东方出版社 2014 年版。

黄宗智：《清代的法律、社会与文化：民法的表达与实践》，上海书店出版社 2001 年版。

黄宗智主编：《中国乡村研究》（第五辑），福建教育出版社 2007 年版。

黄宗智主编：《中国研究的范式问题讨论》，社会科学文献出版社

2003 年版。

蒋省三、刘守英、李青：《中国土地政策改革：政策演进与地方实施》，上海三联书店 2010 年版。

李怀印：《华北村治——晚清和民国时期的国家与乡村》，中华书局 2008 年版。

李茂岚编：《中国农民负担问题研究》，山西经济出版社 1996 年版。

罗兴佐：《治水：国家介入与农民合作——荆门五村农田水利研究》，湖北人民出版社 2006 年版。

清华大学社会学系：《清华社会学评论》，鹭江出版社 2000 年版。

荣敬本、崔之元等：《从压力型体制向民主合作制的转变：县乡两级政治体制改革》，中央编译出版社 1998 年版。

苏力：《法治及其本土资源》，中国政法大学出版社 1996 年版。

苏力：《送法下乡——中国基层司法制度研究》，中国政法大学出版社 2000 年版。

孙立平：《断裂：20 世纪 90 年代以来的中国社会》，社会科学文献出版社 2003 年版。

王晓毅、朱成堡：《中国乡村的民营企业与家族经济》，山西出版社 1996 年版。

吴毅：《小镇喧嚣》，生活·读书·新知三联书店 2007 年版。

吴重庆：《无主体熟人社会及社会重建》，社会科学文献出版社 2014 年版。

俞可平：《治理与善治》，社会科学文献出版社 2000 年版。

张静：《现代公共规则与乡村社会》，上海书店出版社 2006 年版。

赵阳：《共有与私用：中国农地产权制度的经济学分析》，生活·读书·新知三联书店 2007 年版。

中共冀鲁豫边区党史工作组财经组：《财经工作资料选编（上册）》，山东大学出版社 1989 年版。

周其仁：《城乡中国》（下册），中信出版社 2014 年版。

邹谠：《二十世纪中国政治》，牛津大学出版社 1994 年版。

［德］马克斯·韦伯：《韦伯作品集Ⅲ：支配社会学》，康乐、简惠美译，广西师范大学出版社 2004 年版。

［美］埃德加·博登海默：《法理学——法哲学及其方法》，华夏出版社 1987 年版。

［美］奥斯特罗姆、埃莉诺、罗伊·加德纳、詹姆斯·沃克：《规则、博弈与公共池塘资源》，王巧玲、任睿译，陕西人民出版社 2011 年版。

［美］弗朗西斯·福山：《国家构建：21 世纪的国家治理与世界秩序》，黄胜强、许铭原译，中国社会科学出版社 2007 年版。

［美］乔尔·S. 米格代尔：《社会中的国家》，李杨、郭一聪译，江苏人民出版社 2013 年版。

［美］乔治·莱考夫、马克·约翰：《我们赖以生存的隐喻》，何文忠译，浙江大学出版社 2015 年版。

［美］唐纳德·J. 布莱克：《法律的运作行为》，中国政法大学出版社 2004 年版。

［美］詹姆斯·斯科特：《弱者的武器》，郑广怀等译，译林出版社 2007 年版。

［日］田原史起：《日本视野中的中国农村精英：关系、团结、三农政治》，山东人民出版社 2012 年版。

［英］阿尔弗雷德·马歇尔：《经济学原理》（上、下卷），陈良璧译，商务印书馆 2010 年版。

［英］安东尼·吉登斯：《民族、国家与暴力》，胡宗泽等译，生活·读书·新知三联书店 1998 年版。

［英］威廉·配第：《配第经济著作选集》，陈东野译，商务印书馆 1981 年版。

［英］亚当·斯密《国民财富的性质和原因的研究》（上），郭大力、王亚南译，商务印书馆 1972 年版。

（二）期刊

蔡益群、曾淑华：《道德治理：中国政府治理的结构性趋势及其双重影响》，《江西师范大学学报》（哲学社会科学版）2014 年第 2 期。

曹正汉：《中国上下分治的治理体制及其稳定机制》，《社会学研究》2011 年第 1 期。

陈柏峰：《土地发展权的理论基础与制度前景》，《法学研究》2012 年第 4 期。

陈柏峰：《无理上访与基层法治》，《中外法学》2011 年第 2 期。

陈柏峰：《中国农村的市场化发展与中间阶层：赣南车头镇调查》，《开放时代》2012 年第 3 期。

陈柏峰、董磊明：《治理论还是法治论——当代中国乡村司法的理论建构》，《法学研究》2010 年第 5 期。

陈赟：《"浑沌之死"与"轴心时代"中国思想的基本问题》，《中山大学学报》（社会科学版）2010 年第 6 期。

邓小平：《改革科技体制是为了解放生产力》，《体育科学》1985 年第 2 期。

狄金华、钟涨宝：《变迁中的基层治理资源及其治理绩效：基于鄂西南河村黑地的分析》，《社会》2014 年第 1 期。

狄金华、钟涨宝：《从主体到规则的转向——中国传统农村的基层治理研究》，《社会学研究》2014 年第 5 期。

樊红敏：《政治行政化：县域治理的结构化逻辑——一把手日常行为的视角》，《经济社会体制比较》2013 年第 1 期。

范愉：《调解的重构（上）——以法院调解的改革为重点》，《法制与社会发展》2004 年第 2 期。

冯川：《如何理解贫困：日本贫困研究视野下的省思》，《中国农业大学学报》（社会科学版）2020 年第 6 期。

冯川：《中国农村基层治理的"浑沌"及其实践形态研究——反思治理方式规范化的一个视角》，《社会科学》2021 年第 2 期。

冯川：《中国农村基层治理的困境与"浑沌"的治理逻辑》，《南京农业大学学报》（社会科学版）2019 年第 5 期。

冯川：《中国农村土地使用现场的制度生成机制——基于隐性知识与形式知识的交汇》，《北京工业大学学报》（社会科学版）2020 年第 4 期。

冯仕政：《国家政权建设与新中国信访制度的形成及演变》，《社会学研究》2012 年第 4 期。

冯小：《宅基地权属观念的地方性建构——基于皖北 S 村宅基地制度实践的分析》，《西北农林科技大学学报》（社会科学版）2014 年第 5 期。

耿羽：《从征地看当前农民的土地变现观念——基于广东崖口村"卖
地"事件的考察》，《南京农业大学学报》（社会科学版）2011 年
第 4 期。

郭亮：《被塑造的产权——兼论 30 年不变的土地承包政策》，《学习
与探索》2010 年第 2 期。

郭亮：《从"救济"到"治理手段"——当前农村低保政策的实践分
析：以河南 F 县 C 镇为例》，《中共宁波市委党校学报》2009 年第
6 期。

郭亮：《论农田水利的社会与组织基础——豫南 Y 镇农田水利调查》，
《中共宁波市委党校学报》2011 年第 2 期。

韩鹏云、刘祖云：《农村"一事一议"制度变迁：理论内涵及路径创
新》，《山东农业大学学报》（社会科学版）2012 年第 2 期。

贺雪峰：《村级负债是怎样产生的?》，《中国老区建设》2005 年第
4 期。

贺雪峰：《地利共享是中国土地制度的核心》，《学习与实践》2012
年第 6 期。

贺雪峰：《论利益密集型农村地区的治理——以河南周口市郊农村调
研为讨论基础》，《政治学研究》2011 年第 6 期。

贺雪峰：《论土地资源与土地价值——当前土地制度改革的几个重大
问题》，《国家行政学院学报》2015 年第 3 期。

贺雪峰：《取消农业税后农村的阶层及其分析》，《社会科学》2011 年
第 3 期。

贺雪峰：《缺乏分层与缺失记忆型村庄的权力结构——关于村庄性质
的一项内部考察》，《社会学研究》2001 年第 2 期。

贺雪峰：《行政体制中的责权利层级不对称问题》，《云南行政学院学
报》2015 年第 4 期。

贺雪峰、刘金志：《对农村土地承包期的思考》，《广东社会科学》
2009 年第 4 期。

贺雪峰、王习明：《村组干部的更替与报酬——湖北 J 市调查》，《北
京行政学院学报》2002 年第 2 期。

贺雪峰、王习明：《论消极行政——兼论减轻农民负担的治本之策》，《浙江学刊》2002 年第 6 期。

胡兰玲：《土地发展权论》，《河北法学》2002 年第 2 期。

黄鹏进：《农村土地产权认知的三重维度及其内在冲突——理解当前农村地权冲突的一个中层视角》，《中国农村观察》2014 年第 6 期。

黄晓春、嵇欣：《技术治理的极限及其超越》，《社会科学》2016 年第 11 期。

焦长权：《土地财政不等于“涨价归公”——从贺雪峰〈地权的逻辑Ⅱ〉出发》，《文化纵横》2014 年第 5 期。

焦俊峰：《犯罪控制中的治理理论》，《国家检察官学院学报》2010 年第 2 期。

科大卫：《国家与礼仪：宋至清中叶珠江三角洲地方社会的国家认同》，《中山大学学报》1999 年第 5 期。

林辉煌：《“治理性缺水”与基层组织建设——基于湖北沙洋县的调查》，《经济与管理研究》2011 年第 9 期。

林辉煌：《江汉平原的农民流动与阶层分化：1981—2010——以湖北曙光村为考察对象》，《开放时代》2012 年第 3 期。

凌斌：《科层法治的实践悖论：行政执法化批判》，《开放时代》2011 年第 12 期。

刘俊：《土地所有权权利结构重构》，《现代法学》2006 年第 3 期。

刘磊、王会：《谋利空间的形成：对城管违建执法困境的分析》，《华中科技大学学报》（社会科学版）2015 年第 4 期。

刘燕舞：《反思湄潭土地试验经验——基于贵州鸣村的个案研究》，《学习与实践》2009 年第 6 期。

刘燕舞、桂华：《论自己人纠纷与外人纠纷》，《周口师范学院学报》2011 年第 1 期。

刘永谋：《技术治理、反治理与再治理：以智能治理为例》，《云南社会科学》2019 年第 2 期。

陆益龙：《纠纷解决的法社会学研究：问题及范式》，《湖南社会科学》2009 年第 1 期。

吕德文：《简约治理与隐蔽的乡村治理：一个理论述评》，《社会科学论坛》2010 年第 8 期。

吕德文：《林权改革的历史与现实》，《调研世界》2009 年第 1 期。

吕德文：《中心工作与国家政策执行——基于 F 县农村税费改革过程的分析》，《中国行政管理》2012 年第 6 期。

罗兴佐：《体制精英的半官僚化与村庄选举》，《北京行政学院学报》2004 年第 3 期。

罗兴佐、贺雪峰：《论乡村水利的社会基础——以荆门农田水利调查为例》，《开放时代》2004 年第 2 期。

罗兴佐、贺雪峰：《取消农业税后农村水利供给的制度设计及其困境》，《中国农村水利水电》2008 年第 4 期。

罗兴佐、王琼：《"一事一议"难题与农田水利供给困境》，《调研世界》2006 年第 4 期。

马强、姜丽美：《我国推行农村低保制度的障碍与对策》，《农村经济与科技》2005 年第 11 期。

欧阳静：《"维控型"政权：多重结构中的乡镇政权特性》，《社会》2011 年第 3 期。

欧阳静：《论基层运动型治理——兼与周雪光等商榷》，《开放时代》2014 年第 6 期。

欧阳静：《运作于压力型科层制与乡土社会之间的乡镇政权：以桔镇为研究对象》，《社会》2009 年第 5 期。

彭亚平：《技术治理的悖论：一项民意调查的政治过程及其结果》，《社会》2018 年第 3 期。

齐介仑：《农地权属的交锋》，《财经文摘》2008 年第 7 期。

申云、朱述斌、邓莹、腾琳艳、赵嵘嵘：《农地使用权流转价格的影响因素分析》，《中国农村观察》2012 年第 3 期。

唐钧：《城乡低保制度：历史、现状与前瞻》，《红旗文稿》2005 年第 18 期。

田先红：《乡镇司法所纠纷解决机制的变化及其原因探析》，《当代法学》2010 年第 5 期。

田先红、陈玲：《地租怎样确定——土地流转价格形成机制的社会学分析》，《中国农村观察》2013 年第 6 期。

田先红、陈玲：《农田水利的三种模式比较及启示——以湖北省荆门市新贺泵站为例》，《南京农业大学学报》（社会科学版）2012 年第 1 期。

王宾、赵阳：《农业税费改革对中西部乡镇财力影响的实证研究——基于 4 省 8 县抽样调查数据的分析》，《管理世界》2006 年第 11 期。

王汉生、刘世定、孙立平：《作为制度运作和制度变迁方式的变通》，《中国社会科学季刊》1997 年第 21 期。

王汉生、王一鸽：《目标管理责任制：农村基层政权的实践逻辑》，《社会学研究》2009 年第 2 期。

王绍光：《国家治理与基础性国家能力》，《华中科技大学学报》2014 年第 3 期。

吴晓林：《治权统合、服务下沉与选择性参与：改革开放四十年城市社区治理的"复合结构"》，《中国行政管理》2019 年第 7 期。

吴英资：《法院调停的"复兴"与未来》，《法制与社会发展》2007 年第 3 期。

肖瑛：《从"国家与社会"到"制度与生活"：中国社会变迁研究的视角转换》，《中国社会科学》2014 年第 9 期。

杨华：《"中农"阶层：当前农村社会的中间阶层》，《开放时代》2012 年第 3 期。

杨善华：《改革以来中国社会结构的变迁》，《中国社会科学》1994 年第 2 期。

杨雪冬：《近 30 年中国地方政府的改革与变化：治理的视角》，《社会科学》2008 年第 12 期。

杨志军：《当代中国政府"运动式"治理模式的解释与反思》，《当代中国政治研究报告》2012 年。

姚玲：《法院调解应予摈弃》，《中国司法》2000 年第 4 期。

叶敬忠：《留守女性的发展贡献与新时代成果共享》，《妇女研究论丛》2018 年第 1 期。

印子：《低保政策实践偏差形成变量的两种类型——兼评公共政策执行"农民参与"理论》，《中共宁波市委党校学报》2014 年第 1 期。

印子：《职业村干部群体与基层治理程式化——来自上海远郊农村的

田野经验》，《南京农业大学学报》（社会科学版）2017 年第 2 期。

于龙刚：《乡村社会警察执法"合作与冲突"二元格局及其解释》，《环球法律评论》2015 年第 5 期。

张晋红：《法院调解的立法价值探究——兼评法院调解的两种改良观点》，《法学研究》1998 年第 5 期。

张现洪：《技术治理与治理技术的悖论与迷思》，《浙江学刊》2019 年第 1 期。

张晓山、国鲁来：《改革以来中国农村经济集体所有制有效实现形式探析》，《管理世界》1998 年第 3 期。

赵晓峰：《"被束缚的村庄"：单向度的国家基础权力发展困境》，《学习与实践》2011 年第 11 期。

赵晓峰：《"行政消解自治"：理解税改前后乡村治理性危机的一个视角》，《长白学刊》2011 年第 1 期。

赵晓峰：《农村土地流转中出现的问题》，《改革内参》2008 年第 32 期。

赵晓峰、刘涛：《农民公平观念与乡村治理性危机的关联》，《调研世界》2009 年第 7 期。

赵阳：《对农地再分配制度的重新认识》，《中国农村观察》2004 年第 4 期。

周飞舟：《分税制十年：制度及其影响》，《中国社会科学》2006 年第 6 期。

周飞舟、吴柳财、左雯敏等：《从工业城镇化、土地城镇化到人口城镇化：中国特色城镇化道路的社会学考察》，《社会发展研究》2018 年第 1 期。

周飞舟、赵阳：《剖析农村公共财政：乡镇财政的困境和成因——对中西部地区乡镇财政的案例研究》，《中国农村观察》2003 年第 4 期。

周黎安：《行政发包的组织边界——兼论"官吏分途"与"层级分流"现象》，《社会》2016 年第 1 期。

周黎安：《中国地方官员（干部）的晋升锦标赛模式研究》，《经济研究》2007 年第 7 期。

周雪光：《从"黄宗羲定律"到帝国的逻辑：中国国家治理逻辑的历史线索》，《开放时代》2014 年第 4 期。

周雪光：《国家治理逻辑与中国官僚体制：一个韦伯理论视角》，《开放时代》2013 年第 3 期。

周雪光：《权威体制与有效治理：当代中国国家治理的制度逻辑》，《开放时代》2011 年第 10 期。

周雪光：《运动型治理机制：中国国家治理的制度逻辑再思考》，《开放时代》2012 年第 9 期。

周雪光、练宏：《中国政府的治理模式：一个"控制权"理论》，《社会学研究》2012 年第 5 期。

周原：《建设工程项目委托审计道德风险成因及防范》，《华中农业大学学报》（社会科学版）2013 年第 6 期。

（三）报纸

孙立平：《消除"不稳定幻象"》，《经济观察报》2008 年 1 月 7 日。

吴鹏：《去年全国卖地 2.7 万亿元》，《新京报》2011 年 1 月 8 日第 A04 版。

赵新社：《农村税费制度为何要改》，《中国经济时报》1998 年 12 月 3 日。

外文文献

（一）英文文献

Anderson, Charles W., *Politics and Economic Change in Latin America*: *The Governing of Restless Nations*, New Jersey: D. Van Nostrand, 1967.

Aoki Masahiko and Wu Jinglian, eds., *The Chinese Economy*: *A New Transition*, IEA Conference, Basing Stroke: Palgrave Macmillan, Vol. IV, No. 150, 2012.

Arato, Andrew, "Cilvil Society against the State: Poland 1980 – 1981", *Telos*, Vol. 47, 1981.

Arato, Andrew, "Empire vs Civil Society: Poland 1981 – 1982", *Telos*, Vol. 50, 1982.

Bayart, Ellis, and Hibou, *The Criminalization of the State in Africa*, Indiana: Indiana University Press, 2009.

Berger, Suzanne, *Peasants Against Politics: Rural Organization in Brittany 1911 – 1967*, Cambridge, M. A.: Harvard University Press, 1972.

Black, Donald, *Police Encounters and Social Organization: an Observation Study*, A Dissertation for the Degree of PHD in the University of Michigan, 1968.

Blundo, Giorgio, "Dealing with the Local State: The Informal Privatization of Street-Level Bureaucracies in Senegal", *Development and Change*, Vol. 37, No. 4, 2006.

Brown, Lester R., *Who will Feed China? Wake-up Call for a Small Planet*, New York: W. W. Norton, 1995.

Certeau, Michel, *The Practice of Everyday Life*, Berkeley: University of California Press, 1984.

C. Michael and R. H. Meckling, "Theory of the Firm: Managerial Behavior, Agency Costs, and Ownership Structure", *Journal of Financial Economics*, Vol. 3, 1976.

Duara, Prasenjit, *Culture, Power, and the State: Rural North China, 1900 – 1942*, California: Stanford University Press, 1988.

Evans, Peter: *Embedded Autonomy: States and Industrial Transformation*, New Jersey: Princeton University Press, 1995.

Felstiner, William, R. Abel and A. Sarat, *The Emergence and Transformation of Disputes: Naming, Blaming, Claiming*, Law and Society Review, No. 15, 1980.

Frankel, Francine R., *India's Political Economy, 1947 – 1977: The Gradual Revolution*, New Jersey: Princeton University Press, 1978.

Grindle, Merilee Serrill, *Bureaucrats, Politicians, and Peasants in Mexico: A Case Study in Public Policy*, Berkeley: University of California Press, 1977.

Gupta, Akhil, "Blurred Boundaries: The Discourse of Corruption, the Culture of Politics, and the Imagined State", *American Ethnologist*, Vol. 22, May 1995.

Hamilton, Nora, *The Limits of State Autonomy: Post Revolutionary Mexico*, New Jersey: Princeton University Press, 1982.

Heller, M. A. , "The Tragedy of the Anti-commons", *Harvard Law Review*, Vol. 111, No. 3, 1998.

Jeffrey C. Isaac, "Modernization and Politics", *Perspectives on Politics*, Vol. 13, 2015.

Jessop, Bob, "The Rise of Governance and the Risk of Failure", *International Social Science Journal*, Vol. 50, No. 15, 1998.

Kaplan, Robert, *The Ends of the Earth: From Togo to Turkmenistan, from Iran to Cambodia, A journey to the Frontiers of Anarchy*, New York: Knopf, 1997.

Keane, John: *The Life and Death of Democracy*, New York: W. W. Norton, 2009.

Kumar, Sushil, "The Concept of Political Development", *Political Studies*, Vol. XXVI, No. 4, 1978.

Lazear, Edward, and Sherwin Rosen, "Rank-Ordered Tourmaments as Optimal Labor Contracts", *Journal of Political Economy*, Vol. 89, 1981.

Li Huaiyin, *Village China Under Socialism and Reform: A Micro-History, 1948 – 2008*, California: Stanford University Press, 2009.

Malcomson, James, "Work Incentives, Hierarchy, and Internal Labor Markets", *Journal of Political Economy*, Vol. 92, 1984.

Mann, Michael, *The Sources of Social Power: A History of Power from the Beginning to A. D. 1760*, New York: Cambridge University Press, Vol. 1, 1986.

Migdal, Joel S. Atul Kohli and Vivienne Shue, eds. , *State Power and Social Forces: Domination and Transformation in the Third World*, New York: Cambridge University Press, 1994.

Migdal, Joel S. , etal. , *Palestinian Society and Politics*, Princeton, New Jersey: Princeton University Press, 1980.

Mitchell, Timothy, "The Limits of the State: Beyond Statist Approaches and Their Critics", *American Political Science Review*, Vol. 85, March 1991.

Neuberger, Benjamin, "State and Nation in African Thought", *Journal of African Studies*, Vol. 4, 1977.

Neuberger, Benjamin, "The Western Nation-State in African Perceptions of Nation-Building", *Asian and African Studies*, Vol. 11, 1976.

Redfield, Robert, *Peasant Society and Culture*, Chicago: University of Chicago Press, 1960.

Rhodes, R., "The New Governance: Governing without Government", *Political Studies*, Vol. 44, 1996.

Richard L. Merritt and Stein Rokkan, eds., *Comparing Nations*, New Haven: Yale University Press, 1966.

Sanford, Grossman and Oliver Hart, "The Costs and Benefits of Ownership: A Theory of Vertical and Lateral Ownership", *Journal of Political Economy*, Vol. 94, 1986.

Scott, James C., *Seeing Like a State: How Certain Schemes to Improve the Human Condition Have Failed*, New Haven: Yale University Press, 1998.

Scott, James C., *The Moral Economy of the Peasant: Rebellion and Subsistence in Southeast Asia*, Yale University Press, 1977.

Shils, Edwards, *Center and Periphery*, Chicago: University of Chicago Press, 1975.

Weber, Max, *Economy and Society: An Outline of Interpretive Sociology*, trans. Ephraim Fischoff, Vol. 2, Berkeley: University of California Press, 1978.

Weber, Max, *Essays in Sociology*, trans. H. H. Gerth and C. Wright Mills, New York: Oxford University Press, 1958.

W. Frederic, Grant and G. Carolyn, eds., *Conflict and Control in Late Imperial China*, Berkeley: University of California Press, 1975.

（二）日文文献

白川部達夫：《日本近世の村と百姓的世界》，校倉書房1994年版。

濱嶋朗、竹内郁郎、石川晃弘編：《社会学小辞典》，有斐閣 2011年版。

村松岐夫：《戦後日本の官僚制》，東洋経済新報社 1981 年版。

椙本歩美：《森を守るのは誰か：フィリピンの参加型森林政策と地域社会》，新泉社 2018 年版。

渡辺尚志：《百姓たちの幕末維新》，草思社 2012 年版。

福島裕：《人民公社》，勁草書房 1967 年版。

溝口雄三：《公私》，三省堂 1996 年版。

胡光輝：《中国における裁判所調停》，《比較法学》2010 年第 2 期。

菅豊：《川は誰のものか：人と環境の民俗学》，吉川弘文館 2006年版。

落合恵美子等編：《親密圏と公共圏の再編成―アジア近代からの問い》，京都大学学術出版会 2016 年版。

内堀基光編：《資源と人間》，弘文堂 2007 年版。

鳥越皓之編：《環境問題の社会理論――生活環境主義の立場から》，御茶の水書房 1989 年版。

鳥越皓之：《家と村の社会学》（増補版），世界思想社 2013 年版。

清水盛光：《支那社会の研究》，岩波書店 1939 年版。

松沢裕作：《町村合併から生まれた日本近代：明治の経験》，講談社 2013 年版。

山口二郎：《一党支配体制の崩壊》，岩波書店 1989 年版。

杉原泰雄：《国民主権の研究》，岩波書店 1971 年版。

辻清明：《日本官僚制の研究》，東京大学出版会 1969 版。

矢野暢等：《いま、国家を問う》，大阪書籍 1984 年版。

首藤明和など編著：《分岐する現代中国家族――個人と家族の再編成》，明石書店 2008 年版。

唐亮、松里公孝編著：《ユーラシア地域大国の統治モデル》，ミネルヴァ書房 2013 年版。

田原史起：《現代中国農村における権力と支配――人民共和国建国初期の土地改革と基層政権（1949—1954）》，アジア政経学会2000 年版。

田原史起：《中国の都市化政策と県域社会――「多極集中」への道

程》，《ODYSSEUS 東京大学大学院総合文化研究科地域文化研究専攻紀要》2005 年第 19 号。

田原史起：《水利施設とコミュニティ——中国山東半島 C 村の農地灌漑システムをめぐって》，《アジア経済》2009 年第 7 期。

田原史起：《農村ガバナンスと資源循環——「つながり」から「まとまり」へ》，《ODYSSEUS 東京大学大学院総合文化研究科地域文化研究専攻紀要》，2018 年第 22 号。

丸田孝志：《革命の儀礼：中国共産党根拠地の政治動員と民俗》，汲古書院 2013 年版。

五十嵐敬喜、小川明雄：《公共事業のしくみ　いっきにわかる「日本病」の本質と問題点》，東洋経済新報社 1999 年版。

西垣通：《集合知とは何か——ネット時代の「知」のゆくえ》，中公新書 2013 年版。

小林弘二：《20 世紀の農民革命と共産主義運動：中国における農業集団化政策の生成と瓦解》，勁草書房 1997 年版。

徐文海：《訴訟と調停の連携（1）——日中比較を通じて》，《立命館法学》2013 年第 4 期。

有泉貞夫：《明治政治史の基礎過程》，吉川弘文館 1980 年版。

原口剛：《叫びの都市：寄せ場、釜ヶ崎、流動的下層労働者》，洛北出版 2016 年版。

佐藤仁：《環境問題と知のガバナンス——経験の無力化と暗黙知の回復》，《環境社会学研究》2009 年第 15 期。

佐々木毅、鶴見俊輔等：《戦後史大事典（1945—2004）》（増補新版），三省堂 2005 年版。

中村則弘編：《脱オリエンタリズムと中国文化——新たな社会の構想を求めて》，明石書店 2008 年版。

中国研究所編：《中国基本法令集》，日本評論社 1988 年版。

猪口孝：《ガバナンス》，東京大学出版会 2012 年版。

代后记：论中国社会科学的主体性

——与日本社会科学界研究的对照和反思

本书修改自笔者在东京大学大学院综合文化研究科地域文化研究专业攻读博士学位期间所完成的博士论文，论文以日语完成，前前后后共经历过 5 次答辩。由于身在日本仍从事中国研究，同时关心日本学者对其本国及对中国的研究，在论文撰写过程中，笔者常反思有关"中国社会科学主体性"的问题。

在笔者看来，在中国从事经验研究的社会科学研究者们，常常在方法论上走向两个极端：其一，是随意处置外来理论与自己研究之间的关系，导致理论与经验无法契合，形成"两张皮"的状态。其二，是过于强调中国经验的特殊性，以至于笔者本人在日本留学时多次被人追问："难道日本农村没有发挥互助功能的共同体和熟人社会？""难道日本人不讲面子？""难道日本的基层司法不讲人情伦理和惯习？""难道日本人不搞关系？"。并且询问人往往会在自问自答"都有"之后举出日本的经验与笔者对峙。也许《庄子·德充符》中所言"自其异者而视之，肝胆楚越也；自其同者而视之，万物皆一也"的"毕同毕异说"正适合于理解这两个方法论极端所引发的争论。

其实日本社会科学界也曾面临这样的问题。日本学者中根千枝在 1967 年出版的《纵向社会的人际关系》一书中的开篇，就讨论了这个方法论问题，有助于我们反思"中国社会科学的主体性"。中根在开头便写道，日本学者在论述日本的社会或文化时，一般有两种方法：（1）使用西欧学者以欧洲为主要对象进行研究取得的理论（与其说是方法论，不如说是提出的理论）、模型，试图以此来概括和说明日本社会的各种现象；（2）按特点抽出一般认为是只见于日本

（与西欧比较而言）社会的各种现象，通过论述这些现象，试图把握日本人、日本社会和文化。其中，方法（2）是一种基于"东方主义"的思考方式。

萨义德于1978年出版了《东方主义》一书。通过查证，萨义德发现在欧洲有关中东的庞大文献史料中，一些研究极其随意，并表现出将西方人想象中的"东方"强加于研究的倾向。萨义德解释说，这是因为西方人出于确证自己身份、论证白种人优越的需要，而必须将东方人斥为劣等人种；而为了批判"深受文明毒害的西方人"，展现对于"文明开化之前"的"纯粹的东方人"的憧憬，就显得十分必要。而无论哪一种"东方人"都无非是西方人幻想出来的东西，与实际存在于日常生活实践现场的中东地区的人们毫无关系。萨义德还发现，甚至一些此前从未认真反思过自己身份的东方人，比如阿拉伯人或穆斯林，也开始在西方人建构的"东方"思维框架下描绘属于自己的自画像，在"西方"这个变形的镜子里发现自己歪斜的影像，甚至还根据这样的影像对自己加以认知和审视。

同样，以福泽谕吉为代表的日本近代知识分子，以西方为参照框架塑造"日本人"形象；本尼迪克特为了与欧美国家的"罪文化"对比，强调日本的"耻文化"意识；新渡户稻造为了与美国人都知道的"骑士精神"做对比，与象征全球主义的"美国"决一死战，而创造出"武士道"这一属于"理想中的日本人"的形象产品，并用来说明骑士精神虽已不存于欧美社会，却在日本以"武士道"的形式得以保存。而美籍日本人类学家哈鲁米·贝夫（又名别府春海）则指出，上述种种"日本人论"和"日本文化论"已经成为"大众消费对象"，然而事实是，日本人与美国人并不存在太多的不一样。

总的来看，方法（2）与方法（1）虽然相对立，但终究是以西欧为前提出发的，因此两种方法其实是分处于同一条思维轴线上的两极。强调本土特殊性的方法（2），看起来似乎非常具有"主体性"，但其实在逻辑上依然是依附于西方社会科学的前提与预设的。社会科学研究必须取消"西欧"这一似隐似显的思维前提。将"西欧"相对化，有助于取消"西欧"这一思维前提，将西方社会科学研究的前提与预设相对化。

在过去的近代化理论中，下部构造规定上部构造的思维方式对日本学者影响很大。他们也一度认为，日本的工业化如果达到西欧的水平，社会的状况也应和西欧一样。单纯的社会发展阶段论的流行，是因为许多日本知识分子仅仅通过书本上的陈旧印象来接受有关“西欧社会”的概念。“西欧社会”被单纯理解为先进国家的标签，而进行比较社会学的考察时，没有采取按实际状况来把握西欧各国社会内部的复杂性（包括地域间差异的复杂性、文明起源与历史时代变迁的复杂性）的立场。中根千枝等日本学者认识到，英国人自己也会在事情进展不顺利时说“英国是一个封建国家”“果然有没有熟人，办事就会大不相同”，且在法国、意大利也都存在对近代化理想抱持抵触情绪的问题。可见西欧各国之间也存在相当多的差异。因此，工业化这一经济基础能让社会中的人际关系状况全部变成或变得近似于西欧的想法过于简单了。

基于以上原因，日本的社会人类学研究不把“西欧社会”作为比较标准，而是根据一定的方法论对一定的社会进行实际调查，通过对调查取得的材料进行解释和概括，抽出该社会的基本原理，并加以理论化。就笔者的体会而言，中国社会科学质性研究的基本方法与日本的“社会人类学”并无二致，其主要关注点同样在于广义制度及其受到惯习影响的实践形态和机制。不管是以哪一个地域为研究对象，有主体性的社会科学都应该充分重视该地域的人们在日常生活中所透露出的实践形态和机制，同时在对待文献和既有西方理论时，也应当以“社会人类学”的态度将它们还原为受时空限制的“地方性知识”，与其他特定地域的经验研究一起放在同等的地位看待。

虽然社会科学是西欧发展起来的学术，产生了出色的分析和理论，但理论与现实的差异，在西欧和日本都是存在的，何况还将这些理论运用到历史和民族与西欧的情况显著不同的其他社会，当然会出现经验与理论相互龃龉的情况。

日本学者中根千枝打了一个比方，说运用西方理论检视日本社会的情况，就好比做和服的时候用米尺来量尺寸。米尺是来源于西方社会的度量衡，在量和服的标准尺寸时，就会出现无法精确化的余数，即小数点后无尽的位数。如果四舍五入，必然导致做出的和服与理想的传统相差甚远。相反，用日本"鲸尺"的度量衡单位"寸""分"便不会出现使测量无法精准的余数。用米尺量和服，就相当于把在西欧产生的理论运用到日本社会，当然经常会出现难以处理的余数。曾经的日本社会科学学者经常将这个余数归咎于"日本的封建制残余"或"日本的后进性"。

这一点恰如不少中国社会研究者将所有的问题都推给"民主不足""规则之治不够"。其共通之处在于，被学者标记为"问题"的情况，其实是被不恰当的价值预设和衡量标准生产出来的，这样的所谓问题其实都是伪命题。而本土概念则可更精确地描述经验事实，有助于提出更具有解释力、更能统摄经验之复杂性的理论框架。

然而，本土概念虽然必要，也必须以一定的国际视野为前提，在深入比较和理解各地经验共通性的基础上，说明本土经验的独特性以及历史时空中的"同"与"异"。不仅西方社会科学研究的前提与预设需要相对化，本土经验同样需要相对化。

在不同国家，虽然社会组织结构以及人际结合的原则和方式不同，但社会组织和人际结合在功能方面却往往表现出相同的特征。比如，中国农村在城镇化过程中发挥着"稳定器"和"蓄水池"的作用，而日本学者同样认为日本的农村也发挥着"蓄水池""海绵"和"安全阀"的作用；中国的小农表现出半耕半工的"兼业"特征，并且收入无法精确计算，而日本学者提出的"小农经营价值论"同样认为日本小农的带薪劳动并不一定意味着"脱农化"，而可能仅仅是小农家庭经营中复合性生计的一环[1]；中国学者主张的"土地涨价归公"，则在日本学界被表述为"开发利益还原论"；中国农村社会在纠纷中以调停优先为原则，法律是权力者施政的工具，裁判人熟知共同体文化，拥有自由裁量权，情理兼备，而基于地方规则的调停未必能保护弱者，而日本的家族法有许多没有明确规定权利内容的"白地规定"，权利内容诉诸当事人的"协议"，因此在强者与弱者间无法

---

[1] 冯川：《如何理解贫困：日本贫困研究视野下的省思》，《中国农业大学学报》（社会科学版）2020 年第 6 期。

定立基准的"协议"只不过确认了强者的自我决定和弱者的放弃，法律也不一定能保护弱者；中国农村的集体所有制则与日本村落共同体的"村请制""割地制""入会地制"等在所发挥的社会功能上扮演了相同的角色；中国基层官僚组织中出现的"责任回避""不出事的逻辑""文书主义"和不灵活特征也已由默顿（Merton）在1940年论述过。

这些相同的特征提示我们，本土经验与其他地域的经验一定存在"异中有同"的情况。然而，功能、特征、机制的"雷同"也仅属于研究自然达成的结果，而非研究者在理论预设之下人为引导分析偏向而出现的结果，因此并不能说明研究中"主体性"的缺失。

同时，本土经验与其他地域的经验也一定存在"同中有异"的情况。

日本学界早已认识到，处于同样工业化水平的各国，其社会状况未必一样，然而工业化给各国带来了同样的社会现象。例如，人口集中到城市，行政、产业方面组织的同质化，带薪劳动者、中间阶层的扩大，生活样式的均一化、传统的家庭形态单纯化，由夫妻及其子女组成的小家庭占绝对多数，教育水平提高，社会福利设施发展，等等。然而，由于各个社会存在不同的传统，人际关系的存在样态就会有惊人的差异。比如日本的大企业和政府机构，尽管与西欧的大企业和政府机构在组织上完全相同，但日本企业和政府里的人们在决定某个问题时，他们在会议上讨论的方式，相互间或与外界人磋商的情况，采取的却完全是日本式的做法。与同样从事现代工作的英国人的会议和商谈情况相比，他们讨论的主题，在内容上即使相同，但其做法和运作方式却非常不同，毋宁说日本人的做法延续的是传统日本农村中集会的惯习。明治以来，特别是"二战"以后，日本人的物质生活方式发生了巨大变化，种种欧化现象甚至让访问日本的欧洲人惊叹；然而，在人们的日常交往、人际应酬方式方面，却几乎没有什么变化。在社会人类学中，日本研究者经常以个人与个人、个人与集团、由个人组成的集团和集团之间的"关系"为基础，来探讨社会结构。因为"关系"是构成社会或文化的诸因素中最难以发生变化的部分，又是由经验能够证实的部分。

只有具备主体性的社会科学，才能看到本土经验与其他地域经验"同中有异"。也只有具备主体性的社会科学，从对本土行为实践现场的观察和理解入手，才能清晰明白地说明"同中有异"究竟"异"在何处。

具备主体性的社会科学视野，一定是清楚认识到概念的时空限定性和理论来源的脉络的，因此所有的概念都被还原为地方性概念。在现在的日本学界，这一点似乎已成为共识。

下面举两个具体的研究事例，来说明日本学界对此的处理方式。

鸟越皓之在1985年出版的以日本为研究地域的《家与村的社会学》一书的开头，就首先论述世界不同民族对"家"的不同理解。以下段落体现出作者对来自西欧的社会学概念的所指及其界限，有着清醒的认识。

> "家庭"这一词语可视为英语family的译语，也可以更广义地视为对共有拉丁语familia这一语源的西欧诸民族语言（法语、德语等）的译语。不管怎样，"家庭"一词渗透了西欧的文化，特别是该词传入日本时占支配性地位的西欧（包含美国）中产阶级"家庭"观的浓厚色彩。由于家庭构成一个明确的集团，对家庭的定义通常包含"集团"这一用语。由于家庭通常由一夫、一妻及他们的孩子所组成的核心家庭，或与此类似的所谓"小家庭"构成，因此用家庭来指代小家庭也被认为是理所当然的。
>
> 然而，即使仅仅放眼邻近日本的亚洲各族，由于每天在一个家的房子里睡觉的人都改变，而并不明确哪些算家庭成员、哪些不算家庭成员的民族其实意外地很多。此外，将近亲者以外的成员也包括进来的"大家庭"并不罕见。于是，如果考虑一下从大正时代到昭和战前期的著名家庭社会学者户田贞三对于家庭的定义，地球上就会出现许许多多没有家庭的民族。户田对家庭是这样定义的："家庭是以夫妇、亲子这样的处于特殊关系中的人为中枢成员，以少数近亲者的紧密感情融合为基础的小集团。"然而，地球上还存在许多并不能算作例外的家庭，不仅不以少数亲近者为基础，也不以紧密的感情融合为基础，甚至也不属于小集

团。深受欧美社会学影响的户田，掉进了西欧文化的网络而不自知。

也就是说，"家庭"是以西欧文化为背景的词语。这一词语在作为社会学专业用语被使用的时候，社会学者照理应该已经致力于擦掉作为特定地域文化的西欧文化色彩了，但只要看看户田的例子就会发现，要完全擦掉其实并不那么简单。

因此本书决定采用以下的理解方式。将"家庭"作为通文化的专业用语来理解。不过，虽说是通文化的，其仍然受到挥之不去的西欧文化影响。因此，虽说是通文化的专业用语，也未必是在哪都有用的专业用语。在分析马来西亚农民与菲律宾山地民的时候，也许换用其他的用语将更加准确。

也就是说，社会科学的专业用语总是带有这一界限。为了弥补这一界限，有时候使用特定民族固有的用语〔这通常被称为"民俗语汇"（folk term）〕将使科学的洞见变得更为锐利。基于这一认识，本书使用日本这一特定民族的用语"イエ"（家）。在指称不限于日本的通文化性事象时，使用"家庭"；在将日本的"个别性"纳入视野进行考察时，使用"家"。

从上述段落中，我们还能感受到，作者并没有仅仅比较日本与西欧的不同，其区域比较的视野广及亚洲各民族，包括马来西亚和菲律宾等，并指出了"民俗语汇"的有效性。这表明，在以鸟越皓之为代表的现代日本学界，所谓的"主体性"和"本土性"已变得相对化，即每一个地域都应有平等的"主体性"和"本土性"。笔者推而言之，甚至这种"主体性"和"本土性"并不一定以"近代民族国家"的疆域为边界，比如中国一些少数民族地区，也可能具有不同于汉族地区的"主体性"和"本土性"。

又比如，通过"近代家庭"这一概念理解汉人家庭的研究，日本学者会着重指出：

"近代家庭"这一概念，是以西欧中产阶级为模式抽象出来的概念，不能原原本本地适用于其他地域和阶层。并且，对于不同阶层和地域而言，其出现的年代也有很大差异。但是，研究并不能将这一概念还原到文化的固有性和迟滞上之后就终止讨论，相反，我们应该将其作为将地域差和阶层差本身进一步理论化的线索来对待。

对于中国社会科学学者所惯用的"现代性"这一概念，日本学者在使用时，也对其生成的地域空间和社会历史背景有着明了的观照。

20 世纪 70 年代以后的世界，经历了根本性的社会变化。这一变化起初被称为"后现代"（post modernity，日语为"脱近代"），但不久便被作为现代的一种新局面而得到重新审视，并产生了"第二现代"（贝克）、"再归的现代"（贝克、吉登斯）、"液体的现代"（liquid modernity）（鲍曼）、"亲密性的变迁"（吉登斯）等表述这一变化的各种语词。这一变化的本质，虽难以用一句话来概括，但大多数论者共通的主张是：近代社会的基本原则虽被继承，但与以"国民国家"和"产业资本主义"为特征的"第一近代"（贝克）相区别的社会出现了。贝克将"第二近代"的特征概括为全球化和个人化。正如这一概念所体现的那样，这一社会变动不但与全球化经济的发展和国民国家的相对化等宏观社会结构有关，也与少子化、生涯独身者的增加等关乎人们一生和家庭关系等的微观变化有关。我们正生活在私生活的变迁、世界的构造转换，即所谓"亲密圈与公共圈的再编成"这一包含面甚广的社会根本性变动之中。

然而，以上所述社会变动并非在世界的任何地方，比如现代亚洲社会，都以同样的方式发生。关于近代新局面的"概念化"，主要是以 20 世纪 70 年代以后的西欧和北美的经验为基础而展开的。亚洲的许多社会都经验着比欧美社会迟来的现代化，因此"亚洲市民社会的成立""国家主义的勃兴""福祉国家的建设"等关于"第一近代"的话题仍在社会科学界被广泛讨论。而与此同时，亚洲又出现了与西欧、北美相比更加少子化的"极低出生率"社会。外国人保姆的雇佣、跨国婚姻的增加等表明，全球化的影响已经渗透进了亚洲生活方式的角落。

不过"亲密圈与公共圈的再编成"在亚洲的发生虽是事实，但与西欧、北美的经验却不完全相同。那么，哪些相同，哪些不同，不同的原因又是什么？社会科学如何将现代亚洲的社会变动理论化，是摆在世界，特别是亚洲社会科学者面前的重要课题。

对地方性概念边界的明确，让读者面前展现出的认知图景，既不是西方殖民扩张期的"世界地图"（拜倒在西方理论和规则的强势之下），也不是"二战"时试图建构大东亚共同体、冷战时划分阵营与美国分庭抗礼（世界被简化为两股势力，东亚社会或社会主义国家的特殊性被夸大，而各自内部复杂的区域差异和历史惯习被选择性忽略）的"世界地图"，而是国界只有在研究地域统合问题时才偶然出现、各区域村落和城镇在"主体性"上毫无差等地散布在地球上的"世界地理卫星地图"。

于是，也就出现了笔者在日本学界所见到的景象：学者们可以用同样的"社会人类学"方法，学习各地的方言，到非洲、柬埔寨、马来西亚、泰国、越南、日本、印度、中国（包括东北、内蒙古、新疆、西藏、香港、台湾的专门研究领域）、俄罗斯、韩国、德国、法国等各地开展田野调查，并撰写调查报告，在中观理论的层次比较各地的区域差异。单一区域的研究者固然容易产生将主要研究区域的现象特殊化的倾向，作为凸显自身研究价值、满足研究者个人英雄主义虚荣的人格防御机制，这也无可厚非；但当各地域的研究者都宣称自己的研究地域有其特殊性时，在相互比较的平等对话中，地域间某些机制的共通性自然就呈现出来，"主体性"的极端自然得以纠正。

一旦"主体性"相对化，"主体性"就成了做好研究的诸项原则之一，那么加上"中国社会科学的"这一定语还有无必要？接下来，我们需要分析所谓"中国社会科学的主体性"的可能性，它直接关系到对"有主体性的中国社会科学"这一概念之有效性的批判性认识。

第一，有的学者似乎认为，在运用上述社会人类学的立场和方法的前提下，以中国这一特定地域为研究对象，所产生的成果就属于"有主体性的中国社会科学"。比如有学者常用"960万平方公里土地、14 亿人口、5000 年历史”这一系列数据，作为使中国社会科学的主体性得以成立的重要条件。也就是说，如果某地地理空间广、人口多、历史长，就有可能产生“有主体性的某地社会科学”。然而，比如印度、俄罗斯，国土广阔，民族众多，社会整合各具特色，历史也不可谓不长，但有没有听说所谓“有主体性的印度/俄罗斯社会科学”？所谓的“广、多、长”并没有一个确切的衡量标准，也并没有理由武断地说缺少其中某个条件，就不能产生“有主体性的某地社会科学”。西方社会学理论的发源地，除了美国，还有法国、德国、英国。这些国家的国土面积与中国、美国相比也许并不大，人口也并不多，然而可以说分别存在“有主体性的法国/德国/英国社会科学”吗？如果国土面积、人口并不是必要条件，那么说日本“不可能形成完整的社会科学”是否适当？一些学者认为日本“不可能形成完整的社会科学”的理由，还包括：（1）日本在美国军事占领下，还处于殖民地状态；（2）日本的一般化研究不够，对中国没有冲击。对于（1），这种军事占领，并没有影响到学术研究的自由展开和对话。再者，一个地区的政权是否独立，与社会科学研究有直接关系吗？日本学者在抗日中国战争期间对中国展开的调查，费孝通、梁漱溟、毛泽东等人所做的调查研究，都反证了这一点。此外，如果以研究地域的特征作为“有主体性的某地社会科学”得以存在的决定性因素，那么日本学者、美国学者运用上述社会人类学的立场和方法所做的中国研究，是否也算作“有主体性的中国社会科学”？

第二，是否由中国学者在运用上述社会人类学的立场和方法的前提下，对任何地域所做的质性研究，都可算作“有主体性的中国社会科学”？如果说美国学者做的社会科学研究有主体性，美国学者有关东南亚、中国、日本、非洲的研究，似乎也被归为美国社会科学的一部分。同理，中国学者就算是研究韩国、中国台湾、新加坡，其成果也可能算“有主体性的中国社会科学”的一部分吗？

第三，使“有主体性的中国社会科学”成为可能的必要条件是“一般化研究”“体系化研究”的终极志向吗？中国学者常感觉日本学术的一般化研究不够，对中国学界具有冲击力的还在于欧美学界，因此，欧美学界是中国学者的主要对话对象。那么，这种“冲击力”

从何而来？是欧美学界的理论真的具有冲击力，还是中国学者出于对建构抽象宏大理论的理论自卑或对抽象宏大理论的盲目崇拜，而自我否定、自我冲击？真正的西方宏大理论建构，几乎都出现在社会科学还与哲学、自然科学尚未分家的古典时代。以自然科学的方法论为准则的社会科学，自然也追求理论的一般化和普适性。随着社会科学的发展和对人类学方法论的借鉴，社会科学中宏大理论的建构志向越来越少，甚至"通文化概念"的可能性也备受质疑。20 世纪中叶，帕森斯所建构的社会系统论的宏大叙事，虽然从理论完整性上可以说毫无遗漏、逻辑相当自洽，最终也由于 20 世纪 60 年代美国本土社会价值的多样化和龟裂、人们对利害对立的强烈意识，而经验上的漏洞百出，迅速失去了当时青年社会学者们的支持。在西方都已经不再追求宏大理论的建构时，中国学者却做着将来有一天建构起宏大理论的"梦"，这是一种对西方理论"侵略"的"复仇"心理吗？这种视"一般化"若帝天的宏大理论情结，是否恰是一种无主体性的自卑表现？若真有一天，中国学者果真建立起一套对西方具有"冲击力"的社会科学宏大体系，这是否意味着在那时，中国的社会控制模式已经占领了标榜自由民主的西方世界？如果上述社会人类学的立场和方法在大多数中国社会科学学者眼中并无不妥，那么，有主体性的中国社会科学，在质性研究方面，其志向也应只是中层理论，而非完整而万能的理论体系。对于机制复杂性的呈现，对于"地方性知识"的深入挖掘，只有中层理论才能观照到。如果在复杂的经验现象面前，研究者们都心存敬畏，并且在可观察的经验现象层面进行比较和讨论，即使是国际学术交流，也不会存在哪国学者的理论对别国学者造成"冲击"（一种攻击性力量，零和博弈）的可能，而更多的可能则是超越于"有主体性的××社会科学"之上的，对于整个社会科学学科的智识增进和积累。

从以上对"有主体性的中国社会科学"这一概念的可能条件的仔细辨析来看，也许"有主体性的中国社会科学"本身是一个伪命题。但这一点丝毫不否认中国的社会科学研究者们需要"有主体性地"扎根经验本身，不断提升理论与现实的契合度。

参照日本的历史经验，对"中国特殊性、主体性"的强调似乎也正反映出一个时代的精神需要。日本文化民族主义研究者吉野耕作将"在自民族与他者的差异不稳定的情况下，引出以维持、促进和强化国家（民族，nation）认同为志向的文化民族主义形态"称为"重构型文化民族主义"（再構築型文化ナショナリズム），而将"以创造新的国家（民族，nation）为目标的文化民族主义形态"称为"创造型文化民族主义"（創造型文化ナショナリズム）。战后的日本也一度流行对日本社会的特性进行说明的"日本人论"。在"二战"中战败的日本，直接面对着明治维新以来一直试图确立的国家认同的解体危机。于是，回答"日本人究竟是什么"的"日本人论"类别的书籍广及各个研究领域，并成为畅销书，其中就包括本尼迪克特的『菊と刀』，土居健郎的『「甘え」の構造』，丸山真男的『日本の思想』，中根千枝的『タテ社会の人間関係』等。在那个在复杂的思绪中反省过去的同时又朝着高速经济成长的社会迅速变迁的时代，这些书为作为"日本人"的自我形象的再确认提供了素材，并影响着战后新国家（民族，nation）形象的重构。而如今，日本社会科学界显然更能以一种平和、开放的心态，而不是不安、焦虑与恐慌的心态，比较日本与其他地域的相同与不同并分析日本社会变迁中的断裂与连续。

而中国似乎处在日本"二战"后的那种状态，在思想话语中，既需要通过简别中国和欧美的不同来重构民族文化自信，又需要通过反省新中国前三十年和后四十年的关系重新确认新中国的同一性，乃至在与清末、民国期的比较中重构当下的合法性，而同时又面临着迅速的社会变迁。因此，强调中国社会特性的"中国人论"就成为了当下中国知识分子的精神需要。也许在经过了无批判接受、无条件分别的两个极端之后，中国社会科学的学者们才能怀着一种不卑不亢的平常心态，看待中国经验的特殊性，看待人类社会的普遍性。

特别感谢东京大学田原史起老师的悉心指导。田原老师在我尚不能流畅使用日语表达自己观点的时候，收下我作为他的博士生，并积极引导我参与他组织的"乡村研"读书会，与从事相关研究的日本学者沟通交流，邀请我去他的家乡广岛县农村做客，我还有幸与田原老师在日本村落研究学会的年度大会上同台作学术报告。这些经历不仅拓展了我的学术视野，也提升了我的日语水平。感谢东京大学阿古智子老师、东洋文化研究所菅丰老师，在一次又一次的答辩中对我论文的批评指正。感谢野村财团让我成为奖学生，并为我介绍下田祐子、奈良将太郎一家，让我对日本社会有了更深入的直观感受。感谢留日期间结识的各位长辈和小伙伴，让我在不断的尝试和试错过程中寻找自我。感谢我的家人，特别是爱妻张雪霖博士，不断从物质和精神上支撑我走完了留日的五年时光。更要感谢贺雪峰老师和武汉大学中国乡村治理研究中心的团队同仁，为我提供深入田野进行集体调查的研究机会，明晰未来人生的发展方向，更让我收获了甜蜜的爱情。期待不久的将来，能借研究之机重返日本，对现代日本的社会治理展开深入的田野调查，在中日比较的视域下产出更多研究成果。

冯　川

初稿作于 2018 年 5 月 4 日

终稿定于 2021 年 6 月 24 日